HEYNE <

Das Buch

Neueste medizinische Untersuchungen bestätigen die Bedeutung der Emotion für unsere körperliche und seelische Gesundheit. So neu ist das nicht – schon aus zweitausend Jahre alten Texten der Essener geht hervor, dass mitfühlendes Empfinden dem Menschen faszinierende Möglichkeiten des spirituellen Wachstums bietet.

Gregg Braden verbindet die Ergebnisse der modernen Forschung mit spirituellen Weisheitslehren. Schritt für Schritt, veranschaulicht durch zahlreiche Fallbeispiele, macht er die uralte Wissenschaft des Mitgefühls und des Segnens in unserem alltäglichen Leben praktisch anwendbar.

Der Autor

Gregg Braden ist Schriftsteller, hält Vorträge und führt Gruppen an Heilige Stätten in aller Welt. Sein beruflicher Hintergrund als Geowissenschaftler und Raumfahrtingenieur gibt seinen Büchern und Seminaren Klarheit und Aktualität. Durch zwei Nahtod-Erlebnisse in seiner Kindheit verfügt er über die persönliche Erfahrung, die seiner Botschaft der Hoffnung und Möglichkeiten Kraft verleiht. Gregg Braden lebt mit seiner Frau in der Einsamkeit des nördlichen New-Mexico und an der Küste Floridas.

GREGG BRADEN

Zwischen HIMMEL *und* ERDE

Der spirituelle Weg des Mitgefühls

Aus dem Englischen von Nayoma de Haen

WILHELM HEYNE VERLAG
MÜNCHEN

Die Originalausgabe erschien unter dem Titel
»Walking Between the Worlds«
im Verlag Radio Bookstore Press, Bellevue, Wa, USA

Umwelthinweis:
Dieses Buch wurde auf
chlor- und säurefreiem Papier gedruckt.

Taschenbucherstausgabe 01/2005

Printed in Germany 2005
Umschlaggestaltung: HildenDesign, München
Umschlagmotiv: © Robert Wicki/Agentur Walter Holl, Aachen
Herstellung: Helga Schörnig
Gesetzt aus der Bembo bei Leingärtner, Nabburg
Druck und Bindung: GGP Media GmbH, Pößneck
www.heyne.de

ISBN 3-453-70008-2

Mit den Segnungen des höchsten Wissens,
in liebevoller Weisheit,
aus tiefstem Mitgefühl,
widme ich diese Arbeit euch,
der letzten Generation,
die vor dem Abschluss dieses großartigen Zyklus
zur Reife gelangt.

Eure Leben überbrücken den Zeitraum,
den unsere Vorfahren die »Nicht-Zeit« nannten.
Ihr werdet eine neue Weisheit verankern,
die in Mitgefühl wurzelt.
Ihr werdet das Fundament legen für diejenigen,
die den Mut haben, nachzufolgen.
Ihr seid aufgerufen, euch an die Liebe zu erinnern,
an Mitgefühl und Vertrauen,
während ihr in einer Welt lebt,
die gehasst hat, die richtet und sich fürchtet.

Ihr werdet diese Polaritäten transzendieren,
noch während ihr innerhalb dieser Polaritäten lebt.

Dieses Buch ist für euch geschrieben und euch gewidmet,
die ihr »zwischen den Welten der Erde und des Himmels wandelt«.

Inhalt

Danksagung

In seinem Buch »Der Prophet« sagt Kahlil Gibran: »Arbeit ist sichtbar gemachte Liebe«[1]. Die Wahrheit in Gibrans Aussage erkenne ich in meinem eigenen Leben. Das vorliegende Werk fertig zu stellen, meine »sichtbar gemachte Liebe«, ist wie das Beenden eines Satzes, der in *Erwachen der neuen Erde* angefangen wurde. Diese Vollendung schenkt mir tiefen Frieden.

Ich möchte meine tiefste Dankbarkeit all jenen gegenüber aussprechen, die zu *Zwischen Himmel und Erde* beigetragen haben, manche ohne sich dessen bewusst zu sein.

Laura und Paul, danke für eure Freundschaft und Unterstützung.

Mark, vielen Dank für deine künstlerische Vision.

Gwynne, für Rat und Inspiration bei der Bearbeitung.

Besonderen Dank an die Forscher des »Institute of Heart-Math«. Eure Vision legt ein Fundament der Hoffnung und neuen Möglichkeiten, uns unserer Beziehung zueinander und zur Erde zu entsinnen.

Außerdem möchte ich Dan Winter danken, dass er mir freundlicherweise erlaubt hat, seine Untersuchungen über die resonante Beziehung zwischen unseren Körpern und der Erde zu verwenden. Dan, dein Werk gibt all denen, deren Leben du berührst, eine fassbare Verbindung zu ihrem inneren Wissen.

Allen, die eines der *Zero Point*- oder *Science of Compassion*-Seminare mitgemacht haben, möchte ich dafür danken, dass ihr mich die Worte gelehrt habt, die für euch von Bedeutung waren, um diese manchmal esoterischen und nebulösen Konzepte zu vermitteln. Wenn die Botschaft dieses Buches für euch irgendeine Bedeutung hat, dann haben wir unsere gemeinsame »Arbeit« gut gemacht.

Danke Melissa, dass du dein Leben mit mir teilst. Deine Bereitschaft, in einem »virtuellen« Zuhause zu leben, mit virtuellen Pflanzen und Haustieren, hat es mir ermöglicht, diese Arbeit zu vollenden, das Leben von vielen Menschen zu berühren und hat uns beide die Schönheit vieler Orte erfahren lassen, die nur von wenigen Menschen bereist werden. Du sagst oft zu mir: Schönheit ist nur eine Spiegelung des Betrachters. Genau so verhält es sich mit der Schönheit, die du in der Welt siehst; deine Schönheit, die sich in Vertrauen, Geduld, Liebe und endloser Unterstützung ausdrückt.

An unseren kleinen Katerfreund Sik (tibetisches Wort für Schneeleopard), der während der Arbeit an diesem Buch verschwunden ist. Danke für deine Freundschaft, für gemeinsame späte Abende, zusammengekuschelt auf dem Sofa, dafür, wie du über die Seiten spaziert bist, während ich diesen Text Korrektur gelesen habe. Wir vermissen, wie du kopfüber von der Kivaleiter gespäht hast, deine turbulenten Hockeyspiele auf dem Küchenboden und wie du uns immer in den richtigen Momenten tief und gedankenvoll angestarrt hast.

Von dir haben wir gelernt, dass wir nur Hüter des uns anvertrauten Lebens sind. Ich weiß, dass du uns nie gehört hast. Wir hatten einfach das Glück, dass du es gewählt hast, neun Monate deines irdischen Daseins mit uns zu verbringen.

Kraft und Segen sei mit dir, und damit überlassen wir dich deiner Reise der Erkundungen und Entdeckungen.

Danke für deine Weisheit.

Danke für unsere gemeinsame Zeit.

Vorwort

Ihr habt Bücher gelesen, Vorhersagen gehört, Sondersendungen gesehen und Seminare durchlebt. Dank des Fernsehens konntet ihr der Autopsie eines Außerirdischen von eurem Wohnzimmer aus beiwohnen, konntet Zeuge von UFO-Abstürzen sein und mysteriöse Zeichen in Kornfeldern in aller Welt betrachten. Ihr habt auf Landkarten gesehen, wie sich Nordamerika verändern wird und wo »sichere Orte« für euch und eure Familien erwartet werden. Ihr habt den Channelings von Engeln, Erzengeln und Aufgestiegenen Meistern gelauscht. Kosmische Führer und die spirituelle Hierarchie einer Unmenge wohlmeinender Wesen haben euch Botschaften übermittelt, von Warnungen vor dem Untergang bis hin zu Vorahnungen eines ekstatischen Freudentaumels. Viele haben genaue Ratschläge gegeben bezüglich Ernährung, Atemtechniken, Übungen und einer Vielzahl von Lebens- und Verhaltensregeln. In diesem Leben hattest du Gelegenheit, unglaubliche Mengen von Information zu hören, zu sehen und zu erfahren, die detaillierte Angaben machen über noch nie da gewesene Veränderungen in unserer Welt und in unserem Leben.

Und doch meldet sich vielleicht in deinem Hinterkopf die Frage:

»Was bedeutet das alles für mich? Wie kann ich wissen, was für mich, meine Familie und mein Leben richtig ist?«

Bei vielen haben die oben erwähnten Informationen Angst und Besorgnis ausgelöst. Das war zu erwarten. Ohne Kontext von diesen enormen Veränderungen zu hören, kann natürlich beängstigend sein. Noch bedenklicher ist das Gefühl der Hilflosigkeit, das sich angesichts all dieser Informationen über Veränderungen einstellt, wenn wir uns nicht in der Lage fühlen, irgendetwas zu tun. Es scheint in einigen Fällen so, als ob es eben einfach passiert. Die vorhergesagten Veränderungen der Erdoberfläche sind ein gutes Beispiel dafür. Soll ich von der Küste weg in eine sichere Gegend ziehen? Soll ich meinen festen Job aufgeben und meinen spirituellen Interessen nachgehen? Was wird aus meiner Familie während und nach der Zeitenwende? Wie können wir unsere Körper gegen neue Viren und unbekannte Krankheiten schützen?

Es ist klar, dass die Qualität unseres Lebens nicht davon abhängen kann, besondere Informationen über Geheimgetränke aus der Ukraine zu beschaffen, verdeckte Regierungsmachenschaften aufzuklären, fünfzig Jahre alte Verschwörungen zu erkennen oder zu wissen, welcher Engel was gechannelt hat. Du brauchst nichts über schwächeren Magnetismus oder globale Katastrophen zu wissen, um in deinem Leben und in deiner Familie gesunde, lebensfördernde Beziehungen zu entwickeln.

Ohne Kontext können wohlgemeinte Vorhersagen und Warnungen zu Furcht und angstgesteuertem Handeln führen statt zu tief im Herzen empfundenen Entscheidungen. Angst entsteht, wenn die Vorhersagen und Warnungen aus der Perspektive eines Paradigmas gesehen werden, dem wir eigentlich entwachsen sind. Die Fragen bleiben jedoch bestehen:

Was tue ich in diesen Tagen unabsehbaren Wandels? Wie kann ich wissen, was richtig ist?

Die Kraft der Veränderung in deinem Körper spiegelt das Tempo der Veränderungen in deiner Welt. Dieser Spiegel verspricht, dass du in einer Zeit intensiver und rascher Verschiebungen der Realität nicht die gleiche Person bleiben und die gleiche Perspektive einnehmen wirst, wie vor einem Jahr, wie vor zwei Tagen oder auch nur wie gestern. Dies ist der besondere Faktor, der in all den Vorhersagen und Zukunftsszenarien nicht berücksichtigt wurde. Statt Veränderung von außen zu betrachten und mit dem Bekannten zu vergleichen, musst du zu der Veränderung werden.

Darin liegt deine Chance, einen Weg zu wählen, den ich den *Zweiten Weg* nenne und der das Fundament für eine neue Weisheit legt, die noch keinen Namen hat. Zu dieser Zeit in unserem Leben geht es weniger um das, was wir tun, sondern vielmehr darum, was wir werden. Weil wir in unserer Gesellschaft so stark handlungsorientiert sind, werde ich oft gefragt:

»Was muss ich tun, um Mitgefühl zu lernen?«

Die Antwort darauf ist so einfach, dass es für mich oft schwierig war, sie zu vermitteln, doch es wurde mit jedem Mal einfacher. Wie kann ich einen Weg beschreiben, auf dem es nicht darum geht, was man tut? Welche Worte können dir die Einfachheit des Zulassens und Seins anstelle von Machen und Tun vermitteln? Natürlich ist es möglich, Meditationen anzubieten, Gebete und Techniken, die dir die Empfindung von Vergebung und Mitgefühl geben. Diese Gefühle sind jedoch lediglich ein Bezugspunkt für etwas, was du bereits geworden bist. Es entspricht deinem Weg, dich deiner wahren Natur zu entsinnen und diese Natur angesichts der Herausforderungen des Lebens zu verwirklichen, egal wie das Leben sich dir zeigt.

Mitgefühl ist ein Bewusstsein, zu dem du wirst, nicht etwas, was du gelegentlich tust.

Es steht außer Frage, dass die zuvor erwähnten Phänomene, und vieles mehr, die zurzeit stattfinden, hochinteressant sind. Es stellt sich jedoch die Frage:

Ist es notwendig, dass du über diese Phänomene Bescheid weißt oder sie verstehst?

Die Antwort lautet:

Wahrscheinlich nicht.

Es ist notwendig, dass dein Leben für dich sinnvoll ist. Dein Leben ist notwendig, um die Bedeutung, die dein Leben für dich gewonnen hat, zum Ausdruck zu bringen, was auch immer es sein mag. Es ist ziemlich wahrscheinlich, dass viele, wenn nicht alle der erwähnten Ereignisse während unserer Lebenszeit eintreten werden. Doch jedes dieser Ereignisse spielt eine gesunde, natürliche Rolle in einem Prozess, der sehr viel größer ist als das Ereignis selbst.

So ungeheuerlich sie auch erscheinen mögen, die erwähnten Phänomene sind Nebenprodukte von etwas viel Bedeutenderem. Jedes Phänomen reflektiert eine Veränderung in der Schöpfung, die sich auch in deinem Körper widerspiegelt. Es ist von großer Bedeutung für dich, dass du zu jedem Tag ein gutes Gefühl hast, unabhängig davon, zu welchem Ergebnis der Tag geführt hat. Dieses Gefühl signalisiert dir, wie du jede Entscheidung während des Tages gelöst hast.

Schon andere haben uns freundlich daran erinnert, dass es nicht so wichtig ist, was wir schaffen, als vielmehr: wie wir es schaffen. Was hältst du zum Beispiel von Gräben ausheben, Würstchen braten, Kranke heilen oder Computersoftware schreiben? Keine dieser Tätigkeiten ist besser oder schlechter als die anderen, bis jemand, dessen Meinung uns wichtig ist, sie bewertet. Solange unsere Bemühungen nicht mit denen von anderen verglichen werden, sind sie einfach der Ausdruck unserer selbst, unsere Schöpfung, unser Sein.

Du bist wahrscheinlich in deiner Lebensgeschichte an einem Punkt angekommen, an dem die Erkenntnis dir dienlich sein könnte, dass du Entscheidungen im Leben treffen und das Ergebnis dieser Entscheidungen erfahren kannst, ohne sie als gut oder schlecht, richtig oder falsch zu bewerten. Ohne äußere Bewertung ist deine Art, dein Leben auszudrücken, einfach so, wie sie ist; dann gibt es keine Möglichkeit, zu versagen, sei es im Beruf, in Beziehungen, in deiner Familie oder bei irgendwelchen Aufgaben. Wie kannst du versagen, wenn dein Daseinszweck darin besteht, zu erfahren?

Aus alter Zeit sind uns Werkzeuge genau dafür hinterlassen worden, in diesen Tagen unser Leben zu meistern. Diese Werkzeuge leben in uns, sind in uns einkodiert und stehen uns jetzt zur Verfügung. Vielleicht weißt du in deinem Geist von dieser Kodierung, aber erinnerst du dich an sie in deinem Körper? In dir ruht die Fähigkeit, sowohl das Muster des Lebens in deinem Körper als auch die Art, wie du dieses Leben betrachtest, zu verändern. Wenn du dich daran erinnerst, es zuzulassen, kann es während eines einzigen Herzschlags geschehen.

Die Veränderung deiner Körperchemie durch den Wechsel deiner Perspektive ist vielleicht das machtvollste Instrument, das dir für den Rest dieses Lebens zur Verfügung steht.

Forscher haben kürzlich der westlichen Welt ein Phänomen demonstriert, welches seit Jahrtausenden in den Mysterienschulen gelehrt wird. Neuere Untersuchungen bestätigen, dass menschliche Emotion das Muster der DNA im Körper bestimmt[1]. Darüber hinaus haben Laborversuche gezeigt, dass die DNA wiederum bestimmt, wie die Lichtmuster, in ihrer Ausdrucksform als Materie, den menschlichen Körper umgeben[2]. Man stelle sich vor, was das bedeutet.

Anders ausgedrückt: Forscher haben entdeckt, dass die Anordnung von Materie (Atome, Bakterien, Viren, Klima, sogar andere Menschen) um deinen Körper herum direkt beeinflusst wird von den Gefühlen und Emotionen in deinem Körper!

Die Erinnerung hieran zuzulassen bedeutet eine hohe Ebene persönlicher Meisterschaft, die in der Vergangenheit von vielen angestrebt und nur von wenigen erreicht wurde. Versteht ihr, was für eine Kraft darin liegt? Jenseits von Mikrochip- und Gentechnologie kann diese Beziehung zwischen deinem physischen Körper (DNA) und deinen Emotionen als die höchst entwickelte Technologie betrachtet werden, die wir auf dieser Erde mittels unserer Körper hervorgebracht haben.

Unsere Wissenschaft hat jetzt gezeigt, dass es eine direkte Verbindung gibt zwischen unserer DNA und unserer Fähigkeit zu vergeben, zuzulassen und zu lieben. Der Weg des Liebens, Vergebens und Zulassens ist nichts Neues. Die der Liebe und Vergebung zugrunde liegende Technologie ist genauso universell wie uralt und heute als Mitgefühl bekannt. Deine Fähigkeit, Vergebung auszudrücken, anderen ihre eigene Erfahrung zu lassen, ohne deine wahre Natur zu verändern, ist ein Kennzeichen höchster Meisterung des Lebens. Die Qualität deines Lebens steht in direkter Verbindung und enger Verflechtung mit deiner persönlichen Meisterung dessen, was das Leben für dich bedeutet.

Die Meisterung des Mitgefühls als einer Form von Liebe ist die Quelle deiner wahren Kraft. Zwischen dir und deiner wahren Kraft kann jedoch die erlernte Interpretation deiner Emotionen und Gefühle stehen. Innerhalb der lebensspendenden Felder des Mitgefühls sind keine Krankheiten möglich, sind abwehrschwächende Viren nicht möglich, kann sich dein

Körper nicht gegen sich selbst wenden. In der Meisterung von Vergebung und Mitgefühl werden Krankheit und sogar Tod zu einer Entscheidung statt zum Schicksal. Dein Körper ist der biologische Spiegel, der Indikator für das Ausmaß deines persönlichen Erinnerungsvermögens.

Mit *Zwischen Himmel und Erde* möchte ich einen Kontext anbieten, in dem jeder Moment jedes Tages zu deiner Vorbereitung auf die anmutige Akzeptanz enormer Veränderungen in deinem Leben beiträgt. Es ist nicht wichtig für dich zu wissen, dass du das Leben eines Bodhisattvas lebst, dass du einen Initiationsprozess durchläufst, der vor über sechstausend Jahren offenbart wurde, oder dass Emotion deine vergessene Technologie des Wandels ist. Unabhängig von all dem erfährst du das Leben. Dein Leben muss für dich sinnvoll sein.

Sei es die Zweiminütige Beziehung in der Warteschlange an der Supermarktkasse oder die zwanzigjährige Beziehung der Ehe, durch die Erlösung jeder Beziehung in deinem Leben erweckst du Teile deiner Seele, die deinem Körper Gesundheit, Lebenskraft und lebensfördernde Beziehungen ermöglichen. In diesem erwachten Zustand kann die Wandlung auf sanfte Weise stattfinden. Der Schlüssel für dieses Erwachen und für die Veränderung liegt in dem alten Weg des Mitgefühls. Mitgefühl ist dein Geburtsrecht. Es wird dich sanft durch diese Zeiten enormer Veränderungen hindurchtragen, die die Alten die Zeitenwende nannten. Deine wahre Natur des Mitfühlens ist das Ziel deiner Erfahrung in diesem Leben.

Ich werde oft gefragt, wem ich mich zuordne, welche Gruppe, welcher Kurs die Grundlage meiner Arbeit darstellt. Ich habe mich bewusst keiner Gruppe, keiner Organisation und keinem bestimmten Weg angeschlossen. Es sind meine eigenen Worte, die ich auf diesen Seiten oder in meinen Seminaren anbiete, sie reflektieren meinen Weg, es sei denn, ich mache sie als etwas anderes kenntlich. Weil wir alle gemeinsam diesen Zeitpunkt in der menschlichen Entwicklung erreicht haben, aus unseren eigenen Perspektiven und Erfahrungen heraus, bitte ich euch, zwischen den Zeilen zu lesen, wenn meine Worte nicht eure Worte sein sollten. Ich bitte euch, die dahinter liegende Absicht zu spüren und den Kontext, in dem dieses Angebot gemacht wird.

Meine größten Lehrer waren die Menschen, mit denen ich in meinem Leben Zeit verbracht habe. Jede Beziehung, jede Freundschaft, ob sie vierzig Jahre oder drei Minuten währte, hat mir etwas von mir selbst gezeigt. Diese Erkenntnisse biete ich hiermit an, in der Hoffnung, dass sie euch zu diesem Zeitpunkt hilfreich sein mögen. Manchmal konnte ich die Lehre erst schätzen, wenn ich eine Grundlage zu ihrem Verständnis entwickelt hatte. Manchmal kam diese Grundlage erst Jahre oder Jahrzehnte später!

Ich habe mich während der Entwicklung der hier vorliegenden Informationen absichtlich aller Lektüre, Vorträge, Seminare oder Retreats enthalten. Ich wollte *Zwischen Himmel und Erde* in seiner Einzigartigkeit darstellen, ungefärbt von der Sprache, den Ideen oder Beschreibungen anderer. In unserer Sprache der gesprochenen und der ungesprochenen Worte gibt es subtile Auslöser von Erinnerungen. Unsere Sprache besteht aus den Beziehungen zwischen den Worten selbst und der daraus folgenden Gehirnchemie, die verschiedene Wahrnehmungszustände produziert.

Wenn ich nach einem formalen Weg gefragt werde, der meinen Konzepten nahe steht, verweise ich sowohl auf die Essener Traditionen der Qumran Schriftrollen, der Nag Hammadi Bibliothek und der Ableitungen davon in ägyptischen, aramäischen, äthiopischen und tibetischen Texten als auch auf die mündlichen Traditionen vieler Eingeborenenkulturen.

Mindestens zwei amerikanisch-indianische Gruppen haben mir anvertraut, dass sie ihre Tradition auf die alten Essener zurückführen. Diese Lehren lassen sich auf fast fünfhundert Jahre vor Jesus von Nazareth datieren und sind die Vorläufer vieler späterer Glaubensrichtungen, unter anderem des Christentums und eingeborener Traditionen des Westens. Diese Traditionen lehren eine Lebensführung, die genau die Muster des uns umgebenden Lebens spiegelt. Unseren eigentlichen Weg können wir jedoch nicht in den Schriften, Texten oder Tempeln unserer Vorfahren finden. Diese Überreste sind lediglich Artefakte unserer Suche nach der Erinnerung an uns selbst. Mein Glauben und meine Lebensgeschichte haben mir gezeigt, dass letztendlich alle Wege, wie auch immer ihre äußere Ausdrucksform sein mag, zu dem EINEN führen. Der Code des EINEN wird uns täglich in der uns umgebenden Lebenswelt gespiegelt. Das Gesetz, welches das Leben durch jeden Organismus, durch jede Pflanze, jedes Insekt und jeden Menschen pulsieren lässt, ist das gleiche Gesetz, das wir in alten Texten, halb vergessenen Worten und überlieferten mündlichen Traditionen suchen.

Auch wenn ich mich manchmal auf Texte aus alten Schriften beziehe, um etwas klarer darzustellen oder ein Prinzip zu erläutern, bin ich doch zutiefst davon überzeugt, dass die Zeit äußerer Schriften, Tempel, Gitternetze und Technologien vorbei ist. Diese wertvollen Führer haben uns gut damit gedient, uns an unsere heilige Beziehung zum Leben und zueinander zu erinnern. Ich bin davon überzeugt, dass wir in einer Zeit leben, in der wir der Bezugnahme auf Altes entwachsen sind. Heute, in den letzten Jahren vor dem Ende dieses großartigen Erfahrungszyklus, sind wir aufgefordert, zu den Hoffnungen, Träumen und Leben zu werden, deren prophetische Visionen in den alten Texten niedergeschrieben sind. Heute bist du aufgefordert, zu dem größten Geschenk zu werden, was du dir selbst, deinem Schöpfer* und den dir Nahestehenden je geben kannst. Heute wirst du darum gebeten, zu Mitgefühl zu werden.

Vor langer Zeit

war das Leben auf der Erde sehr anders als das heutige Leben. Die Erde war fruchtbar, die wenigen Menschen lebten in Fülle auf ihr, und wir erinnerten uns...

Wir erinnerten uns an das Mitgefühl, welches unser Leben wahrhaft ausmachte. Wir erinnerten uns an die Schönheit dieser Welt, unsere Beziehung zu dieser Welt und an das Geschenk, das wir Leben nennen.

Dann geschah etwas. Unser Leben veränderte sich, während die Erinnerung an unser Geschenk zu verblassen begann. Wir fühlten uns getrennt von genau der Welt, um deren Erfahrung willen wir hierher gekommen waren, und so begannen wir, Maschinen zu bauen, zur Erweiterung unserer Sinne, um unsere Welt zu erforschen und uns wieder zu erinnern.

Wir sind tief in die Quantenwelten der Subatome gereist. Wir haben weit in den interstellaren Raum hinein sondiert, Instrumente zur Erkundung ausgesendet, als Surrogate unserer eigenen Wahrnehmung. Auf der Suche unserer Wissenschaften nach uns selbst entfaltet sich jetzt ein Geheimnis. In den größten Weiten des Weltraums, in den tiefsten Bereichen der Atome finden wir eine Kraft, die nicht gemessen oder gesteuert werden kann. Diese Kraft, die Intelligenz, die alles in

* Der Begriff Schöpfer wird hier im Sinne einer Kraft verwendet, die männlich, weiblich und beides zusammen ist. Da die deutsche Sprache diese Qualitäten nicht gleichzeitig ausdrücken kann, wurde in diesem Text die gebräuchliche männliche Form des Wortes verwendet. (Anm. d. Übers.)

ihrer Schöpfung zusammenfasst, nannten die Alten einfach GEIST (Spirit). Alle Fakten, alle Messungen, alle Informationen deuten immer wieder auf uns selbst, fordern uns auf, uns an unser inneres Geheimnis zu erinnern. Während wir uns gemeinsam dem Zeitpunkt nähern, den die Alten die Zeitenwende nannten, verweist unsere Wissenschaft auf uns selbst, führt uns zurück zu der raffiniertesten Technologie, die in dieser Welt je aufgetaucht ist, dem Geheimnis des Du und Ich. Indem diese mysteriöse Kraft sich in unserem Leben ausdrückt, erkennen wir uns selbst. In diesem Erkennen erinnern wir uns wieder.

Einleitung

Sehr bald nach dem Erscheinen des Buches *Erwachen der neuen Erde* wurde ich um mehr gebeten. Die Leser baten um mehr Verständnis und tiefere Einsichten darin, wie ich zu diesem Material gekommen sei. Woher kam *Erwachen der neuen Erde*? Welche Ereignisse in meinem Leben brachten mich dazu, eine Kontinuität zwischen tiefen persönlichen Beziehungen, merkwürdigen alten Texten und dem Magnetfeld der Erde zu erkennen? Was geschah mit mir auf dem Berg Sinai 1987 und in den Anden 1994? Warum habe ich mich entschieden, in der Hochwüste des amerikanischen Südwestens zu leben?

Zwischen Himmel und Erde – Der Weg des Mitgefühls ist zum Teil meine Antwort auf diese Fragen. Mit einem Gefühl sanfter Dringlichkeit biete ich dieses Werk jetzt, zu diesem Zeitpunkt, an. Ich frage mich:

Wenn ich nur noch einen Tag hätte in dieser Welt, um denen, die mir nahe stehen, eine Botschaft zu hinterlassen, von der ich glaube, dass sie ihnen am meisten in ihren Leben dienlich wäre, was für eine Botschaft wäre das?

Dieses Buch ist meine Antwort.

Die folgende Geschichte entstand in fast zweiundvierzig Jahren und geht weiter. *Zwischen Himmel und Erde* enthält das, was ich für die eindringlichste Botschaft halte, die ich euch zu diesem Zeitpunkt anbieten kann. Mit ihrer Hoffnung, ihrer

Klarheit und ihren Erinnerungen kann dies die größte Geschichte des Mitgefühls sein, die in unserer uralten, zukünftigen Erinnerung je aufgetaucht ist.

In Workshops und Seminaren habe ich die Wirkung dieses Angebots gesehen. Für manche waren diese Geschichten mächtige Katalysatoren in ihrem Leben, gaben sowohl dem Schmerz, der Verletzung und der Angst als auch der Freude und dem Glück vergangener Beziehungen neue Bedeutung. Andere haben darin einen passenden Kontext für sich und ihre Lieben gefunden, sich bestätigt gefühlt im Mysterium des Lebens und daraus den Impuls gewonnen, sich mit den Gaben des Lebens vorwärts zu bewegen und jede Herausforderung als eine Gelegenheit zur Demonstration von Weisheit anzunehmen, anstatt sie als eine Prüfung in der Schule des Lebens zu betrachten. Schon viele Lehrer haben die folgende Frage gestellt:

Bist du ein physisches Wesen, das eine spirituelle Erfahrung hat oder bist du ein spirituelles Wesen, das physische Erfahrungen durchlebt?[1]

Die Art, wie du diese Frage beantwortest, steht in direkter Beziehung zu der Art, wie du die Ereignisse in deinem Leben betrachtest.

Wissenschaft und Verheißung

Im traditionellen Sinne besteht Wissenschaft aus Hypothese und Bestätigung. Wir sind wissenschaftlich, wenn wir eine Vorhersage machen und dann so lange Versuche durchführen, bis ein Ergebnis oder eine Reaktion zuverlässig und beständig erscheint. In der Wiederholbarkeit liegt der Beweis für die Wahrheit. *Wenn* etwas in genau dieser Art und Weise abläuft, *dann* kann dieses bestimmte Ergebnis erwartet werden. Dies ist die Grundlage wissenschaftlicher Wahrheit.

Durch strenge Parameter in Auswahl, Kontrolle und Bestätigung beweist die wissenschaftliche Methode die Gültigkeit eines Prozesses.

Fast täglich bezeugt und bestätigt die Forschung die Wahrheiten vieler alter Schriften. Dazu gehören unter anderem Beweise für frühere hoch entwickelte Technologien, Hinweise auf eine mehrdimensionale Welt und eine fundamentale Kraft, die den eigentlichen Stoff der Schöpfung darstellt,[2] und Hinweise auf eine direkte Verbindung zwischen Gefühl, Gedanken, Emotion und der Qualität unserer Gesundheit und unseres Wohlbefindens.[3]

Bevor ihr weiterlest, möchte ich noch mal die Absicht klarstellen, mit der ich dieses Material präsentiere. Ich spüre zutiefst in meinem Wesen, dass der Wandel, der in unseren Körpern, unseren Leben und in unserer Welt vor sich geht, Teil eines fortwährenden Prozesses ist, der vor über zweihunderttausend Jahren begann. Ich persönlich sehe diesen Wandel zwar nicht als zyklisch, aber alte Texte sprechen von einem »Großen Zyklus« der Erfahrung, der sich seiner Vollendung nähert. Ich bin davon überzeugt, dass die Verschiebungen in den seismischen und klimatischen Mustern der Erde, die sozialen Wandlungen in Familien, Gesellschaft, Politik, Wirtschaft und Militär sowie die körperlichen Veränderungen bezüglich Erbanlagen, Krankheiten und Bakterien gesunde und natürliche Beispiele sind für sich verändernde Energiemuster.

Den Gesetzen der Schöpfung entsprechend, führt eine Bewertung und Missbilligung dieses Wandels dazu, dass wir die Veränderungen in unserem Leben als Herausforderung erfahren. Auch wenn in unseren Familien, Gesellschaften, in unseren Beziehungen und auf unserem Planeten Veränderung stattfindet, so bedeutet dies doch nicht, dass in diesen Energiesystemen irgendetwas kaputt oder nicht in Ordnung ist. Sie durchleben einfach einen Wandlungsprozess. Viele alte Texte haben darauf hingewiesen, dass es in dieser Zeit der Erd- und Menschheitsgeschichte genau darum geht. Fast alle alten Kalender, Handschriften und mündlichen Prophezeiungen verweisen auf die Jetzt-Zeit als einer Epoche noch nie da gewesener Veränderungen in der Geschichte der Erde und der Menschheit, die sie die Zeitenwende nennen.[4] Es wird berichtet, dass diese Veränderungen eine Welt in unserer irdischen Realität hervorbringen wird, die unserem kollektiven Gedächtnis vertraut ist, aus einer Zeit vor Anbeginn der Zeit.

»... Wisst ihr nicht, dass die Erde und alles, was auf ihr wohnt, nur ein Abglanz des Himmlischen Reiches ist?«

Das Evangelium der Essener[5]

Es liegt in der Natur dieses Übergangs, dass er Veränderungen auf allen Ebenen erfordert, von der Art unseres Essens, Trinkens und Atmens bis hin zum Anbau unserer Nahrungsmittel, unseren Wohnstätten und der Art, wie wir lieben. Veränderung ist unser Katalysator für Wachstum, durch unsere Gefühle, Emotionen und Beziehungen katapultiert sie dich und mich in eine neue Sichtweise unserer selbst. Wir verlangen von uns selbst, über die Grenzen hinauszugehen, die wir uns selbst und einander in der Vergangenheit auferlegt haben. Du und ich bestimmen in diesem Moment, sowohl einzeln als auch gemeinsam, wie die Menschheit als Ganzes mit Veränderung umgeht. Werden wir Leichtigkeit und Schönheit wählen oder Krankheit und Siechtum? Der Wandel findet jetzt statt. Er geschieht in deiner Stadt, in deiner Familie, in deinem Körper, deinen Emotionen und deinen Schlafmustern.

Die Worte und Schriften derjenigen, die uns vorausgegangen sind, erzählen nicht nur von dem Wandel, sie enthalten auch eine Verheißung, deren Essenz in einer Lebensweise liegt, die uns sanft und gnädig durch die Zeit der »Reinigung« bringen wird. In ihrer Einfachheit werden diese Worte oft gering geschätzt und für unser hoch technisiertes Zeitalter als irrelevant betrachtet. Diese Verheißung erzählt davon, dass du zwar nicht deine Erfahrung bist, dich jedoch durch deine Erfahrungen kennen lernen und erkennen musst, um die Extreme des Lebens zu meistern.

Du musst deine Extreme kennen, um deinen Ausgleich zu finden.

Du bist nicht dein Erfolg, dein Versagen, deine Karriere oder deine Armut. Du bist nicht deine Freude, deine Seligkeit, deine Angst oder dein Schmerz. Dies sind Elemente deiner Erfahrung, die dir Gelegenheit bieten, dich in jeder Hinsicht zu erkennen, sodass du jedes meistern kannst. Du bist in dieser Welt und nicht von dieser Welt!

Diese Verheißung erzählt von einer Lebensweise, die zur Verkörperung persönlicher Meisterschaft führt. Jedes Ereignis, jede Beziehung, jede Liebe, jeder Job, jede Freundschaft, jede Romanze und jeder Betrug haben dir ausnahmslos wesentliche Gefühle und Emotionen für deinen Weg zu höheren Ebenen der Weisheit vermittelt. Wie du diese Gefühle und Emotionen wahrnimmst, wie du sie in deinem Leben definierst, ist deine Art, dich selbst zu lehren und auszubilden, ist deine Art, dich an die Verheißung von Mitgefühl zu erinnern. Auf dem Höhepunkt zweier Wege, die sowohl individuell als auch kollektiv beschritten werden können, wird deine Meisterung des Mitgefühls zum Seinszustand.

Externe Technologie: Der Erste Weg

Ich spüre, dass die heutige Zeit in unserem bewussten Gedächtnis eine Art Scheideweg darstellt. Auf der Grundlage unserer Erfahrungen geht es darum, zwischen zwei Wegen zu wählen. Jeder Weg hat seinen eigenen Wert, keiner ist richtig oder falsch. Jeder Weg ist in sich vollständig, mit seinen eigenen Entscheidungen und Konsequenzen, beide führen zu der selben Bestimmung, in unterschiedlichen Zeitabläufen. Der *Erste Weg* kann als das bislang vorherrschende Paradigma betrachtet werden, ein Weg externer Technologie, eine Erweiterung unserer Selbst, zur Interaktion mit unserer Umwelt. Dieser Weg ist die Antwort unserer Kultur auf die Herausforderungen des Lebens. Aus seiner Perspektive liegen die Ursachen für die Ereignisse im Leben »da draußen«, in einer Welt, die als getrennt und verschieden von unseren Körpern wahrgenommen wird. Deswegen werden auch die Lösungen »da draußen« angestrebt, ungeachtet der Wechselwirkung zwischen uns und unserer Welt. Man meint, dass die Ursachen und die Behandlung von Krankheit und Mangelzuständen im Bereich unseres »Tuns« liegen. Impfungen, Nahrungsergänzungsmittel, Antibiotika und Apparaturen sind Beispiele für diese Bemühungen, unser Dasein von außen zu verbessern. Natürlich sind dies wichtige und hilfreiche Technologien. Ich segne diese Technologien und bedanke mich für ihre Gaben, denn dies war unser Weg.

Externe Technologien sind Ausdruck unseres Bemühens, uns durch die Maschinen an die gleichen Prinzipien zu erinnern, die wir in unseren Körpern als Leben erfahren. Diese Prinzipien beinhalten Kapazität, Widerstand, Transmission, Empfang und Speicherung von skalaren und vektoralen Energiemengen. Während meiner Dienstjahre in Raumfahrt-

und Computerwissenschaften habe ich keine außerhalb des menschlichen Körpers entwickelte Technologie gesehen, die sich nicht im Körper wiederfindet.

In der externen Technologie erinnern wir uns an uns selbst, indem wir Modelle von uns selbst bauen, außerhalb von uns, um diese Modelle dann auf uns selbst anzuwenden.

Der *Erste Weg* hat dich und mich an den Punkt gebracht, an dem wir heute stehen, er hat uns am Leben erhalten und stark gemacht, und er hat uns mehr Zeit verschafft, einen anderen Weg zu wählen. Die wissenschaftliche Methode war der Weg, den wir gewählt haben, um uns diese »Wahrheiten« zu demonstrieren. Mit Hilfe der Wissenschaft haben wir uns etwa zweitausend Jahre lang unsere innere Natur durch äußere Technologie bestätigt. Dieser Weg hat sich offensichtlich als zuverlässig bewährt, als eine Möglichkeit der Erfahrung. Es gibt noch einen anderen Weg.

Interne Technologie: Der Zweite Weg

Die mehr erinnerte als konstruierte interne Technologie drückt sich in dir und mir einfach durch die Art aus, wie wir leben. Dieser Weg erinnert sich daran, dass der menschliche Körper aus der heiligen Vereinigung zwischen dem atomaren Ausdruck von »Mutter Erde« und dem elektrischen und magnetischen Ausdruck von »Vater Himmel« hervorgeht. Diese Vorstellung ist auch die Grundlage der frühesten Lehren der alten Essener.

»Denn der Geist des Menschen wurde aus dem Geist des Himmelsvaters geschaffen, und sein Körper aus dem Körper der Erdenmutter.«

Das Evangelium der Essener[6]

Der Weg der inneren Technologie erinnert sich daran, dass jede Körperzelle ungefähr 1,17 Volt elektrisches Potenzial hat. Man geht davon aus, dass wir durchschnittlich eine Billiarde Zellen in unserem Körper haben. Eine Billiarde Zellen mal 1,17 Volt Potenzial pro Zelle ergibt 1,17 Billiarden Volt bioelektrisches Potenzial pro Person. Jede Zelle verfügt über Kapazität, Widerstand, Speicher, Transmission und Empfang, und wird das bereitwillig entsprechend unserer Absicht einsetzen.

Schau dir das Potenzial an, mit dem du in deinem Körper lebst! Erinnerst du dich daran, was du mit diesem Potenzial anfangen kannst? Ist es ein Wunder, dass wirkliche Heiler das tun können, was sie tun? Welcher Virus, welches Bakterium, welcher Zustand kann 1,17 Billiarden Volt widerstehen? Du fragst, wie diese Kraft aktiviert und gelenkt werden kann? Die Antwort auf diese Frage ist der Kern, der Mittelpunkt so vieler alter Texte und auch dieses Buches. Die Antwort lautet:

Diese potenzielle Kraft in dir wird aktiviert und gelenkt durch die von dir gewählte Art, dein Leben zu leben. Was wählst du jeden Tag als Nahrung für deinen Körper? Welchen Ort wählst du für dich und deine Lieben, um zu leben und zu wachsen? Wie hast du dich entschieden, dein einzigartiges Geschenk des Lebens in dieser Welt auszudrücken? Wie entscheidest du dich, zu anderen zu sprechen, und andere zu dir sprechen zu lassen? Diese Fragen zeigen Gelegenheiten für eine bewusste und verantwortliche Art zu leben. Der Zweite Weg der inneren Technologie ist ein Weg der Möglichkeiten persönlichen Ausdrucks. Es ist deine und meine Möglichkeit, persönliche Meisterschaft im Umgang mit folgenden Fragen zu zeigen:

WENN
wir wirklich sind, wer und was wir annehmen:
mächtige, hoch entwickelte Wesen voller Weisheit und Mitgefühl,
die nur wenige Jahre von der Zeitenwende entfernt leben
UND
wir uns daran erinnert haben, dass in einer Welt der Polaritäten
Frieden eine höhere Entscheidung ist als Unfrieden, und dass
diese Entscheidung sich in unseren Gedanken, Gefühlen,
Emotionen und Verhalten ausdrückt
UND
die Verantwortung für unser Leben, unsere Lebenskraft und unser
Wohlbefinden in uns selbst liegt,
DANN
stellt sich die Frage, wozu wir temporäre Lösungen für unsere
Gesundheit und unser Wohlbefinden durch äußere Technologien
erschaffen?

Warum erwarten wir von unseren Wissenschaftlern »da draußen«, dass »sie« ein Heilmittel finden für AIDS, Krebs, Ebola, Hanta-Virus, Rinderwahnsinn oder andere der circa zwanzig Viren und Bakterien, die es noch vor dreißig Jahren nicht gab? Warum erwarten wir von staatlichen Institutionen und globalen Sicherheitseinrichtungen, dass sie den Frieden in der Welt erhalten? Warum entscheiden wir uns, unsere persönliche Verantwortung, die unser Geburtsrecht ist, im Umgang mit diesen mächtigen Aspekten der Veränderung auszublenden?

In seinem neuen Video *The Sound Beings* erklärt Joseph Rael[7] vom Stamm der Tewa, dass unsere Entscheidungen in Bezug auf Medikamente, Impfungen und Antibiotika unsere Art und Weise sind, uns aus der Umklammerung eines Lebensmusters zu befreien. Die Tewa betrachten das Leben als

»zwei Lichtscheiben«, die von unterschiedlicher Qualität sind und sich ständig vorwärts bewegen. Wenn wir in einem Muster, einem Gedanken oder einer Überzeugung feststecken, kann das Licht sich nicht durch uns hindurchbewegen. Wir erfahren dieses Feststecken als Krankheit. Entsprechend unserem Weg, im Außen nach Hilfe zu suchen, wählen wir die Arznei als etwas, das uns aus dieser Klemme hilft, sodass wir wieder Bewegung erfahren können.

Auch wenn die Medizin sicherlich ihren Wert hat, sind wir wirklich gut beraten, uns ganz auf diese äußerlich entwickelten Lösungen zu verlassen? Und weiter gefragt, wie dauerhaft sind diese Lösungen eigentlich? Wieviele der Viren, die wir für bekämpft hielten, tauchen jetzt dreißig Jahre später wieder auf als neue, mutierte und virulente Arten, gegen die wir keine Mittel haben?

Statt der Entwicklung äußerer Technologien für den Umgang mit diesen und anderen Konsequenzen unserer Vergangenheit, könnten wir auch die Gaben unserer entwickelten Lösungen akzeptieren und gleichzeitig zu der Technologie *werden*. Wir könnten die Gefühle und Emotionen fühlen und die Gedanken denken, die uns einen Seinszustand ermöglichen, in dem Bakterien, Viren und sogar der Tod eine untergeordnete Rolle spielen. Unsere Heilmittel sind einfach Schwingungsmuster, die wir durch unsere äußeren Modelle von uns selbst entwickelt haben. Warum werden wir nicht zu den Modellen, warum *werden* wir nicht von innen her zu der Schwingung?

Ist es möglich, dass Viren, Bakterien, Zusammenbrüche des Immunsystems, soziale und politische Unruhen und andere als »schrecklich« betrachtete Zustände eigentlich machtvolle Komponenten des Wandels sind? Ist es möglich, dass diese Erfahrungen Katalysatoren sind, mit denen du und ich einverstanden waren, um uns gemeinsam zu einer höheren Entscheidungsebene des Seins zu befördern? Wenn du daran glaubst, dass wir holographischer Natur sind, dann müsstest du auch davon überzeugt sein, dass die Art deines täglichen Lebens im Großen und Ganzen Auswirkungen auf andere hat.

Viele Menschen haben mir gesagt, dass sie nicht wüssten, was zu »tun« sei. Die Ältesten haben uns jedoch überliefert, dass Mitgefühl nicht etwas ist, was gemacht oder getan werden kann. Vielmehr kannst du zulassen, zu Mitgefühl zu werden. Das Tun ist ein Kennzeichen des vergangenen Paradigmas. Ihr seid über das Tun hinausgewachsen. Diese einzigartige Zeit für die Erde und die Menschheit ist die Zeit des Werdens. Das Werden ist schlicht gesagt die Essenz der alten, machtvollen Botschaften, die dir und mir in Form von Texten und Traditionen hinterlassen wurden.

Die Botschaft lautet: »Was du dir am meisten für dein Leben erwählen möchtest, musst du zuerst werden.«

Dieser scheinbar einfache Satz ist die Zusammenfassung der Arbeit aller Meister, aller Heiligen, Wissenschaftler, Techniker und Familien, aller spirituellen Wegbereiter für genau diese Zeit in der Erd- und Menschheitsgeschichte. Wer behauptet, Frieden für seine Welt zu wählen, muss zunächst in sich selbst zu diesem Frieden werden. Wer behauptet, Wohlstand, Gesundheit und Lebendigkeit für seine Lieben zu wollen, muss zunächst zu genau diesen Qualitäten werden. Wer sich für Mitgefühl entscheidet für die ihm Nahestehenden und für diejenigen, die auf andere mit Hass und voller Urteil blicken, muss zu genau diesem Mitgefühl werden. Die Botschaft des »Werdens« ist die Essenz der heiligsten alten Texte.

Aus dieser Perspektive ist die Zeit unserer äußeren Technologie überholt. Wir sind der Notwendigkeit, uns selbst außerhalb von uns selbst zu bauen, entwachsen. In diesem Moment können wir uns für die Erinnerung unserer wahrsten Natur entscheiden. Die Maschinen, Werkzeuge und Apparaturen sind eine Sammlung von Artefakten einer vergangenen Technologie, unsere kollektive Vergangenheit in Form einer außerhalb des Körpers konstruierten Technik. Heute hast du die Möglichkeit, die Technologie des Ersten Wegs zu segnen für alle ihre Gaben, für die Zeit, die sie ermöglicht hat, für die Erleichterungen des Lebens, die sie gebracht hat, für alles, was sie dir bedeutet hat.

Segne die Technologie und gehe weiter auf dem Zweiten Weg, der viel höher entwickelt ist als jede Maschine, die je von einem unserer Artgenossen konstruiert wurde. Der Zweite Weg bedeutet einen enormen Aufschwung unserer Lebensweise und unseres Lebensstandards. Jetzt haben wir die Möglichkeit, zu der von der Medizin angestrebten Heilung zu werden, dauerhafte Gesundheit zu werden, zu dem Frieden der Friedenshüter, zu dem Mitgefühl der Religionen und zu glückstrahlenden Gefährten des Lebens zu werden.

Ich möchte euch vorschlagen, diejenigen Lehren zu überdenken, die von einer mächtigen Lebenskraft sprechen, die »durch« eure Körper fließt. Darin lebt Getrenntheit.

Diese Kraft bewegt sich nicht nur durch dich hindurch, diese Kraft bist du!

Es gibt keine Getrenntheit zwischen dieser Kraft und dir. Du bestimmst deine Reaktion auf Bakterien, Viren und auf die ultraviolette Strahlung einer lädierten Ozonschicht, selbst auf den Schnupfen, der bei dir im Büro umgeht. Du bestimmst die Schwelle deines Ärgers, deines Hasses und deiner Wut über Ereignisse, die du meisterhaft in deinem Leben erschaffen hast.

Wir bestimmen den Ausgang dieser geschichtlichen Epoche, indem wir unsere Reaktion auf diese Zeit bestimmen. In unserer Gesamtheit haben wir uns selbst und den uns Nahestehenden sehr viel mehr zu bieten als je eine »da draußen« konstruierte und angewendete Maschine leisten kann.

Das Geschenk des Mitgefühls

Die Zeit unserer äußeren Tempel, der äußeren Gitternetze und der externen Führung nähert sich der Vollendung. Was in vielen als ein inneres Wissen entstanden ist, wurde in der Sprache jener Zeit schon vor zweitausend Jahren gesagt, und auch früher. Dieses Wissen erinnert uns daran, dass wir der Ausdruck einer hoch entwickelten Verbindung sind, einer *Heiligen Ehe* zwischen den Elementen dieser Erde und einer gerichteten, nichtphysischen Kraft. Wir nennen diese Kraft GEIST (Spirit). Wir beginnen heute, eine der vielleicht erstaunlichsten Aussagen der Alten zu verstehen, die auf die Verbindung zwischen Gefühl, Gedanken und Körper hinweist.

»Drei Behausungen gibt es für den Sohn des Menschen, und niemand wird vor das Antlitz Gottes treten, der nicht den Engel des Friedens in jedem der drei kennt. Es ist dies sein Körper, seine Gedanken und seine Gefühle.«

Das Evangelium der Essener[8]

Der Frieden, den wir in unserer Welt und in unserem Körper suchen, ist der gleiche Frieden, von dem die Essener hier schreiben. Mitgefühl wird definiert als eine Qualität des Denkens, des Fühlens und der Emotion. Es kann als eine Qualität des Verhaltens im täglichen Leben betrachtet werden. Die Vitalität unserer Körper, die Qualität unseres Blutes und Atems, die Wahl unserer Beziehungen und Emotionen, selbst unsere Fortpflanzungsfähigkeit scheint in direktem Zusammenhang zu stehen mit unserer Fähigkeit, die Kraft des Mitgefühls in unserem Leben willkommen zu heißen.

Je nach dem, wie sehr du das Mitgefühl in dein Leben aufnimmst, werden Veränderungen leicht und einfach werden. Für diejenigen, die Beweise brauchen: Es gibt sie jetzt. Für andere ist die Information über eine direkte Beziehung zwischen Emotion und DNA eine willkommene Bestätigung eines inneren Wissens, das schon lange ihr Leben bestimmt.

Der Weg des Mitgefühls

Entsprechend unserer »Wenn-dann-Definition« der Wissenschaft haben die Alten uns einen Weg hinterlassen, der uns sanft durch die Zeitenwende bringen kann. *Zwischen Himmel und Erde* ist mein Angebot dieser Wissenschaft des Mitgefühls an euch. Mitgefühl ist ein Wort, das wir manchmal für einen nebulösen Zustand verwenden, und ist doch eigentlich das Gefühl, der Gedanke und die Emotion in dir, die das 1,17-Volt-Flüssigkristall-Schaltsystem jeder Zelle in Übereinstimmung bringen mit dem siebenfach geschichteten Flüssigkristall-Oszillator in deiner Brust, den wir »Herz« nennen. Mitgefühl ist das Programm, das du als Ergebnis der Übereinstimmung von Gedanke, Gefühl und Emotion in dir trägst und das die lebensspendende Erwiderung deines Körpers auf den Herzschlag der Erde bestimmt.

Mitgefühl ist weit mehr als ein Gefühl. Es ist das Verschmelzen von Gefühl mit Emotion und gerichtetem Gedanken, das sich in deinem Körper manifestiert!

In der Sprache, den Erfahrungen und in den Beziehungen des zwanzigsten Jahrhunderts wird in *Zwischen Himmel und Erde* eine alte, dir innewohnende Weisheit, wiederbelebt. Mitgefühl ist der Kern deiner wahren Natur. Als Wissenschaft stellt es sich folgendermaßen dar:

WENN
du dem Leben erlaubst, dich dir selbst auf neue Arten zu zeigen,
auf dass du dich selbst darin kennen lernen und erkennen mögest,
UND
du dich mit dem aussöhnst, was das Leben dir gezeigt hat,
DANN
wirst du zu Mitgefühl.

Durch die Aussöhnung, durch die Bewältigung der Dinge, die du als dein Leben eingeladen hast, wirst du zu Mitgefühl. Es scheint so einfach, und doch war das Verständnis der Mysterien des Lebens jahrhundertelang Gegenstand von Debatten und Kontroversen. In welche Extreme hast du dich begeben, um die tiefste Dunkelheit und das hellste Licht zu kennen? Die Ältesten sagen uns zwei Dinge ganz deutlich:

- Die Ereignisse deines Lebens dienen dir als Gelegenheiten, die ganze Bandbreite des Fühlens und der Emotion zu erfahren: alles »Gute«, alles »Schlechte«.
- Es gibt eine Ordnung, nach der du die Erfahrungen erkennen wirst: Es gibt eine Reihenfolge und eine Weiterentwicklung in den Erfahrungen.

Der Schlüssel zum Mitgefühl liegt demnach in deiner Fähigkeit, alle Erfahrungen als Teil des EINEN anzunehmen, ohne Bewertung. Nur im Licht zu leben, und alles, was nicht Licht ist, zu verdrängen, zu ignorieren, dagegen zu arbeiten und zu verurteilen, bedeutet den eigentlichen Sinn des Lebens in der Polarität zu bekämpfen! Es ist leicht, im Licht zu leben, wenn es nichts als Licht gibt. Du bist jedoch in eine Welt gekommen, in welcher das Licht in der Vereinigung mit seinem Gegenteil existiert.

Bist du in die alte Falle der Täuschung gegangen, sodass du:

- einen Aspekt der Polarität als besser erachtest als den anderen?
- einen Aspekt unserer Welt der Polarität für etwas anderes hältst als den Schöpfer?

Ich höre oft von Menschen, die sich selbst als spirituelle Krieger sehen, die den Kampf zwischen Licht und Dunkelheit ausfechten und die Fronten abstecken. Diese Perspektive ist ein Weg. Jeder Weg hat seine Konsequenzen. Der Perspektive des Kampfes wohnt Bewertung inne, das eigentliche Kennzeichen der Polarität. Es kann keinen Kampf geben ohne Bewertung.

Wenn wir in diese Welt gekommen sind, um uns selbst in allen Möglichkeiten zu erfahren und zu erkennen, wie kann es dann »richtige« und »falsche« Erfahrungen geben? Es ist die Aufgabe von Gut und Böse, der Bewertung von Licht und Dunkel, die Einheit in die Polarität hinein zu implodieren. Ist es möglich, dass ähnlich dem, was wir über die Viren gesagt haben, die Dunkelheit ein mächtiger Katalysator in unserem Leben ist, der uns über die Polarität hinaus in eine noch großartigere, aus dem Mitgefühl geborene Technologie hineinkatapultiert? *Zwischen Himmel und Erde* ist der Weg des Mitgefühls, der unser Gefühl der Getrenntheit heilt. Wieder und wieder haben uns die alten Essener ermahnt, uns auf die heiligste aller Botschaften zu besinnen.

»Und diese Botschaft war allein für die Ohren des Menschen bestimmt, für ihn, der Zwischen Himmel und Erde wandelt …«

Das Evangelium der Essener[9]

Allzu oft gab es in der Vergangenheit Diskussionen, was genau während der Zeitenwende, der Zeit des Übergangs, passieren würde. Es ist durchaus möglich, dass du und ich die letzte Generation darstellen, die vor diesem Tag des Übergangs ihre Reife erreicht. Ich möchte euch einladen, zu überdenken, was das bedeutet. Wenn das stimmt, dann sind du und ich auch Teil der ersten Generation, die auf der anderen Seite des Übergangs erwachen wird, in einer Welt, die den Reinigungsprozess vollendet hat, den die Naturvölker und die alten Traditionen verkündet haben. Wenn unsere Erinnerung und unser Bewusstsein ein unbeschriebenes Blatt sind, was wird dann die Grundlage unserer zukünftigen Erinnerung sein? Der Zustand, den du und ich jetzt, in diesen Tagen, erreichen, ist der Samen, legt die Grundlage, auf der wir und unsere Nachkommen uns selbst erkennen werden.

Lieben wir genug, um die Zyklen der Polarität zu verwandeln, um uns über die Bewertung von Licht und Dunkel zu erheben auf eine Ebene, wo alle Erfahrung als eine Möglichkeit der Selbsterkenntnis der Schöpfung betrachtet wird, die die Konsequenzen ihrer eigenen Entscheidungen erfährt? Lieben wir genug, um das Fundament mitfühlender Weisheit zu legen, noch während wir in einer Welt leben, die Polarität in Hass, Angst und Bewertung ausdrückt? Im Mitfühlen finden wir Richtlinien dafür, wie wir mit den Gaben des täglichen Lebens umgehen können. Diesem Weg zu folgen ist eine bewusste Entscheidung. Im Mitfühlen können wir kohärente Emotionen in uns finden. Dieser Zustand ist eine Erfahrung der Gedanken, des Fühlens und der Zeit, in dem unser physischer Körper zu dem Frieden, der Vitalität und der Immunität *wird*, von der wir in der Vergangenheit nur geträumt haben.

Die Beweisführung dieser Wissenschaft werden wir vielleicht nie zu sehen kriegen aufgrund einer einzigen Tatsache:

der Zeit. Wenn die alten Kalender stimmen, wenn das Momentum der Wandlung und die Trägheit der Effekte so fortbestehen, dann verfügen wir einfach nicht über die Zeit für jahrelange Versuchsreihen, in denen wir wieder und wieder überprüfen können, dass der von den Ältesten vorgeschlagene Weg wirklich der beste für uns ist. Ironischerweise beschreibt jedoch unsere eigene Wissenschaft genau das Szenario, das sie uns vor über sechstausend Jahren dargelegt hat. Brauchen wir eine Zeitenwende, um uns in ein Leben des Mitfühlens zu schubsen?

Wenn die resonante Bedeutung von *Zwischen Himmel und Erde* zu einem Teil von dir wird, wirst du meisterhaft und geschickt Situationen in deinem Leben erschaffen, die dir die Ebenen dieser Bedeutung in deinem Leben zeigen. Wenn du die Worte auf diesen Seiten einmal gelesen hast, kannst du sie nicht wieder ungelesen machen. Wenn du einmal gehört hast, was auch immer diese Worte durch den Filter deiner Lebenserfahrung für dich bedeuten, kannst du sie nicht wieder ungehört machen.

Zwischen Himmel und Erde bietet einen Kontext an, in dem jeder Moment jedes Tages Entscheidendes zu deiner Akzeptanz enormer und immer schnellerer Veränderungen in deinem Leben beitragen kann. In dieser Lebenszeit der Bodhisatvas, die mit mitfühlendem Blick dem Leben dienen, kannst du deine Welt nie wieder so sehen wie zuvor. Dieser Unterschied ist deine Gabe, während du anmutig und bestimmt, dich des zweiten Weges entsinnend, zwischen den Welten des Himmels und der Erde wandelst.

Eins

»In diesem Moment traf mich ein plötzlicher Windstoß und verursachte ein Brennen in meinen Augen. Ich starrte in die fragliche Richtung. Dort gab es
absolut nichts Ungewöhnliches.
›Ich kann nichts sehen‹, sagte ich.
›Du hast es gerade gespürt‹, antwortete er …
›Was? Den Wind?‹
›Nicht nur den Wind‹, sagte er finster.
›Vielleicht erscheint es dir als Wind, weil du nichts kennst außer dem Wind.‹«

Die Reise nach Ixtlan
DIE LEHREN DES DON JUAN, VON CARLOS CASTANEDA[1]

Das Geheimnis des Vergessenen

Die Macht unserer Gefühle

Das Gedächtnis verhält sich oft merkwürdig. Manchmal verschwimmen die Details von scheinbar bedeutenden Ereignissen innerhalb von Tagen. Häufig ist die Erinnerung an die ganze Situation innerhalb weniger Jahre verloren und vergessen. Ich erinnere mich jedoch zum Beispiel daran, wie ich im Herbst mit meiner Mutter am Flussufer saß. Die Luft war kühl und ich war in Decken gehüllt. Meine Mutter und ich schauten zu, wie junge Männer in schmalen Booten zügig durch das Wasser ruderten, in vollkommenem Rhythmus und mit fließenden Bewegungen, die fast keine Störung auf der Wasseroberfläche hinterließen. Ich erinnere mich auch daran, wie ich auf den Schultern meines Vaters wippte, wenn er das Treppenhaus vor unserer winzigen Wohnung hinunterging. Auf einem Treppenabsatz, vor Mrs. Wilkinsons Wohnung, gab es einen Käfig mit einem Papageien. Sie hütete mich, wenn mein Vater in der Schule und meine Mutter bei der Arbeit war. Als ich diese Kindheitserinnerungen meiner Mutter erzählte, schaute sie mich ungläubig an.

»Du kannst dich unmöglich an diese Zeit erinnern«, wunderte sie sich. »Dein Vater war gerade mit dem Militär fertig und wir waren nach Providence, Rhode Island, gezogen, wo er an der Brown University eingeschrieben war. Ich bin im Herbst mit dir an den Fluß gegangen, um der Universitätsmannschaft beim Training zuzusehen. Du warst damals erst eineinhalb Jahre alt!«

Merkwürdigerweise erinnere ich mich danach an kaum noch etwas, bis etwa dreieinhalb Jahre später. Damals geschahen in kurzer Zeit zwei Ereignisse, die mein Leben für immer veränderten. Ich weiß nicht mehr genau, wie es zu diesem Tag kam. Ich kann mich nicht daran erinnern, dass ich dachte: *Heute will ich eine so intensive Erfahrung für mich erschaffen, dass ich sie vielleicht nicht überlebe. Wenn ich sie überlebe, wird mein Leben nicht mehr dasselbe sein.*

Doch auf irgendeiner Ebene muss ich davon gewusst haben, wenn es mir auch nicht bewusst war.

Erinnere dich an dieses Gefühl

Zwei Wochen zuvor, am 28. Juni 1959, hatte ich ein Geburtstagsgeschenk erhalten: eine batteriebetriebene Eisenbahn. Der Zug war mit einem etwa einen Meter langen Draht mit einem Handsteuergerät verbunden, welches ihn mit elektrischem Strom versorgte. Ich weiß nicht, was ich mir dabei dachte, als ich die Schere aus der Küchenschublade nahm. Es war Mutters beste, schön verchromt sah sie aus, als könnte sie durch alles schneiden – sogar durch den Draht an meiner neuen Eisenbahn. Nachdem ich ihn durchtrennt hatte, sah ich den Kupferdraht unter der Gummiisolierung blitzen. Wieder nahm ich die Schere und begann, die Isolierung zu entfernen. Es ging ganz einfach. Binnen kurzem hatte ich zwei lange Stücke glänzenden Kupferdraht in der Hand. Ich war bereit.

Ich legte die Schere ordentlich in die Schublade zurück, in der Annahme, dass ihre Rolle bei der Zerstörung meiner neuen Eisenbahn so verborgen bleiben würde. Ich öffnete die Schiebetür zur Veranda und ging direkt zu der Steckdose hinter der Tür. An das darauf Folgende erinnere ich mich mit einer Klarheit, die mich immer noch verblüfft. Ich drehte die Drähte zusammen und schob das eine Ende in eine der Öffnungen der Steckdose. Nichts geschah. Dann steckte ich das andere Ende des Drahtes, so tief ich konnte, in die andere Öffnung. Sofort sprühte mit sengender Hitze ein orangefarbener Funkenregen über meine Hände, Arme und mein Gesicht. Zuerst spürte ich keinen Schmerz. Einen Bruchteil einer Sekunde lang konnte ich in Zeitlupentempo sehen, wie die Funken kleine Punkte in den Lack auf der Veranda brannten. Dann flammte ein Licht auf, ein greller Blitz, der aus dem Inneren meines Kopfes zu kommen schien und der alles andere ausblendete. Ich konnte nichts mehr sehen, nichts denken, nichts erinnern und nichts fühlen. Meine einzige Wahrnehmung war die eines Geräusches, ein intensives Vibrieren, das meinen Körper beherrschte und ihn unkontrollierbar zucken und sich verkrampfen ließ. Ich konnte den Draht nicht loslassen!

Plötzlich fühlte ich mich wie in einer anderen Welt. Es war so ähnlich wie das »Gefühl«, was ich manchmal abends im Bett hatte. Es begann mit einem vertrauten Kribbeln, kurz bevor ich in den Schlaf hinüberglitt. Ich spürte dann, wie ich in meinem Körper ganz klein wurde, als ob all mein Bewusstsein aus jeder meiner Zellen und aus den Gliedern in einen Punkt in meiner Brust zusammenschrumpfte. Als dieser komprimierte Punkt von Bewusstsein begann ich dann zu träumen, ohne dass ich mir des Übergangs bewusst war. Ich dehnte mich aus, immer weiter, bis ich überall und nirgends war. In diesem Traum erwachte ich dann, und verlor jede Wahrnehmung eines »Ich« im Austausch für eine Empfindung des einfach »Seins«. Dieses Gefühl war so vertraut und so angenehm, dass ich mich jeden Tag auf das Zubettgehen freute, um in meinem Traum aufwachen zu können.

Ich spürte auch das Vibrieren nicht mehr. In diesem Moment war nichts. Kein Gefühl von Zeit oder Nichtzeit. Es gab keine Empfindung eines »Ich«. Ich hatte kein Bild von meinen schmorenden Händen und kein Gefühl für den Stromfluss durch meinen Körper. Da war nur ein absolutes Nichts. Und dann unterbrach eine Stimme die Stille, eine Stimme, die ich noch besser kennen lernen und der ich viele Male mein Leben anvertrauen würde. Diese Stimme war weder männlich noch weiblich und schien von überall gleichzeitig zu kommen. Die Stimme erklärte mir in beruhigendem Ton, dass mein Leben der ersten fünf Jahre ein Geschenk der Liebe gewesen sei, frei und ohne Erwartung gegeben. Es sei meine Entscheidung, ob ich mein Leben über diesen Augenblick hinaus fortsetzen wolle. In diesem Augenblick wurde ich gebeten, zu wählen, diese Entscheidung zu treffen zwischen dem Leben in dieser Welt oder der Fortsetzung des Übergangs in eine andere Welt, den ich bereits begonnen hatte. Die Stimme fragte klar und deutlich: »Entscheidest du dich für das Leben?« Ohne nachdenken zu müssen antwortete ich mit einem Satz, der mir bis heute, fast vier Jahrzehnte später, noch häufig in den Sinn kommt. Ich schrie in meinem Inneren:

»Leben!«

»Ich entscheide mich, zu leben!«

Genauso plötzlich wie alles begonnen hatte, packte mich jetzt etwas und eine Kraft schleuderte meinen kleinen Körper rückwärts, weg von der Steckdose. Ich schlug mit dem Rücken gegen das Verandageländer. Der Kupferdraht fiel auf den verkohlten Verandaboden und beendete damit den Funkenregen. Ein brennender Schmerz schoss durch meinen Körper und ich keuchte und zitterte unkontrollierbar. Ich konnte nichts denken. Ich konnte keinen Atemrhythmus mehr finden.

Rückblickend weiß ich, dass die ganze Erfahrung nur wenige Sekunden gedauert haben kann. In dem Moment selbst schien es gleichzeitig eine Ewigkeit und nur einen Herzschlag lang zu sein. Ich weiß nicht, wie viel Zeit verstrich, bis ich meine Sinne wieder beisammen hatte. Der Hilfeschrei, der in mir entstand, blieb zuerst stumm. Mein Mund war weit offen, doch meine Stimme schien von dem Schock gelähmt zu sein. Ich schrie innerlich weiter, bis ein urtümliches Geräusch anfing, aus meinem Körper zu dringen. Als ich mich zwang, aufzustehen, brachte mein Schreien die Person zu mir, die am meisten für mich da war. Meine Mutter sah meine Hände und Arme und rief nur immer wieder verzweifelt: »Was ist los? Was ist passiert?«, doch ich schrie nur noch.

Kurze Zeit darauf lag ich wach in meinem kleinen Bett. Ich war von der Erfahrung noch ganz benommen und ich erinnere mich daran, wie ich durch das Fenster in den tiefblauen Himmel sah. Ein Flugzeug flog in mein Blickfeld und verließ es auf der gegenüberliegenden Rahmenseite wieder. Ich weiß, dass mir das Blau des Himmels auffiel. Im mittleren Westen der USA enthält die Luft oft viel Feuchtigkeit, die als weißer Dunst sichtbar wird und daher wirkt der Himmel selbst an den klarsten Tagen immer leicht bedeckt. Mein Bett stand in der Ecke des Zimmers. Mit einer Wand an meiner Seite und einer Wand hinter meinem Kopf hatte ich mich dort immer sicher gefühlt.

Plötzlich spürte ich, ohne jegliche Vorwarnung, wie mein Kopf sanft von offenen Händen gewiegt wurde. Ich wusste, dass niemand im Raum war. Ich beugte meinen Kopf nach hinten. Da stand eine Person am Kopfende meines Bettes, dort, wo es gegen die Wand stieß. Die Person stand in der Wand! Ich sah sie zunächst nur schwach, dann stellten sich meine Augen auf das Bild ein und es wurde klarer, blieb jedoch durchscheinend. Auch wenn sich dieses Wesen bewegte, konnte ich noch durch es hindurch die Wand sehen. Es war in lange, dunkelrote Tücher gehüllt, aus denen nur die Hände herausschauten, die immer noch meinen Kopf hielten.

Dann erschien unvermutet eine zweite Person an genau der gleichen Stelle und bewegte sich an die Seite meines Bettes. Sie schienen weder männlich noch weiblich zu sein und sprachen auch zunächst nicht. Sie begannen, meinen Körper überall dort zu berühren, wo ich verbrannt war. Ich beobachtete, wie ihre Hände sich über meine Hände und Arme bewegten. Während ich da zwischen den beiden kaum sichtbaren Wesen lag, öffnete und schloss ich mehrfach meine Augen und kniff sie zusammen, um deutlicher zu sehen. Dann überwältigte mich der brennende Schmerz meiner Wunden und ich begann zu weinen. Als ich meine Augen wieder öffnete, bemerkte ich, dass der zuvor tiefblaue Himmel wieder sein gewöhnliches milchiges Weiß angenommen hatte. Auch konnte ich die beiden Wesen nicht mehr sehen, obwohl ich immer noch spürte, wie sie meinen Körper berührten. Als der fünfjährige Junge, der ich war, und in meinem Schmerz fragte ich einfach:

Was kann ich tun, damit es nicht mehr so wehtut?

Wie kann ich euch wieder sehen?

Und eine Stimme, die mir im Laufe der Zeit noch sehr vertraut werden sollte, antwortete mir:

»Erinnere dich an dieses Gefühl.«

Mit dem Hören dieser Worte geschah etwas in meinem Körper und es tat nicht mehr weh. Danach konnte ich die Wesen wieder sehen, deren Stimme für den Rest meines Lebens in entscheidenden Augenblicken immer da war. An diesem Tag lernte ich etwas, was später zu einer zentralen Erfahrung meines Lebens werden und mir erlauben würde, das Leben vieler Menschen zu berühren: Ich konnte die Art, wie ich die Welt um mich herum sah, verändern, indem ich einfach meine Gefühle veränderte!

Ich drehte den Kopf, um aus dem Fenster zu schauen. Der Himmel war wieder tiefblau und klar. Mich überkam Schläfrigkeit und das Zimmer entschwand meinem Blick. Ich schloss wieder die Augen und glitt in einen Traum, ungeachtet der beiden Wesen, die immer noch meinem Körper über die Erfahrung hinweghalfen, die erst etwa eine Stunde zuvor stattgefunden hatte.

Unser Haus war klein und zugig. Es war in seiner Art einzigartig, wie es da in Raytown, einem Vorort von Kansas City, in der Mitte des Wohnmobil-Parks stand, der um es herum entstanden war. Es gab einen Swimmingpool für die Gäste, den wir auch benutzen durften. In den Sommermonaten mit Temperaturen um dreißig Grad und hoher Luftfeuchtigkeit war dieses Schwimmbecken bei Erwachsenen und Kindern gleichermaßen sehr beliebt. Wiederum verhält sich mein Gedächtnis merkwürdig. Ich weiß kaum noch etwas aus den wenigen Wochen zwischen der Erfahrung mit dem Kupferdraht und den Ereignissen dieses Tages. Meine Mutter hielt sich bei den »Damen« auf, Frauen ihres Alters, die am flachen Ende des Pools mit ihren Kindern zusammen das kühle Wasser genossen oder sich auf den Liegestühlen entspannten.

Ich weiß nicht, ob ich daran dachte, dass dies ein weiterer Tag des Abenteuers werden würde. Ich war ein dickliches Kind, worunter ich litt, auch wenn meine Eltern mich freundlicherweise als »stämmig« bezeichneten. Eine Folge meiner Korpulenz war ein starker Auftrieb im Wasser. Mit meinen kleinen, dicken Ärmchen zog ich mich aus dem flachen Bereich des Beckens auf die aufgeheizte Betoneinfassung. Unbemerkt ging ich zu dem verbotenen, tiefen Ende des Pools und starrte auf seinen Grund. Das Wasser schien türkisblau zu sein, doch es war sicher klar, denn ich konnte bis auf den Boden sehen. Ich ließ mich still und geräuschlos ins Wasser gleiten, und nachdem ich die Beckenkante losgelassen hatte, zog mich das Gewicht meines Körpers schnell unter die Oberfläche.

Ich kann mich nicht erinnern, daran gedacht zu haben, die Luft anzuhalten oder dass das Wasser drei Meter tief war oder daran, dass ich noch nicht schwimmen konnte! Ich rutschte einfach ins Wasser, Füße voran, und ließ mich dann in die Tiefe sinken. Ich öffnete meine Augen und beobachtete alles, während mein Körper seinen Abstieg verlangsamte. Meine Füße trieben hinter mir hoch, und mit ausgestreckten Armen trieb ich vielleicht einen Meter über dem Grund. Nach ein paar Sekunden begann ich, aufzusteigen. Dieses Gefühl erstaunte mich zutiefst. Nie zuvor hatte ich solche körperliche Freiheit erfahren. Dicht unter der Oberfläche kam der Auftrieb meines Körpers zum Stillstand. Während ich da mit ausgestreckten Armen und Beinen schwebte, und die schwarzen Linien auf dem Beckengrund anstarrte, überkam mich wieder das gleiche, vertraute Gefühl wie ein paar Wochen zuvor, als ich zu träumen begann, nachdem ich den Kupferdraht in die Steckdose gesteckt hatte.

Obwohl ich nicht geatmet hatte, seit mein Körper ins Wasser getaucht war, spürte ich keinen Drang, Luft zu holen. Ich spürte weder die Kälte um mich herum, noch das Chlorwasser, das mir in Nase und Lunge drang. Ich spürte nichts. Ich glitt wieder hinein in das Gefühl, dass mein Körper ganz klein sei, schloss meine Augen und überließ mich meinem Bedürfnis, zu träumen. Voller Hingabe und Vertrauen überließ ich mich der Erfahrung und wurde schläfrig.

In der darauf folgenden Dunkelheit war nichts, kein Gefühl davon, irgendwo hin zu müssen oder irgendetwas tun zu müssen, kein Gedanke an die anderen Menschen am Pool, und was die davon halten würden, wenn sie mich so sähen. Da war kein Gefühl eines individuellen »Ich«. Zum ersten Mal in meinem jungen Leben ließ ich einfach los. Während ich da so im Wasser hing, wurde die Zeit irrelevant. Sekunden wurden zu Minuten. Was mir wie eine Ewigkeit erschien, waren, wie ich später erfuhr, nur etwa zehn Minuten. Die Dunkelheit vor meinen geschlossenen Augen begann, sich aufzulösen. Plötzlich blitzte es hell auf und übrig blieb ein Licht, wie ich es Wochen zuvor schon gesehen hatte. Irgendwo aus dem Licht heraus, aus dem Nichts, hörte ich die vertraute Stimme, die einfach sagte:

»Erinnere dich an dieses Gefühl.«

Als ich das hörte, begann ich innerlich zu rufen:

»Leben!«

»Ich will leben!«

Auf einmal spürte ich, wie mich Hände packten und an meinen Armen und Beinen zogen. Mit einem Ruck wurde ich aus dem Frieden meines Traumes gerissen und in die sonnige Welt eines heißen Augusttages in Missouri gestoßen. Die Leute riefen sich etwas zu und umarmten mich. Meine Brust und meine Nase brannten von dem Chlorwasser. Jemand hatte mich auf die Seite gerollt, um das Wasser aus meinem Mund und meiner Nase zu pressen. In meinem Schock weinte, hustete und schniefte ich gleichzeitig. Als ich meine Augen öffnete, sah ich als Erstes meine Mutter, die wie immer für mich da war. Alle stellten mir Fragen: »Ist alles in Ordnung?«, »Was ist passiert?«, »Was hast du dir dabei gedacht?«, »Bist du okay?« Meine Mutter sagte nichts. Sie schaute mich nur aus tränenerfüllten Augen voller Erstaunen und Erleichterung an.

Wie konnte ich eine derartige Erfahrung jemandem erklären, der nie selbst so etwas erfahren hat? Was sollte jemand mit einer Stimme anfangen, die er selbst noch nie gehört hat? Mir war klar, dass ich nicht wirklich mitteilen konnte, was mir gerade widerfahren war, und so wischte ich mir die Tränen aus den Augen und entschuldigte mich. All das geschah in einem einzigen Monat.

Fühlen: unser vergessener Weg

Erst Jahre später erkannte ich die wahre Bedeutung und die Verbindung zwischen den beiden Ereignissen im August 1959. Was ich mir in diesen wenigen Wochen demonstriert hatte, spielte später eine zentrale Rolle für meine Fähigkeit, jene Lehren zu erfahren und zu vermitteln, die mein Leben und auch dieses Buch ausmachen. Jede dieser beiden Erfahrungen wurde für mich zu einem Bezugspunkt, auf den ich jederzeit zurückgreifen konnte:

- Die elektrische Erfahrung hatte mich mit einem Schlag in eine andere Realität versetzt, eine Welt voller Klarheit, in der ich Dinge »sehen« konnte, die im Alltag oft übersehen werden. Dieses Erlebnis gab mir ein Gefühl, aus welchem heraus ich diejenigen sehen konnte, die zu mir gekommen waren, um für mich zu sorgen. In diesem Gefühl konnte ich den körperlichen Schmerz des Stromstoßes und der Verbrennungen hinter mir lassen.
- Die Wassererfahrung zeigte mir deutlich, wie ich einfach »loslassen« kann. Auch diese Erfahrung gab mir ein Gefühl, nämlich das der vollständigen Hingabe an die Erfahrung, in absolutem Vertrauen, ohne jeglichen Gedanken wie »Wann muss ich zurück?« oder »Was wird jetzt passieren?«

In jeder dieser Erfahrungen hatte ich mir deutlich gezeigt, dass ich einfach durch vorsätzliches Fühlen meine Wahrnehmung in einen vertrauten Zustand bringen konnte, einen Zustand erstaunlicher Klarheit, Sicherheit und innerer Führung. Ich wusste, dass ich dem, was ich da hörte und fühlte, vertrauen konnte, dass es mich zuverlässig führen würde, in Zeiten mangelnder Klarheit aufgrund meiner eigenen Emotionen oder durch die Ängste anderer.

Ich sage nicht, dass die Erfahrung eines elektrischen Schlags oder des Ertrinkens notwendig ist, um dieses Gefühl in sich zu entdecken. Im Gegenteil, ich berichte von diesen sehr persönlichen Erfahrungen, um deutlich zu machen, dass du mittels der Gabe der Emotion in der Lage bist, deine Ausrichtung in dieser Welt zu verändern. Mit Hilfe deiner Emotionen kannst du deine Wahrnehmung auf deine »innere« Welt richten, oder auf die alltägliche, äußere Welt. In den kommenden Kapiteln wirst du entdecken, dass Emotionen verschiedene DNA-Kodierungen im Körper auslösen. Das sind dieselben Kodierungen, die dir die Freiheit geben, in dem linearen Verlauf deiner Lebenszeit ohne Krankheit und Verfall zu leben. Mit dem Geschenk des Lebens hast du eine Kraft erhalten, deinen Körper und deine Lebensweise zu beeinflussen: die Kraft des Fühlens.

Im Rückblick auf den Sommer 1959 glaube ich, dass diese Ereignisse eher ein Weckruf waren als eine Belehrung. Aus meiner Erfahrung weiß ich, dass die meisten Menschen sich an ähnliche Gefühle erinnern, die sie in erhöhte Bewusstseins- und Wahrnehmungszustände versetzt haben. Vielleicht erinnern sie sich, wie sie das erfahrene Gefühl verändern, anpassen mussten, um ihre familiäre Zugehörigkeit oder ihr emotionales Überleben zu sichern. Die Erfahrung des Lebens selbst fordert uns auf, uns wieder daran zu erinnern.

Zwei

»Dunkelheit und Licht
sind einer Natur,
nur scheinbar verschieden,
denn beide entsprangen
der Quelle von Allem.«

Auszug aus den Smaragdtafeln von Toth[1]

Der Strahlendste der Strahlenden

Zwei werden eins

Als Kind habe ich mich jahrelang über die mir in der Schule, in der Kirche und in der Familie vermittelten Konzepte von Licht und Dunkelheit gewundert und mich gefragt, welche Rolle diese Kräfte in meinem Leben spielen. Mir war beigebracht worden, die Kräfte des Lichts und der Dunkelheit an dem Ergebnis und an seiner Wirkung auf mich und andere zu erkennen. Alles, was wehtat, kam aus der Dunkelheit, und alles, was Freude und Wohlbefinden erzeugte, entsprang dem Licht. Diese Lehren ergaben wenig Sinn für mich, da sie nicht dem entsprachen, wie ich das Leben erfuhr.

Ein Teil der Konditionierung bezüglich der Dunkelheit war beispielsweise die Angst vor »dem da draußen«, etwas Schrecklichem als Verkörperung eines extremen Beispiels unserer polarisierten Erinnerung. Was auch immer es war, es war so mächtig, dass es ein ernst zu nehmender Gegner für das gegenteilige Extrem war, für das Licht. Wenn das stimmte, dann gäbe es da draußen eine Kraft, die Macht über uns hätte, die Macht über mich hätte.

Diese Lehren gingen davon aus, dass diese Kraft da draußen darauf lauert, mir in einem Augenblick der Schwäche all das Gute, das ich je erreicht hatte, zu nehmen und zu vernichten. Ich wusste, ich würde mich an einem gewissen Punkt meines Lebens mit dieser Kraft aussöhnen müssen.

Es war eine dieser wundersamen Phasen im Leben, in denen alles, was bislang richtig und wichtig erschien, in sich zusammenfällt. Die Planierraupe der Veränderung hatte rücksichtslos all meine Umwege und Ablenkungen in Form von Ausbildung, romantischen Beziehungen, Einkommen und Freundschaft aus dem Weg geräumt. Innerhalb weniger Wochen war alles zusammengebrochen und ließ mich in der scheinbar dunkelsten Situation meines bisherigen Lebens zurück. Ich hatte den starken Verdacht, dass all diese Ereignisse in meinem Leben untrennbar verbunden waren mit meiner Entscheidung, die Beziehung zwischen Gut und Böse kennen zu lernen und zu spüren. Ich interpretierte alle Ereignisse im Sinne dieser beiden Kräfte. So fing es an…

Ich studierte und arbeitete zu jener Zeit in Ft. Collins, Colorado, und versuchte, neunzehn Studienfächer und drei Jobs zur Finanzierung der Studienkosten unter einen Hut zu bringen. Meine Noten gingen den Bach runter, die Jobs waren ermüdend, meine Freundschaften wurden distanzierter und die stabilste romantische Beziehung, die ich bis dahin erfahren hatte, war beendet. Ich erklärte meinen Professoren und meinen Arbeitgebern, dass ich etwas Zeit brauchte, um mich wieder zu sammeln. Wie erwartet hatten weder Arbeitgeber noch Professoren Verständnis für meine Dringlichkeit. Ich hinterließ ihnen jeweils eine Nachricht, dass ich mit einer Entlassung einverstanden wäre.

Ich packte ein, was ich für den Herbst in den Rocky Mountains brauchte und fuhr in Richtung Westen durch eines der bestgehüteten Geheimnisse des nördlichen Colorado, den Cache la Poudre Canyon. Ich fuhr höher und höher bis zu dem kleinen Ort Walden, etwa hundertfünfzig Kilometer von

Ft. Collins entfernt. Im Laden und an der Tankstelle unterhielt ich mich mit einigen Ortsansässigen, die mich zu einer Schotterpiste wiesen, die in eine unbesiedelte Landschaft voller Gletscherseen und Kiefernwälder führte. Dies war der perfekte Rückzugsort für was auch immer in den nächsten paar Tagen geschehen sollte. Ich hatte ein Zelt dabei, Essensvorräte und Wasser für eine Woche.

Als die Sonne begann, hinter den schneebedeckten Gipfeln im Westen zu verschwinden, fand ich einen besonders schönen See, der Verlorener See hieß. Ich errichtete mein Zelt im Schatten des Kiefernwaldes, nur wenige Schritte vom Seeufer entfernt. Es war meine liebste Jahreszeit, mit intensivem, tiefblauem Himmel. Ich hatte diese Gegend auf über dreitausend Meter Höhe wegen ihrer Einsamkeit gewählt.

Mir war klar, dass mich mit den Kräften von Licht, Angst und Dunkelheit auszusöhnen zunächst bedeutete, dass ich diese Kräfte selbst erfahren musste, anstatt mich auf Berichte anderer zu verlassen. Am Abend des ersten Tages errichtete ich mir ein Lagerfeuer, zum Kochen und zum Wärmen, denn die herbstlichen Temperaturen fielen abends bis unter den Gefrierpunkt. Ich hatte keine Ahnung, dass dasselbe Feuer, das ich um seiner Hitze willen errichtet hatte, zum Fenster meiner späteren Erfahrungen werden würde. Ich verbrachte die ersten beiden Tage damit, wirklich anzukommen. Ich betete, meditierte, dachte nach und bereitete mich vor. Ich wusste nicht, worauf die Erfahrung hinauslaufen würde. Ich wusste nur, dass sich etwas ändern musste. Ich konnte nicht weiterleben mit der Möglichkeit einer dunklen Kraft der Zersetzung, die in jeder Entscheidung und jeder Erfahrung lauerte.

Nach dem Sonnenuntergang des dritten Tages hatte sich in der einsetzenden Nachtkälte der Wind gelegt und es war in meinem Bereich des Sees ungewöhnlich still geworden. Ich saß auf einem umgefallenen Baumstamm, den ich mir ans Feuer gezogen hatte, und begann meine Gebete. Die vorigen Abende hatte ich mit geschlossenen Augen gebetet und meditiert, so wie ich es in meiner Familie und meiner Kampfsportausbildung gelernt hatte. Aus irgendeinem Grund starrte ich an diesem Abend jedoch mit weit geöffneten Augen ins Feuer. Jede Flammenzunge verjüngte sich zu einer Spitze, leuchtete von gelb über orange bis blau und violett und verlor sich schließlich in der Luft. In der Glut pulsierten leuchtende Flecken über der dunklen Masse der darunter liegenden Asche. Später erfuhr ich, dass weltweit eingeborene Völker häufig den Blick ins Feuer zur Induktion eines veränderten Bewusstseinszustandes verwenden.

Während ich in die Flammen starrte, begannen Wellen der Emotion durch meinen Körper zu fließen. Sie strömten aus meiner Mitte in meine Glieder und ich erkannte das vertraute Gefühl des »Loslassens« aus meinen Nahtoderfahrungen wieder, sodass ich mich voller Vertrauen und Hingabe darauf einlassen konnte. Ich nutzte die Gelegenheit und fasste den Sinn dessen, was ich hier zu finden hoffte, in einer Frage zusammen, so wie ich auch zuvor in meinem Leben die Erdmutter und den himmlischen Vater um Rat und Zeichen gebeten hatte:

»Vater, ich bitte darum, die Beziehung zwischen dem Licht und der Dunkelheit zu verstehen und zu erkennen, welche Rolle diese Kräfte in meinem Leben spielen.«

Ich blickte in die Flammen und wartete. Nichts geschah. Ich wiederholte die Frage. Da vernahm ich eine unerwartete, doch vertraute Stimme aus meinem Inneren mit der Frage:

»Wie willst du die *Beziehung* zwischen diesen Kräften verstehen, wenn du noch nicht mal die *Natur* dieser Kräfte verstehst?«

Bei dieser Art von Frage hatte ich eine Antwort erwartet, keine Gegenfrage. Als ich dem nachspürte, dämmerte es mir jedoch, dass ich wirklich keine eigenen Erkenntnisse besaß über das, was ich gelernt hatte, »Dunkelheit« zu nennen. Meine Vorstellungen von dieser Kraft waren lediglich ein Konglomerat aus all dem, was ich gelernt und gesehen hatte.

Den Blick unverwandt aufs Feuer gerichtet, rief ich mir all das in Erinnerung, was in meiner Vorstellung die Kraft der Dunkelheit ausmachte. Vor meinem inneren Auge sah ich groteske, rohe und entstellte Gestalten. Ich sah Abbildungen aus der Bibel meiner Kindheit, welche die Grenze zwischen dem unteren Reich der Dunkelheit und der oberen Welt zogen. Ich erinnerte mich an Bilder aus Kirchen und Museen, verwitterte Darstellungen des Bösen, das alles in seinen Klauen hält, und Ausschau hält nach mehr. So fuhr ich fort, bis ich das heraufbeschworen hatte, was für mich in diesem Moment die konzentrierte Verkörperung des Bösen darstellte. Entsprechend meiner Erziehung gab es nur ein Bild, welches all diese Konzepte gleichzeitig verkörpern konnte, das Bild dessen, den wir, neben vielen anderen Namen, Luzifer nennen.

Ich will klarstellen, dass ich nicht behaupte, dass dieses Bild eine allgemeingültige Realität besitzt, mit der ihr euch in euren Leben aussöhnen sollt. Ich beschreibe lediglich eine von mir erfahrene Wirklichkeit, die für mich zu einem gewissen Zeitpunkt meines Lebens bedeutungsvoll war. Meine Entscheidung, diese Perspektive einzunehmen, führte mich zur Erkenntnis einer tiefen Wahrheit, von der ich glaube, dass sie in uns allen lebt.

Während diese Erinnerungen in meinem Geist abliefen, begann etwas im Feuer vor sich zu gehen. Ich sah weiterhin mit träumerischem Blick in die Flammen, als sich eine Form daraus zu entwickeln begann, die in den züngelnden Spitzen der Flammen zu schweben schien, zunächst durchscheinend, doch dann immer dichter werdend. Ich wendete ungläubig den Blick ab, zwinkerte ein paarmal und schaute dann wieder zum Feuer. Das Bild war immer noch da und gewann an Klarheit. Direkt vor meinen Augen schwebte in den Flammenspitzen die physische Manifestation der Gestalt, die ich in meinem Geist heraufbeschworen hatte, die Antwort auf mein Verlangen nach direkter Erfahrung der Kräfte der Dunkelheit! Zum Glück schaute das Wesen mich zunächst nicht direkt an, sondern blickte seitlich an mir vorbei, als wäre es meiner nicht gewahr oder es ignorierte einfach meine Anwesenheit. Nichtsdestotrotz war ich unfähig, direkt hinzusehen und überlegte, ob es vielleicht besser wäre, mich möglichst unauffällig zurückzuziehen. Ich blieb jedoch und hatte mich nach einer Weile so weit beruhigt, dass ich hinschauen konnte. In den Flammen sah ich Kopf und Brust einer Gestalt, deren hängende, grobe Züge ich eher mit Neugier als mit Furcht betrachtete. Ich fühlte mich nicht bedroht.

Als sich der Kopf plötzlich drehte und mich unmittelbar ansah, begegneten unsere Blicke sich zum ersten Mal. Vor mir in den Flammen war zweifellos ein sehr reales, bewusstes Wesen, das zweifellos anwesend und auf mich konzentriert war. Als ich diesem Wesen als der zusammenfassenden Verkörperung alles Bösen, das ich mir vorstellen konnte, in die Augen sah, geschah etwas noch Seltsameres. Zunächst kaum sichtbar, doch dann immer deutlicher veränderte sich sein Ausdruck. Die groben Falten und die abstoßende Haut begannen vor meinen Augen, glatter zu werden. Das Gesicht verjüngte und rundete sich, das ganze verknitterte, graue, rohe Gesicht dessen, wie Luzifer für mich aussah, verwandelte sich innerhalb weniger Sekunden vollständig und vor mir in den Flammen schwebte das Antlitz eines kleinen Kindes. Es schien weder männlich noch weiblich, und in seiner Unschuld war es gleichzeitig durchstrahlt von Weisheit und Erkenntnis. Ich spürte, wie es sich danach sehnte, mich geradezu anflehte, zu verstehen.

Das Kind blickte mir direkt in die Augen und ich beobachtete bewegungslos und ungläubig, wie sich etwas unglaublich Wunderbares ereignete, das mich noch heute jedes Mal, wenn ich daran denke, tief berührt.

Das Kind in den Flammen begann zu weinen.

Dicke Tränen rollten über seine Wangen und ich konnte nicht anders als mitweinen. Eine unerklärliche Traurigkeit überkam mich und ich fühlte mich dem Kind in den Flammen seltsam verbunden. Ich wusste, dass diese Erfahrung und dieses Wesen tief in mir an eine Erinnerung gerührt hatten, die eine wichtige Rolle spielen würde bei meiner Entscheidung, unsere schon so lange empfundene Getrenntheit zu heilen. Das Bild begann zu verblassen, und ich kam zurück aus meinem mit offenen Augen geträumten Traum. Ich schaute mich um. Mein Lagerplatz, der See, der Himmel, nichts schien sich verändert zu haben. Es waren nur etwa dreißig Minuten verstrichen. Doch ich wusste, dass mein Leben nie wieder so sein würde wie zuvor.

Entdeckung in Peru

Erst achtzehn Jahre später vervollständigte sich diese Erfahrung, sodass ich das Geschenk vom Verlorenen See in seiner ganzen Größe erkennen konnte. Fast fünfunddreißig Jahre nach meinen Nahtoderfahrungen erfuhr ich endlich die ganze

Botschaft. Offensichtlich waren die Erfahrungen der Jahre von 1959 bis 1994 notwendige Stationen meines Lebens, um einen Bezugsrahmen zu entwickeln. Jede dieser Stationen war eine Einweihung ins Leben, deren Vollzug und Integration der Schöpfung mitteilte, dass ich für die nächste Erfahrung bereit war. Wenn wir mitten in der Erfahrung, der Beziehung, dem Gefühl oder dem Gedanken stecken, ist es oft nicht einfach zu sehen, wie sie aufeinander aufbauen. Ich bin jedoch davon überzeugt, dass unser Leben so funktioniert, und dass wir es erkennen können, wenn wir die Kontinuität der Erfahrungen über längere Zeiträume hinweg betrachten. In meinem Fall hatte ich fünfunddreißig Jahre gebraucht, um für die folgende Erkenntnis bereit zu sein, und ich brauchte ein weiteres Jahr, bevor ich anfangen konnte, darüber zu sprechen.

Es war im Juni 1994, und im Hochland der Anden begann die Trockenzeit. Am dritten Tag unseres viertägigen Trecks wollten meine aus zweiundzwanzig Personen bestehende Wandergruppe, die fünf peruanischen Führer, die gleichzeitig Köche waren, und die zweiundzwanzig Träger ungefähr siebeneinhalb Meilen Bergland zurücklegen. Wir mussten drei Bergpässe von über viertausend Meter Höhe überwinden und dazwischen jedes Mal über tausend Meter in den üppigen grünen Dschungel hinabsteigen. Die Temperatur fiel in den Nächten unter den Gefrierpunkt und ich wollte gerne alle im Lager und in warmen, trockenen Kleidern haben, bevor es gefährlich kalt wurde. Wir hatten gerade von zwei Trägern einer anderen Gruppe gehört, die nachts an Unterkühlung gestorben waren.

Wir hatten uns in zwei Gruppen aufgeteilt, da einige trotz Akklimatisation durch die Höhe und durch Krankheiten geschwächt waren. Den Morgen über war ich mit der ersten

Gruppe gegangen, bis wir eine kurze Mittagspause einlegten. Nach einer leichten Mahlzeit beschloss ich, nach der zweiten Gruppe zu schauen und dann wieder zu der ersten aufzuschließen. Ich fand die zweite Gruppe in guter Verfassung, unsere exzellenten peruanischen Führer und ein heiliger Mann der dortigen Einwohner würden sie sicher ins Lager führen. So machte ich mich zufrieden und beruhigt wieder auf zur ersten Gruppe, die bereits ein ganzes Stück voraus war.

Nachdem ich eine Weile den steilen, steinigen Weg hinauf gestiegen war, schaute ich hoch zu dem Pass über mir, und hinter mir hinab über das Geröllfeld, als mir plötzlich klar wurde, dass ich zum ersten Mal, seit wir vor sechs Tagen Miami verlassen hatten, vollkommen alleine war. In der Nähe des Passes hielt ich an, um mich ganz der großartigen Schönheit um mich herum zuzuwenden. Es war noch früher Nachmittag, doch die Sonne verschwand bereits hinter den Gipfeln auf der anderen Seite des Tals. Direkt unter mir lag ein Gletschersee, den ich bis dahin nicht bemerkt hatte, ein vollkommen glatter Spiegel für die sich um mich türmenden Bergwände. Leuchtende, satte Farbigkeit umgab mich von allen Seiten. Der tief smaragdgrüne Dschungel unten trug die weißen, schneebedeckten Berggipfel, die in den kristallklaren, azurblauen Himmel ragten. Ein sanfter Wind streichelte mein Gesicht, eine willkommene Erleichterung gegenüber den stürmischen Böen, die erst Stunden zuvor durch das Tal gefegt waren.

Ich bedankte mich still dafür, solch ursprüngliche Schönheit erfahren zu dürfen, während ich meinen Weg fortsetzte. Nur wenige Schritte unterhalb des Berggrats rastete ich noch mal auf einem glatten Stein, der wie dafür gemacht schien. Ich hatte eine indianische Flöte aus Neumexiko dabei, um unsere Gruppengebete und Meditationen zu begleiten. Dies schien ein wunderbarer Platz zu sein, um ein Dankeslied erklingen zu lassen. Ich begann mit lang gezogenen Tönen, die bald in eine volltönende Melodie zusammenflossen, die ich noch nie zuvor gehört hatte und die irgendwo aus der Tiefe meines Inneren zu kommen schien. Die Felswände warfen das Echo der Töne zurück, und mein Lied flog mit dem Wind davon. Ich fragte mich, ob die anderen wohl mein Lied hören konnten, aber dem war nicht so, wie ich später erfuhr. Ich begann, tief zu atmen, um mich der Empfindung der Reinheit dieses Ortes zu öffnen.

Überraschenderweise spürte ich plötzlich starke Wellen der Emotion durch meinen Körper fließen, die immer intensiver wurden. Tränen stiegen mir in die Augen und binnen kurzem schluchzte ich hemmungslos ob der überwältigenden Schönheit des Augenblicks. Während des Weinens veränderte sich etwas in meinem Körper. Es war wieder das vertraute, warme Gefühl der Hingabe, genau wie am Verlorenen See siebzehn Jahre zuvor. Ich hatte dieses Gefühl seitdem zwar oft absichtlich in mir hervorgerufen, aber in diesem Moment entstand es völlig spontan.

Wir bieten diese viertägige Wanderung als Teil einer heiligen Reise unter anderem wegen der körperlichen Erfahrung an. Die Anstrengung verbraucht so viel Energie, dass keine Kraft mehr vorhanden ist, um Widerstände in Form von Abgrenzung, Ablenkung und Gleichgültigkeit aufrechtzuerhalten, die sich zwischen die einzelnen Teilnehmer und seine Gefühle stellen könnten. Damit soll erreicht werden, dass die Teilnehmer sich selbst in unmittelbarem Kontakt mit der Schöpfung erfahren können. Was ich für die anderen vorbereitet und organisiert hatte, widerfuhr jetzt völlig unplanmäßig mir selbst.

Während das vertraute Gefühl durch meinen Körper wogte, schloss ich die Augen und gab mich der vollkommenen

Resonanz mit den Schöpfungskräften hin. In den Tagen vor der Reise war mir eine Frage durch den Sinn gegangen, die ich klären wollte. Hier auf dem Berg, in diesem Zustand von Akzeptanz und liebevoller Übereinstimmung, wiederholte ich die Frage:

Vater, ich bitte um Weisheit, um die Beziehung zwischen den Kräften des Lichtes und den Kräften der Dunkelheit zu verstehen. Bitte lass mich erkennen, welche Rolle sie in meinem Leben spielen, sodass ich ihre Aussöhnung kennen lernen kann.

Der Wind frischte auf und trocknete die Tränen, die in meinen Bart gefallen waren. Während ich mir das Salz aus den Augen wischte, hörte ich eine vertraute Stimme, die wie immer weder männlich noch weiblich und von überall und nirgends her zu kommen schien. Sie begann mit einer Frage:

»Bist du dir deines Glaubens an mich sicher?«

Ohne nachzudenken antwortete ich mit einem innerlichen Ja. Die Stimme fragte weiter:

»Glaubst du, dass ich die Quelle all dessen bin, das du kennst und erfährst?«

Die Antwort war klar. Ich meinen Gebeten hatte ich viele Male meinen Glauben an eine einzige Quelle der Schöpfung bestätigt, meinen Glauben an eine allem zugrunde liegende Schwingung, den Urton der stehenden Welle, die dieses Hologramm der Lebensmuster ermöglicht. Meine Bestätigung wurde mit folgenden Worten erwidert:

»Wenn du an mich glaubst, und wenn du davon überzeugt bist, dass ich die Quelle von allem bin, wie kannst du dann gleichzeitig glauben, dass du irgendetwas erfahren kannst, was ich nicht bin?«

Diese Worte erfüllten mich mit einem tiefen Frieden. Obwohl ein Teil von mir das eben Gehörte immer gewusst hatte, konnte ich doch zum ersten Mal diese tiefe Wahrheit in meinem Körper fühlen. Die Erkenntnis war eine körperliche Empfindung. Natürlich hatte ich immer noch Begriffe wie Licht und Dunkel in meinem Vokabular, doch ihre Bedeutung war für immer verändert. Vor allem die Vorstellung von der Dunkelheit als einer fundamentalen, dem Licht und allem Guten entgegengesetzten Kraft ließ sich nicht mehr aufrechterhalten.

Wir alle sind aufgefordert, uns mit der Erfahrung der Kraft der Dunkelheit und all ihren Ausdrucksformen wie Angst, Hass, Eifersucht und Depression in unserem täglichen Leben zu auszusöhnen. In jenem Moment erkannte ich durch meine eigene Logik das eigentliche Wesen der Dunkelheit als einen Teil des Ganzen, einen Teil der Quelle allen Seins anstatt einer Kraft, mit der man ringen muss.

»Wenn du an mich glaubst, und wenn du davon überzeugt bist, dass ich die Quelle von allem bin, wie kannst du dann gleichzeitig glauben, dass du irgendetwas erfahren kannst (unter anderem Dunkelheit), was ich nicht bin?«

Durch unsere Wahrnehmung von Licht und Dunkelheit als Polaritäten haben wir die Möglichkeit, uns selbst aus einer anderen Perspektive wahrzunehmen, einer Perspektive, die notwendig ist, wenn wir uns selbst in jeder Hinsicht erkennen und meistern wollen.

Das ganze Ereignis hatte weniger als eine Viertelstunde gedauert. In weniger Zeit, als wir normalerweise für eine Mahlzeit brauchen, hatte die Erfahrung auf diesem Berg mir durch meine eigene Logik bewiesen, dass Licht und Dunkelheit nicht zwei klar getrennte, miteinander verfeindete Kräfte sind, sondern jeweils einen Teil *desselben Ganzen*, der gleichen Quelle, verkörpern. Es geht darum, die Dunkelheit genauso wie das Licht ohne Bewertung als Teil der Schöpfung anzunehmen und nicht als feindlichen oder abtrünnigen Außenseiter der Einheit.

Diese tiefe Erkenntnis löste eine Kette von Wenn-dann-Gedanken in mir aus. Ich erinnerte mich an all die Situationen, in denen mir beigebracht worden war, die Dunkelheit zu hassen. Nur wenige Monate zuvor hatte ich gehört, wie ein Prediger seine Gemeinde in Südkalifornien aufforderte, Luzifer und die Kräfte der Dunkelheit zu hassen. Ich will euch die gleiche Frage stellen, die ich mir damals gestellt habe:

WENN

Dunkelheit und alles, was dazugehört, Teil des EINEN sind,

DANN

frage ich, wie ein mitfühlendes Wesen einen Teil des EINEN hassen kann?

Als ich mich von dem Stein erhob, war immer noch weit und breit niemand zu sehen. Ich überquerte den Bergpass und stieg auf der anderen Seite ins Tal hinab. Obwohl ich im Schatten ging, war es noch ziemlich warm. Ich genoss die Einsamkeit und folgte dem steinigen Pfad, der mich zum Lager führen würde. An diesem Tag wanderten wir alle bis in die Dunkelheit hinein.

Der vergessene Akt des Mitgefühls

Das Folgende habe ich bislang nur in Seminaren und Workshops angeboten, in Situationen, wo ich jedem Teilnehmer und jeder Teilnehmerin in die Augen sehen und im direkten Kontakt die Worte finden kann, die für die Person in diesem Augenblick *sinn*voll sind. Dort kann ich spüren, ob sie wirklich gehört haben, was ich mitteilen wollte, oder ob sie nur die erlernte Bedeutung der Worte wahrgenommen haben. Durch den Text dieser Seiten kann ich nicht in eure Augen schauen und nicht erspüren, was die folgenden Wortmuster in euch auslösen. So vertraue ich jetzt unserem gemeinsamen Gedächtnis, unserer gemeinsamen Erinnerung, sich zu entfalten. Ich bitte um Geduld, wenn ich Begriffe verwende, die nicht eure Begriffe sind. Es liegt in der Natur der Sprache, dass Worte begrenzen, dass sie höchstens eine Annäherung an die dahinter liegende Botschaft vermitteln können. Bitte spürt in euch selbst der Botschaft und der Absicht der nun folgenden Worte nach.

Vielleicht steht das, was ich jetzt sage, in direktem Gegensatz zu all deinem erlernten westlichen Verständnis von Licht und Dunkel. Vielleicht bewegen die Worte dich tief und erwecken ein altes Wissen in dir, das sich gut und richtig anfühlt. Es ist durchaus möglich, dass jede Erfahrung jedes deiner Leben, die Lehren und Lektionen all deiner spirituellen Wegbereiter dich auf genau diesen Moment, auf diese Erkenntnis vorbereitet haben. Möge dies deine Gelegenheit sein, dein Gefühl der Getrenntheit zu heilen!

Ich will mit einer Frage beginnen. Was ist dir in all den Jahren deiner Erziehung und Ausbildung über Luzifer, die Verkörperung des Bösen, beigebracht worden?

In meinen Seminaren sind sich die Antworten auf diese Frage in der Regel ähnlich. Meistens ist uns unter Bezug auf die Bibel beigebracht worden, dass Luzifer ursprünglich ein Engel war. Und viele antworten, dass er nicht nur ein Engel war, sondern ein Erzengel, der Strahlendste der Strahlenden und der Höchste der Hohen, ein Wesen von solchem Glanz, von solcher Weisheit, Liebe und Macht, dass er an der Seite Gottes saß, und keiner ihm gleich kam. Über das, was dann geschah, herrscht jedoch Verwirrung.

Wie kam es, dass dieses herrlichste, lichte Wesen vom Höchsten der Hohen zum Niedrigsten der Niedrigen wurde?

In der Antwort auf diese Frage wird deutlich, welche Macht und Bedeutung der Angst in jedem unserer Leben während dieses evolutionären Zyklus zukommt. In den meisten westlichen Kulturen ist Luzifer auch heute noch der Name des Teufels und des Satans. In modernen biblischen Texten werden diese Begriffe synonym verwendet als Bezeichnung für ein mächtiges Wesen, das in den Augen des Schöpfers in Ungnade gefallen ist. Es gab jedoch eine Zeit, in welcher der Name Luzifers, ein Wort aus dem Hebräischen, das »Lichtbringer« bedeutet, in keiner Weise mit der Idee des gefallenen Engels in Verbindung gebracht wurde!

Interessanterweise wurde diese Verbindung erst ab dem zwölften Jahrhundert gesehen. Zu jener Zeit entstand ein, meiner Meinung nach wohl beabsichtigter, Übersetzungsfehler, der dazu führte, dass Luzifer und Satan als derselbe betrachtet wurden. Tim Wallace-Murphy führt in seinem Buch *Templar Legacy and Masonic Inheritance within Rosslyn Chapel* aus, dass dieser Irrtum in dem Buch Jesaja entstanden sein könnte, wo es heißt:

»Wie bist du vom Himmel gefallen, Glanzgestirn, Sohn der Morgenröte!«[2]

Nach Collins sind sich die Bibelforscher darüber einig, dass sich diese Worte auf den derzeitigen babylonischen König beziehen, Nebukadnezar, der auch als »Morgenstern« bezeichnet wurde. Collins fährt fort, dass der Name »Luzifer« nicht nur für den Erzengel, sondern sowohl für den König als auch für den Morgenstern, die Venus, verwendet wurde. In Texten, die älter sind als das zwölfte Jahrhundert, wird erzählt, dass auch Satan ein Engel war, wenn auch kein Erzengel höchsten Ranges. Durch unklare Umstände verlor sich Satan mit einer Gruppe Gleichgesinnter in der Erfahrung der Stofflichkeit, in der fleischlichen Erkenntnis und Dichte und entwickelte sich auf seinen Irrwegen vom »Lichtträger« zu einer Art Abtrünnigen. Er wurde aus den himmlischen Gefilden verbannt und muss den Rest seiner Tage mit den Erfahrungen zubringen, in die er sich durch eigenes Tun hineinmanövriert hat.

Das ist jedoch nicht Luzifers Geschichte. Hier gilt es zu unterscheiden.

Die Überlieferungen der Alten erzählen davon, dass die Erschaffung der Rahmenbedingungen unseres Existenzzyklus' aus der Verankerung von zwei gegensätzlichen Extremen eines gemeinsamen Ganzen bestanden. Diese beiden Extreme stellen sich als das hellste Licht und die tiefste Dunkelheit dar, die doch beide Teil des EINEN sind. Die Geschichte erzählt uns davon, wer die Kraft des Lichtes verankert hält. Die Texte sprechen von einem mächtigen Gesandten des Lichtes, der als Erzengel Michael auch an der Seite Gottes sitzt, und der sich angeboten hat, in diesem Zyklus menschlicher Erfahrung die Lichtmuster aufrecht zu erhalten. Er wählte diese Aufgabe als ein Zeichen seiner Liebe für die Erde und für diejenigen, die sich mutig auf diese Erde begeben würden. Gemeinsam mit seinen Heerscharen ist er heute für uns die Kraft, welche uns das Licht reflektiert, das wir durch unser Leben in die Welt bringen. Er hält die größten Möglichkeiten des Lichtes in sich verankert, auf dass wir uns selbst im Licht erkennen und uns so in jeder Hinsicht erfahren können.

Das »Licht« ist das eine polare Extrem, eine der beiden Möglichkeiten dieser irdischen Existenz. Wer hält das andere Extrem verankert? Die noch interessantere Frage ist: Wer würde so etwas wollen? Welches Wesen hätte die Macht, die tiefste Dunkelheit zu verankern? In welchem Wesen wäre diese Macht gepaart mit Weisheit, Liebe und Mitgefühl, um diesen Anker ohne die Unterstützung von Heerscharen und Legionen über zweihunderttausend Jahre lang zu halten, als seine »sichtbar gemachte Liebe«? Welches Wesen hätte so viel Kraft, dass es hoffen könnte, in der Polarität der Dunkelheit über so lange Zeit zu überleben, getrennt von allen, die es kannte und liebte, betend, dass es sich nicht in der Erfahrung verlieren möge?

Diese Fragen bringen mich zurück zu meiner Erfahrung am Verlorenen See und in den Bergen Perus. Ich glaube, dass mir durch meine Frage eine Erfahrung zuteil wurde, die mir alte Wahrheiten über die Welten von Gut und Böse, von Licht und Dunkel offenbarte:

- Ich erkannte, dass die Kraft der Dunkelheit, Luzifer, freiwillig, aus eigener Entscheidung heraus, hier ist, und nicht, weil sie in Ungnade »gefallen« ist.
- Der Erzengel Luzifer lebt seit fast zweihunderttausend Jahren unter uns, einzig und allein um die Polarität der extremen Dunkelheit zu »verankern«, weil du und ich, wir alle, um diese Polarität gebeten haben, um unsere Kraft zu erfahren.
- Mit der ganzen Macht des Höchsten der Hohen und des Strahlendsten der Strahlenden hält Luzifer uns den Spiegel unserer dunklen Erfahrungen vor, damit du und ich uns sowohl in der Dunkelheit als auch im Licht erkennen können. Diese Erkenntnis bringt unsere wahre Natur des Mitgefühls hervor. Wenn alles Licht ist, birgt mitfühlendes Leben keine Herausforderung. Erst wenn das Licht in Beziehung steht zur Dunkelheit, wird unsere wahrste Natur überlebensnotwendig.

Kann es sein, dass der Erzengel Luzifer in einem beispiellosen Akt von Mitgefühl sich bereitwillig hingab und – gibt, als Spiegel unserer persönlichen Dunkelheit, einfach weil er uns so sehr liebt? Wir können unseren Ausgleich nur finden, wenn wir uns unserer Extreme bewusst sind. Ich glaube, dass Luzifer in seiner bedingungslosen Liebe sich ganz eingelassen hat auf das Gegenteil all des Lichtes, welches er erreicht hatte, um uns diese Erfahrungsmöglichkeit zu geben.

Irgendwo in den dumpfen Tiefen unserer gemeinsamen Erinnerung wissen wir von der Liebe eines Wesens, eines Freundes, dessen Macht jenseits unseres Vorstellungsvermögens lag. Wir erinnern uns an das Mitgefühl dieses Freundes, das so groß war, dass er uns und die vertraute Form, in der wir ihn kannten, bereitwillig verließ, um sich auf den Teil unseres Bewusstseins einzulassen, aus dem heraus wir bewerten, verurteilen, hassen und töten. Irgendjemand musste es tun. Irgendeine Kraft musste das Gegenteil von allem, was wir als Licht erfahren, verankern, damit du und ich unsere Kraft in einer Welt erkennen können, in der wir uns in jedem Augenblick entscheiden. In diesen Entscheidungen finden wir unsere größte Stärke. In diesen Entscheidungen können wir uns unserer wahrsten Natur erinnern.

Auch das Folgende empfinde ich mit gleicher Klarheit und Bestimmtheit. In meiner Vision 1977 am Verlorenen See sah ich, wie sich das Gesicht Luzifers in das Antlitz eines kleinen Kindes verwandelte. Ich schaute ihm in die Augen und sah, wie das Kind weinte. Das erfüllte meinen Körper mit sehr großer Traurigkeit. Ich glaube, dass mein Gedächtnis Teil eines größeren Gruppengedächtnisses ist und so diese Traurigkeit an eine Erinnerung sowohl Luzifers als auch meiner selbst anknüpfte. Luzifer zeigte mir seine wahre Natur, die Reinheit und Unschuld mit der er genau wie wir vor über zweihunderttausend Jahren diese irdische Erfahrung begann. Es liegt in der Natur dieser Erfahrung, dass wir alle unwissentlich sehr große Anteile unserer Selbst abgegeben haben, verloren haben, so wie wir uns wegen unserer »Verletzungen« hier auf der Erde in Gefühllosigkeit und Verhärtungen verloren haben. Jetzt fordert uns das Leben auf, all unsere Bruchstücke wieder einzusammeln, auf dass wir uns selbst wieder in Ganzheit erfahren können.

Luzifer zeigte sich mir in dem Vertrauen, dass ich seine Unschuld sehen und erinnern würde. Als ich ihn weinen sah, spürte ich seine Einsamkeit. Ich spürte die Verlorenheit und die Getrenntheit, die er seit zweihunderttausend Jahren aushält. Ich glaube, er ist froh, dass unser Zyklus fast vollendet ist. Ich glaube, er ist müde und will nach Hause. Ich habe das Gefühl, dass wir in gewisser Weise alle sein Heimweh spüren. Sein Zuhause und unser Zuhause sind dasselbe! Unsere Suche nach dem Heimweg bringt uns dazu, den vermeintlichen Abgrund der Getrenntheit zu überbrücken. Diese Brücke bedeutet, nach Ganzheit in einander Ausschau zu halten, während wir uns in unseren Beziehungen einander spiegeln. Jedes Mal, wenn wir uns in einer Beziehung verlassen fühlen, einen Job oder einen uns nahe stehenden Menschen verlieren, wird uns unsere alte Trauer über die Getrenntheit widergespiegelt.

Luzifer und die Kräfte der Dunkelheit sind nicht hinter dir her, um dir hinter jeder Ecke des Lebens aufzulauern. Vielmehr hat sich Luzifer zum Dienst an dir verpflichtet, sodass du die Konsequenzen deiner Entscheidungen erfahren und daran wachsen kannst.

Die Dunkelheit ist genauso ein Teil von uns wie das Licht. Luzifer gehört genauso zu uns wie Michael, und alle sind wir Teil des einen Schöpfers, der uns vor Äonen hierher brachte, wo wir unsere Kraft als mitfühlende, urteilsfreie Wesen erkennen können. Erzengel Michael, Erzengel Luzifer, unser Schöpfer, du und ich sind alle Teil des EINEN, nichts ist von einander getrennt. Wir vertrauten darauf, dass wir uns daran erinnern würden.

Aus dieser Perspektive ist Luzifer eine wohltätige Kraft, die dir als Spiegel deiner größten Dunkelheit dient, genauso wie Michael dir deine persönliche Suche nach dem Licht spiegelt. Es ist gut möglich, dass sowohl Luzifer als auch Michael vor zweihunderttausend Jahren in diesem Akt der Hingabe uns den ursprünglichen Akt des Mitgefühls demonstriert haben, der zur lebendigen Brücke werden würde für alle, die dem folgen wollen.

Was empfindest du hierbei? Was empfindest du, wenn du von der Möglichkeit liest, dass Luzifer, der Meister der Dunkelheit, *dich liebt*?

Kannst du glauben, dass die Dunkelheit eine Form der Liebe ist? Ein Partner für dein Wachstum? Manchen ist dies so fremd, dass sie das Angebot gleich zurückweisen und an all die Krankheiten, Kriege und Schrecken der Welt erinnern, deren Ursache sie in Luzifers Dunkelheit sehen. Diese Dinge existieren natürlich. Sie zu ignorieren, hieße eine Realität zu verleugnen, die wir jeden Tag vor Augen haben. Genau darum geht es jedoch. Die Dunkelheit und alles, was dazu gehört, ist Teil unserer Erfahrung. Angst, Wut, Hass, Missbrauch, Eifersucht, Depression, Demütigung, Ignoranz, Schmerz, Krankheit und Tod und all die tausend anderen Dinge, die die meisten von uns lieber nicht erfahren möchten, sind tief verwurzelt in unserer Sichtweise der Dunkelheit. Kann es sein, dass diese Sichtweise der Dunkelheit mit all ihren Gesichtern auf siebenhundert Jahre alten, längst überholten Annahmen schlechter Übersetzungen beruht?

Ich bin davon überzeugt, dass wir genau das in unserem jetzigen Leben erfahren. Es gab sicherlich eine Zeit in unserer Geschichte, zu der es uns dienlich war, das Böse als hässlichen Teufel zu sehen, mit ekliger Haut, haarigen Gliedern und einem Heißhunger auf gestrauchelte Menschenkinder. Diese einfache Sichtweise hat uns jahrhundertelang als Maßstab gedient, mit dessen Hilfe wir wussten, wie wir uns auf andere beziehen können.

Diese Perspektive hat uns gut gedient, denn sie hat uns dahin gebracht, darüber hinauswachsen zu wollen.

Wir haben unsere Gesellschaft auf externer Technologie aufgebaut, haben Maschinen entwickelt, die sogar den Lebensprozess selbst kopieren. Dieser äußere Spiegel hat uns an unsere physische Natur erinnert. Die heutige Gesellschaft verlangt von uns, dass wir diese hoch komplexe Sicht des Lebens vereinbaren mit einer Vorstellung von lichten und dunklen Kräften, die vor Hunderten von Jahren wahrscheinlich aus einem Irrtum entstand. Ist es da erstaunlich, dass die Welten der inneren Techniken und die der äußeren Techniken einander auszuschließen scheinen? Jetzt suchen wir nach einer inneren, spirituellen Technologie, welche die Wirklichkeit des Lichtes und der Dunkelheit spiegelt. Wir sind dazu aufgefordert, neu zu definieren, was Licht und Dunkel für uns bedeuten und diese neue Wahrheit zu leben. Denn es geht um unser Leben.

Eine Möglichkeit erlauben

Wir haben unzählige Leben und viele Jahre in diesem Leben mit dem Versuch verbracht, das Dunkle aus unserem Leben zu vertreiben, die uns umgebende Dunkelheit zu vernichten, doch mit wenig Erfolg. Mit den energetischen Gesetzen der Schöpfung lässt sich das erklären.

Die Energie folgt der Aufmerksamkeit.

Wer der Dunkelheit den Kampf angesagt hat, nimmt überall Kriege, Seuchen und Konflikte wahr. Ist das wirklich erstaunlich?

Die Frage ist, woher kommen diese Dinge? Wie entsteht eine Technologie für Kriegsgeräte, für biologische Kampfstoffe und Foltermethoden?

Die Antwort auf diese Frage löst oft eine schockierte Stille aus, weil sie als wahr erkannt wird. Wir haben diese Dinge erschaffen. Vielleicht weder du noch ich persönlich. Aber das Bewusstsein, dem wir angehören. Wir sind sowohl Teil der Schrecken als auch Teil der Freuden dieser Welt, und wir müssen uns dieser Verantwortung stellen. Wir können sie niemand anderem zuschieben. Es gibt keine »anderen«!

Wir können die Kräfte der Dunkelheit vermeiden, indem wir in unserem Leben Entscheidungen treffen, die den Dienst der Dunkelheit nicht benötigen, oder positiv ausgedrückt: Indem wir ein Leben im Licht annehmen, das Licht wählen und gleichzeitig die Möglichkeit der Polarität des Lichts erlauben. Der Schlüssel zu unserer Meisterung des Mitgefühls liegt darin, uns für das Licht zu entscheiden und gleichzeitig den Ausdruck der entgegengesetzten Polarität mitfühlend zuzulassen. Es ist unsere Entscheidung und unsere Verantwortung, diese Kraft persönlichen Vertrauens zurückzugewinnen, noch während wir in der Polarität leben.

Wenn du Licht in deinem Leben erfahren willst, dann lasse sowohl die Möglichkeit der Dunkelheit als auch des Lichtes zu.

In unserer Dunkelheit erkennen wir unser Licht. Die Existenz der Dunkelheit und den Dienst der dunklen Kräfte im Sinne des EINEN zu leugnen bedeutet, genau die Denkweise fortzusetzen, die uns in unserem Mythos der Getrenntheit so lange gefangen hielt! Lass sie zu und fälle Entscheidungen, die keines Dienstes der dunklen Kräfte bedürfen. Dann kann es natürlich immer noch geschehen, dass du andere in ihrem Ausdruck der Dunkelheit wahrnimmst. Ihre Dunkelheit braucht jedoch nicht zu deiner Erfahrung zu werden. So gut es auch gemeint sein mag, hat es doch nicht den gewünschten Effekt, Luzifer zu hassen und andere für das Hervorrufen von Angst und Dunkelheit zu verurteilen. Die wahren Christuswesen unserer Geschichte haben nie verlangt, den Hass zu einem Teil unseres Lebens zu machen.

Jedem von uns wurde jedoch genauso die Möglichkeit gegeben, zu hassen, wie auch die Weisheit zur Verwandlung des Hasses, um dadurch zu etwas Größerem zu werden, als es uns in der Polarität der Erfahrung möglich ist. Diese Weisheit ist in dem Weg des Mitgefühls enthalten.

Du erhältst die Illusion der Getrenntheit in demselben Maße aufrecht, wie du dem Bedürfnis nachgibst, eine Erfahrung zu polarisieren, das heißt nach gut oder böse zu beurteilen! Es geht nicht mehr um eine Entscheidung zwischen richtig und falsch. Es geht um die Entscheidung zwischen Ganzheit und Getrenntheit.

Der holographische Spiegel unserer Realität sorgt dafür, dass du das erfährst, worüber du eine ausdrückliche Meinung hast, was für dich »geladen« ist. Uns ist beigebracht worden, die Welt und das Leben durch den Spiegel der Getrenntheit zu betrachten: gut und böse, licht und dunkel, richtig und falsch.

Wie können wir die Ganzheit in der Getrenntheit erreichen?

Die Dunkelheit zu erlauben bedeutet nicht, mit ihrem Wirken einverstanden zu sein oder in der Gegenwart von Grausamkeit und Ungerechtigkeit untätig zu bleiben. Die Dunkelheit zuzulassen bedeutet nicht, dich für die Dunkelheit in deinem Leben zu entscheiden.

An diesem Punkt unserer Ausführung bedeutet zulassen einfach nur anzuerkennen, dass die Dunkelheit existiert und dass sie uns einen Dienst erweist. Die durch den Erzengel Luzifer verankerte Dunkelheit dient all denen, die bewusst oder unbewusst ihre Erfahrung wählen. Dein Zulassen zeigt deine Bereitschaft an, als mitfühlendes Wesen über die Illusion der Getrenntheit hinauszuwachsen.

Was geschieht, wenn wir unsere überholten Konditionierungen ablegen? Was geschieht, wenn wir uns daran erinnern, die Ereignisse des Lebens als das zu betrachten, was sie wirklich sind, nämlich Katalysatoren, die uns in neue Erfahrungen unserer selbst befördern, jenseits von gut und böse, richtig und falsch? Was geschieht, wenn die Dunkelheit als eine machtvolle Form der Liebe betrachtet wird, deren mitfühlendes Geschenk in der Vergangenheit nicht klar erkannt werden konnte? Was geschieht, wenn du mit deinen Kindern und deinen Lieben gemeinsam die Abendnachrichten anschauen kannst und dabei durch »neue Augen« siehst?

Du wirst erfahren, dass es einfach unmöglich ist, zu hassen und zu fürchten, wenn du die Liebe in der Dunkelheit zulässt!

Während der *Zero-Point*-Workshops beenden wir das Gespräch über Luzifer und Michael, über Gut und Böse zumeist am Sonntag vor dem Mittagessen. In vielen Großstädten werden die Tanzsäle oder die großen Konferenzräume sonntags von Gemeinden für ihre Gottesdienste angemietet. An einem Sonntag in einem Hotel in Südkalifornien fand unser Workshop Wand an Wand mit so einem Gottesdienst statt. Ich hatte gerade die Geschichten vom Verlorenen See und Peru erzählt und es war Zeit für eine kurze Pause. Direkt vor der Pause hatte ich dazu aufgefordert, die Möglichkeit zu überdenken, dass Luzifer eher eine gütige, liebevolle Kraft sei und nicht rachsüchtig und habgierig.

Beim Verlassen unseres Seminarraumes bemerkte ich, dass die Tür zu dem Raum, in dem der Gottesdienst stattfand, nur angelehnt war. Ich lauschte, welche Botschaft der Prediger seiner Gemeinde gab und war zwar nicht überrascht, aber doch beeindruckt von dem, was ich hörte. Genau in diesem Augenblick sagte der Prediger nämlich:

»Falls euch irgendjemand erzählt, dass Luzifer euch liebt, dann dreht euch um und sucht das Weite, denn das ist das Werk des Teufels und der Teufel hasst euch!«

Es ist durchaus möglich, dass ich den Satz nicht so hörte, wie er im Kontext der Predigt gemeint war. Die Synchronizität war jedoch bemerkenswert. Mit nur zwanzig Zentimeter Wand zwischen uns waren da in diesem Hotel zwei Gruppen damit beschäftigt, zum selben Zeitpunkt das gleiche Konzept von zwei völlig entgegengesetzten Standpunkten aus zu betrachten. Ich dachte noch:

Irgendwo sitzen jetzt die himmlischen Kräfte in morgendlicher Runde, beobachten uns und schütteln sich vor Lachen!

Ein paar Minuten später stand ich in der Herrentoilette neben dem Prediger und sprach kurz mit ihm. Ich hatte den Eindruck, dass er wirklich meinte, was er seiner Gemeinde erzählte, und dass er glaubte, so am besten für »seine Leute« zu sorgen. Und vielleicht waren es auch genau die Worte, die diese Menschen zu diesem Zeitpunkt in ihrem Leben brauchten, um so lange weiter zu leben, bis sie andere Perspektiven in Erwägung ziehen können.

Ich weiß auch, dass ich genauso von tiefstem Herzen überzeugt war von dem, was ich in meinem Workshop vermittelte, und dass ich meinte, den Teilnehmern damit die beste Hilfestellung für ihr weiteres Leben zu geben. Zwei Ansichten, keine richtig, keine falsch, getrennt durch zwanzig Zentimeter Wand. Zwei Räume voller Menschen mit den besten Absichten. Das sind genau die Zeiten, in denen wir leben: schwindende Polaritäten eines zu Ende gehenden Zyklus.

Durch unsere Entscheidung, uns selbst in jeder Hinsicht kennen zu lernen, haben wir alle Möglichkeiten erforscht, von der tiefsten Dunkelheit bis zum höchsten Licht. Luzifer hat einfach einen der Spiegel festgehalten, der uns zeigt, was wir in unserem Leben erforschen wollen. Wenn du dich entscheidest, keine Dunkelheit in deinem Leben haben zu wollen, dann werde nicht zur Dunkelheit. Ohne die entsprechende Ladung zieht nichts die Dunkelheit an.

Du hast die Möglichkeit, die Polarität von Licht und Dunkel zu transzendieren, indem du sie als gleichwertige Ausdrucksformen der einen Kraft annimmst, der gleichen Kraft, die auch dich hierher gebracht hat. Du bist aufgefordert, Licht und Dunkel zu transzendieren, noch während du in ihnen lebst! Zur Bewältigung dieser Aufgabe wurde dir das Mitgefühl gegeben.

Wirst du dich daran erinnern? Wirst du die Bruchstücke deines Bewusstseins, die dir in deiner Unschuld durch die Erfahrung des Lebens abhanden gekommen sind, wieder zurückholen? Kannst du dir selbst als der Summe all dieser fragmentarischen Überzeugungen und Gefühle erlauben, wieder aus dem Mitgefühl heraus zu leben, welches dich hierher gebracht hat? Dies ist die Gelegenheit, die sich dir an diesem Scheideweg deines Lebens bietet. Entscheidest du dich für den lebendigen Weg der inneren Technologie, die sich als Mitgefühl äußert?

Ich wuchs im mittleren Westen der Vereinigten Staaten mit den traditionellen Werten jener Gegend auf, die unter anderem verschwommene Ideen von Licht und Dunkel und von Gut und Böse enthielten. Ich bin davon überzeugt, dass mir diese Werte mit der besten Absicht vermittelt wurden, mir für die Fährnisse des Lebens Richtschnur zu geben. Ich habe jedoch schon damals genau wie heute gespürt, dass viele dieser überlieferten Vorstellungen, die uns jahrtausendelang nützlich waren, ausgedient haben.

Ich habe gesehen, wie einzelne Menschen sich krampfhaft an veraltete Konzepte von Licht und Dunkelheit klammern. Dabei vergraben sie sich nur noch tiefer in genau den Erfahrungen, nach deren Überwindung sie sich so sehr sehnen. Ihre Herzen schreien nach Liebe, nach Mitgefühl und Einheit, und gleichzeitig erschaffen sie mit ihrem kopfgesteuerten Verhalten Bewertungen, Hass und Trennung, die emotionalen Kennzeichen der dunklen Polarität. Fragt man sie jedoch danach, wie ihre Überzeugungen zu den Erfahrungen ihres Lebens passen, so erfährt man häufig, dass ihre Ideen ihnen nicht mehr sinnvoll erscheinen. Sie haben vergessen, dass ihre Auswahl an Taten und Empfindungen der lebendige Ausdruck ihrer Meisterung des Lebens ist. Ohne es zu wissen, erschaffen sich diese Menschen Lebenserfahrungen, die sie daran erinnern, dass die Energie der Aufmerksamkeit folgt.

In einer neuen Sichtweise der Dunkelheit und all ihrer Formen liegt die Gelegenheit zur Neutralisierung der »Ladung« von Lebensmustern, die wir nur ungern erfahren möchten. Mitgefühl ermöglicht diese Neutralisierung, und damit wird seine Bedeutung zu diesem Zeitpunkt unserer Geschichte deutlich. Ihr, die ihr die Macht habt, durch Gedanken- und Emotionskraft etwas zu erschaffen, seid als die letzte Generation, die vor der so genannten Zeitenwende ihre Reife erlangt, dazu aufgefordert, eure Macht zu benutzen und das zu tun, was bis zum heutigen Tag das Ziel all unserer spirituellen Vorgänger war.

Während ich beobachte, wie die Ereignisse um uns herum sich täglich weiter entfalten, sehe ich auch, wie viele Lebensspannen wir uns mit der Erweiterung und Erkundung von alten, unpassend gewordenen Überzeugungen abmühen. Vom Standpunkt des Bewusstseins aus betrachtet, waren du und ich vor dreitausendfünfhundert Jahren wie Kinder, die danach streben, sich selbst zu erfahren. Die alten Regeln und Richtlinien haben uns gut gedient, indem sie uns so lange am Leben erhalten haben, bis wir heute in der Lage sind, sie zu transzendieren. Es ist uns bekannt, dass wir unsere Unschuld gegen die Weisheit der Erfahrung eintauschen.

Unsere gemeinsame Weisheit will, dass wir uns erheben über unsere alte Konditionierung, die uns das Unpassende hassen und töten lässt. Unsere gemeinsame Weisheit bittet uns, in unserer Ganzheit zu etwas Größerem zu werden, als die vereinzelten Wahrheitssplitter und -fragmente, die wir waren. Wir sind den Bildern, Vorstellungen und Legenden des alten Paradigmas entwachsen und der Weg ist frei zu etwas unermesslich Großem, Allumfassendem. Ich nehme an, dass du irgendwo in dir die Wahrheit des hier Gesagten spürst, und doch ist es in der Regel eine riesige Bestätigung, es auch gedruckt vor sich zu sehen. Diese Bestätigung kann als Antrieb wirken, der dich durch die Gegebenheiten deines Lebens vorwärts trägt.

In Workshops und Seminaren habe ich erlebt, welche Wirkung diese Informationen auf diejenigen haben, die genug Vertrauen besitzen, zuzuhören. Ich möchte euch einladen, ihnen zu folgen und eine lebendige Brücke zu werden für diejenigen, die euch wichtig sind. Wenn du mit diesen Geschichten etwas anfangen konntest, dann kannst du Wut, Hass, Neid und Bewertungen nie wieder so sehen wie zuvor.

Bist du bereit für etwas Neues?

Wirst du dir gestatten, die alten Kreisläufe zu verlassen, überholte Konditionierungen aufzugeben und ein neues Paradigma zu erschaffen? Da du in dieser Zeit lebst, bist du wahrscheinlich nicht nur bereit dazu, sondern es ist der Sinn deines

Daseins, dich an das Mitgefühl zu erinnern, mit dem du anmutig und würdevoll zwischen Himmel und Erde wandeln kannst. Ich lade dich ein zu einem Experiment mit dem geschriebenen Wort. Ich lade dich dazu ein, die Resonanzmuster dieses Textes in dir eine unserer ältesten Erinnerungen erwecken zu lassen, die Erinnerung an den Teil von uns, den wir den Strahlendsten der Strahlenden nennen.

Drei

»Aber das Schwerste von allem ist,
die Gedanken der Engel zu denken,
die Worte der Engel zu sprechen
und wie die Engel zu handeln.«

Das Evangelium der Essener[1]

Der Weg des Mitgefühls

Unser Zweiter Weg

Als Individuen und als Nationen sind wir aufgefordert, uns mit der Gewalt und dem Hass sowohl in unseren Familien und Nachbarschaften als auch zwischen den Nationen zu versöhnen. Zum Beispiel war 1994 in den Abendnachrichten zu sehen, wie ungefähr zehntausend tote Afrikaner in den Straßengräben Ruandas lagen, als Opfer unterdrückter Kräfte, die sich damit Aufmerksamkeit verschafft haben. Wir haben natürlich nur das davon mitgekriegt, was die Medien uns vermittelt haben. Wir werden vielleicht niemals erfahren, was damals in Ruanda wirklich geschah.

Eine alte Verheißung und eine neue Wissenschaft

Wir hören in diesen Tagen von Flugzeugabstürzen, Seuchenausbreitung, zahlreichen Terroranschlägen und scheinbar sinnlosen Gewaltverbrechen. So unterschiedlich diese Ereignisse auch sind, haben sie doch etwas gemeinsam: Jedes Mal haben viele Menschen ihr Leben verloren, und wir versuchen, darin einen Sinn zu finden. Wie können wir mit dem Grauen, das wir erfahren, umgehen? Wie können wir uns mit dem Schrecken versöhnen, den uns die Medien in unsere Wohnzimmer transportieren? Als Zeugen von Ereignissen, die uns an die Grenzen unseres Selbstverständnisses bringen, haben wir die Möglichkeit, die Kraft unserer wahrsten Natur zu erwecken, und uns damit sanft an uns selbst zu erinnern.

Im Herzen der Kinder der Ewigkeit ruht die Saat,
die sie vor langer Zeit für sich selbst gepflanzt haben;
eine geschenkte Wahrheit.
Sie ruht …
Wenn die Saat erwacht, wird mit ihr auch eine alte Verheißung erweckt,
hinterlassen von jenen, die uns vorausgegangen sind:
die Verheißung, dass jede Seele den »dunkelsten« Moment des Lebens überlebt,
und wieder heimkehrt, wohlbehalten und unversehrt.
Diese Verheißung ist die Saat der Wahrheit, die wir heute Mitgefühl nennen.
Ihr seid die Kinder der Ewigkeit.

In dir lebt das Samenkorn einer Erinnerung, neu und unversehrt wie am Tag deiner Geburt. Keine Erfahrung, kein Gefühl irgendeines deiner Leben hat es beeinträchtigt. Zwischen schützenden Schichten des Bewusstseins sicher eingebettet, ist es immer in dir gewesen und hat geduldig auf den Moment gewartet, an dem du dich seiner erinnerst und es hervorrufst, um dir wieder zu dienen. Dieses Samenkorn drückt sich nicht in Muskelgewebe aus und kein Wissenschaftler wird seine genaue Örtlichkeit in bezug auf Raum und Zeit beschreiben können. Du kannst es dir vielleicht als den zeitlosen Zustand eines Gedankens vorstellen, den du mittels der gleichen Kraft erreichst, die dich auch durch die Tore der Schöpfung trägt. Du wusstest, das du diesen Samen eines Tages finden würdest. Vielleicht hast du seine Regungen schon manchmal gespürt, hast seinen Ruf in Form plötzlicher Einsichten vernommen. In deinem Samenkorn lebt die Verheißung all dessen, in was du in diesem Leben hineinwachsen und was du verkörpern kannst. Jede Beziehung, jede Erfahrung, was auch immer dabei herauskam, hat dich immer zurück zu diesem Samen geführt. Die *Verheißung*, die dich in diese Welt geleitet hat, ist zu der *Wissenschaft* geworden, die dich nach Hause bringt, der Wissenschaft des Mitgefühls.

Die Definition von Mitgefühl

Mitgefühl wird heutzutage definiert als »… ein Gefühl des Erbarmens, das dazu führt, dass man helfen oder sich gnädig erweisen möchte.«[2] So betrachtet ist Mitfühlen eine Tätigkeit, etwas, was man für andere tut.

Alte Schriften beschreiben in der Sprache ihrer Zeit eine Perspektive, in der das Ergebnis eines Ereignisses weniger wichtig ist als das, was die Person durch die Erfahrung wurde. So ist zum Beispiel die Fähigkeit, ein Ereignis wahrzunehmen, ohne es zu bewerten, nur möglich durch einen mitfühlenden Blick, der alles als gleichwertig sieht. Die Symmetrie dieser Erfahrung wird in den Essener Texten sowohl aus Qumran als auch aus Nag Hammadi deutlich beschrieben.

»Wenn ich zum Himmel aufsteige, so bist du da;
schlag ich mein Lager in der Hölle auf, siehe,
so bist du auch da;
… die Dunkelheit und das Licht sind für dich beide gleich …«

Das Evangelium der Essener[3]

»Wenn du zwei zu einem machst, und wenn du das Innen dem Außen gleichmachst, und das Außen gleich dem Innen, und das Oben gleich dem Unten, und wenn du das Männliche und das Weibliche zu ein und demselben machst … dann wirst du in das Reich meines Vaters kommen.«

Die Nag Hammadi Bibliothek[4]

Wenn wir alle Ausdrucksformen des Lebens als gleichwertig betrachten, können wir das Leben eher als eine Reihe von Konsequenzen unserer Entscheidungen sehen denn als eine Prüfung in dem, was wir zu tun und zu lassen haben. Die in den Texten beschriebenen Beispiele sprechen von einem Zustand, der weit über ein äußerliches Tun hinausgeht. In den Augen der Ältesten ist Mitgefühl unser Geburtsrecht, das kollektive Erbe unserer wahren Natur. Mitgefühl ist die lebendige Erinnerung an unsere Verheißung des Lebens.

Wir spenden Blut und denken uns nicht viel dabei. Wir spenden Organe und Gewebe, damit andere leben können. Wir schenken Zeit, bieten Arbeit an und teilen unsere tiefsten Gedanken und Gefühle miteinander. Wir erschaffen sogar Leben durch einander, und doch stellt sich die Frage, ob über all dies hinaus unsere Liebe ausreicht, um zu dem zu werden, was wir uns für uns selbst und für unsere Lieben am meisten wünschen. Reicht unsere Liebe aus, um zu der Fürsorglichkeit, dem Mitgefühl, der Liebe und dem Verständnis zu werden, worum wir für andere beten? Reicht unsere Liebe zu uns selbst aus, um zu der Gesundheit, der Lebendigkeit und dem Frieden zu werden, die uns für uns selbst und andere so wichtig sind? Die Vorstellung von Mitgefühl als etwas, zu dem man wird, lässt uns mit klarerem Blick auf unser alltägliches Verhalten schauen. In jeder Situation und in jeder Beziehung stellt sich dann die Frage: Liebe ich genug, um über das *Tun* hinaus zu wachsen? Liebe ich genug, um zu meiner wahren Natur zu *werden* und dies auch in meinem Leben auszudrücken? Oder genauer gefragt: Liebe ich mich selbst genug, um mich an meine kostbarsten Gaben zu erinnern und diese Gaben im Mitfühlen zu verkörpern?

Es kann keine allgemeingültige Definition des Mitgefühls geben, denn wenn es unsere wahre Natur ist, wird jeder Mensch auf seine individuelle Weise in seinen Lebensentscheidungen Mitgefühl ausdrücken. Vielleicht ist das Mitgefühl in dieser irdischen Raum-Zeit-Erfahrung der reinste, vollständigste Teil von uns. Vielleicht war es in diesem und in vergangenen Leben bislang einfach nicht sinnvoll für dich, Zugang zu diesem Aspekt von dir zu finden. Auf subtile Weise enthält er die unglaubliche Kraft der alchemistischen Verbindung der DNA und der Emotion, die auch als die Wissenschaft des Denkens, des Fühlens und des Lichtes verstanden werden kann. Als Grundlage der vorliegenden Arbeit möchte ich Mitgefühl als eine spezifische Qualität des Denkens, des Fühlens und der Emotion betrachten.

DENKEN, ohne dem Ergebnis verhaftet zu sein, ist ein Zeichen deiner Fähigkeit und Bereitschaft, dem Prozess des Lebens zu vertrauen, während es sich entfaltet. Deine Meisterung dieser Form des Denkens drückt sich in der Auflösung deiner allgemeinen Angst vor Vertrauen aus, inklusive all ihrer Spielarten wie Bewertungsdrang, Kritiksucht, Misstrauen, Eifersucht, Wut und Hass.

EMOTION, ohne durch Polarität geladen zu sein, ohne Voreingenommenheit und Bewertung, ist ein Kennzeichen des Mitfühlens. Deine Meisterung dieser Art der Emotion drückt sich auch wieder in der Auflösung deiner allgemeinen Ängste vor Vertrauen, mangelnder Anerkennung, Zurückweisung und Verlassenheit aus.

GEFÜHLE, die nicht durch vorgefasste Ideen und Konditionierungen verzerrt sind, geben einen Hinweis auf die Qualität deines Denkens und deiner Emotionen. Deine Meisterung dieser Art des Fühlens ist abhängig davon, wie das Leben dich auf einzigartige Art gelehrt hat, Denken und Emotion miteinander zu verbinden. Wenn du dich häufig oder leicht verletzt fühlst, solltest du deine Gedanken über das Leben und die Lebendigkeit deiner Emotionen genauer betrachten, um wieder mehr Lebensfreude zu gewinnen.

Dies sind die grundlegenden Komponenten der Wissenschaft des Mitgefühls.

Eine lebendige Brücke

Du und ich sind holographischer Natur. Wir sind die Zellen eines Körpers, der unser Ganzes umfasst. Unsere Eltern sind genauso Teil dieses Körpers wie unsere Freunde, unsere Partner, unsere Kinder. Unsere Leben spiegeln Erfahrungsmuster innerhalb von Erfahrungsmustern innerhalb von Erfahrungsmustern. Jedes Muster ist in sich vollständig und gleichzeitig Schlüssel zu einem größeren Ganzen.

Wenn du zum Beispiel während eines Spielfilmes, der den Verlust eines wichtigen Beziehungspartners zeigt, Traurigkeit empfindest, so hat diese Traurigkeit höchstwahrscheinlich wenig mit dem zu tun, was du gerade gesehen hast. Vielmehr hat der Film wahrscheinlich die emotionale Erinnerung an all deine eigenen Erfahrungen wachgerufen, in denen du etwas Wertvolles verloren hast oder es von dir genommen wurde. Und weiter haben wahrscheinlich die ganzen Gefühle weniger etwas mit der verlorenen Beziehung zu tun, sondern mehr mit dem Teil deiner Selbst, den du in dieser Erfahrung verloren hast, um sie zu überleben. Da wir diese Erinnerungssignale nicht erkennen, reagieren wir auf solche Auslöser wie zum Beispiel Spielfilme, um uns an unsere wahrste Natur zu erinnern.

In dem holographischen Spiegel unseres Lebens reflektiert jede Zelle vollständige Muster ihrer selbst und ist gleichzeitig lebendiger Bestandteil von etwas viel Größerem. Ein altes Gesetz der hermetischen Wissenschaft, dem Vorläufer der Homöopathie, drückt das ganz einfach aus: Wie oben, so unten.

Wir können unser holographisches Modell als ein einziges Muster in unzähligen Wiederholungen unterschiedlicher Größenordnungen betrachten. So sind zum Beispiel subatomare Teilchen Teil eines Atoms, Atome Teile eine Moleküls, Moleküle Teile einer Zelle, Zellen Teile eines Menschen, Menschen Teile des Gaia-Organismus und so weiter. In unserem Hologramm wirkt jede Zelle in ihrem eigenen Bereich und ist gleichzeitig, wissentlich oder unwissentlich, einem größeren Körper dienlich. Es sind nur wenige Individuen nötig, um eine neue Art des Denkens, des Fühlens und der Emotion in den gegenwärtigen Mustern unseres Ganzen zu verankern. Unabhängig davon, wie lange die alten Muster existiert haben, können relativ wenige eine Veränderung hervorrufen, indem sie zu dem gewünschten Ergebnis werden.

Lebensfeindliche Muster brechen auf natürliche Weise in sich selbst zusammen und vernichten und vollenden sich damit selbst. Lebensfördernde Muster setzen sich fort und bringen dabei neues Leben hervor.

Stell dir einmal vor, was das bedeutet!

Was geschieht zum Beispiel, wenn sich ein Mensch entscheidet, auf Vertrauensmissbrauch mit etwas anderem als Ärger oder Verletzung zu reagieren? Was geschieht, wenn jemand die Nachrichten sieht und sich gegen das Bedürfnis entscheidet, die Täter zu bestrafen? Was geschieht, wenn ein Mensch die Möglichkeit zulässt, nur die Möglichkeit, dass Krankheiten wie Krebs und Aids wirkungsvolle Mittel zur Veränderung sind, die uns, mit unserem Einverständnis, in eine andere Sichtweise des Lebens und unserer Rolle darin befördern?

Dieser eine Mensch, der eine neue Möglichkeit zulässt, wird damit zur lebendigen Brücke, ist Pionier und Hebamme für alle anderen, die den Mut haben, dem gleichen Weg zu folgen. Mit jedem Menschen, der die gleichen Entscheidungen trifft, wird es für die nachfolgenden einfacher.

Wenn eine Person sich gegen den Hass auf die Unterdrücker entscheidet, während sie noch unter ihnen lebt, so bedeutet das nicht, dass sie mit der Unterdrückung einverstanden ist oder Unterdrückung in ihrem Leben erfahren möchte. Es bedeutet einfach, dass eine Person sich entschieden hat, über die sie umgebenden Umstände hinauszuwachsen, den gewohnten Kreislauf zu durchbrechen, zu einer höheren Entscheidung zu werden.

- Die Entscheidung, über den Hass hinauszuwachsen, kommt aus dem gleichen System, welches den Hass hervorgebracht hat, anstatt von einer äußeren Autorität.
- Die Person, die sich für eine höhere Ebene entscheidet, wird zur lebendigen Brücke für diejenigen, die ihr nahe stehen. In ihrer Entscheidung für den Ausdruck ihrer wahrsten Natur, in einer dies möglicherweise ablehnenden Umgebung, findet sie ihre Kraft.

Wenn du dich in deinem Lebensausdruck mit weniger als deiner wahrsten Natur des Mitfühlens zufrieden gibst, dann lebst du nur einen Bruchteil deines Potenzials. Von Menschen, die sich für das Mitfühlen entscheiden, höre ich oft, dass es Arbeit sei, zu Mitgefühl zu werden. Ich antworte darauf mit dem Zitat von Gibran: »Arbeit ist sichtbar gemachte Liebe«[5]. Ich bin zutiefst davon überzeugt, dass alle Bemühungen, die wir durch unsere Körper dieser Welt zuteil werden lassen, unsere »sichtbar gemachte Liebe« sind. Aus dieser Perspektive ist die enorme Arbeit, die notwendig ist, um Mitgefühl zu werden, ein enormer, sichtbarer Ausdruck deiner sich manifestierenden Liebe. Diese Entscheidung bringt dir auch praktische Vorteile, denn in der Verkörperung von Mitgefühl stimmt sich dein Körper auf eine Schwingung ein, die jenseits dessen liegt, was dich physisch davon abhält, dein volles Potenzial zu leben. Krankheit, Alterung und die körperlichen Reaktionen auf Viren und Bakterien verändern sich, Langlebigkeit und Vitalität erhalten neue Bedeutung. Neuere Untersuchungen bestätigen die direkte Wirkung von Mitgefühl auf die körperliche Gesundheit, zum Beispiel auf den Kreislauf, die Atmung und das Immunsystem.

Die Verkörperung des Mitgefühls bedeutet:

- Ängste werden in all ihren Ausdrucksformen neu definiert: Wut, Ärger, Verletzung, Schmerz, Krankheit, Siechtum und sogar der Tod können gewählt werden und sind keine gewohnheitsmäßige Reaktion mehr. Du durchlebst zwar nach wie vor die Erfahrungen, die in der Vergangenheit zu diesen Reaktionsmustern geführt haben, aber du nimmst sie als machtvolle, meisterhaft erschaffene Mittel zur Veränderung an, die dir detaillierte Hinweise auf Gelegenheiten geben, deinen Ausdruck und deine Interpretation des Lebens zu wandeln.
- Dein Körper braucht nicht mit der Zeit zu verfallen. Auch wenn er nach wie vor Zeit als eine lineare Abfolge einzelner Ereignisse erfährt, brauchen die Zellen des Körpers darauf nicht mit Zerfall zu reagieren. In einer Kohärenz der Emotion, des Gefühls und der Gedanken, zum Beispiel in Liebe, bleibt der ph-Wert deines Körpers im gesunden alkalischen Bereich, das DHEA-Niveau bleibt konstant und die zelluläre Frequenz erlaubt eine gesteigerte Immunabwehr.
- Du entwickelst eine genetische Tendenz zur Immunität. Wissenschaftliche Untersuchungen haben Hinweise darauf ergeben, dass bestimmte Emotionen eine Wirkung auf die DNA haben[6]. Dein emotionaler Zustand bestimmt also deine physische Verfassung!

In der Verkörperung von Mitgefühl interpretiert dein Körper Krankheitserreger wie Viren und Bakterien auf neue Art, auch wenn er ihnen nach wie vor ausgesetzt ist. Die zelluläre Schwingung wird so erhöht, dass es nur wenig Resonanz gibt zwischen der Wellenform der Krankheit und der Wellenform der Zelle. Dein Körper kann sich als Reaktion auf eine deiner Überzeugungen immer noch eine Krankheit erschaffen. Das Mitgefühl bewertet die Krankheit jedoch nicht, sondern sieht sie als einen Hinweis auf den Wert dieser Überzeugung und Möglichkeiten zu ihrer Heilung.

Auch wenn es sicherlich physiologische Auswirkungen hat, ist die Verkörperung von Mitgefühl jedoch nicht als schneller Weg zu Gesundheit und angstfreier, ewiger Jugend zu betrachten. Mitgefühl ist vielmehr ein Weg, für den du dich aus Liebe und Dankbarkeit für das Geschenk deines Körpers entscheiden kannst. Mitfühlen ist keine Tätigkeit, sondern ein *Bewusstseinszustand*, in dem du leben kannst.

Pioniere der Ganzheit

In dem Modell eines holographischen Bewusstseins wird ein einziges Element der Veränderung im ganzen System widergespiegelt. Jede Verschiebung der Wahrnehmung, jede Entscheidung einer einzelnen Person, ihre emotionale Reaktion auf die Herausforderungen des Lebens auf eine höhere Ebene zu heben, nützt mehr oder weniger jedem im System.

Die Triebkraft des Bewusstseins entsteht aus Impuls und Masse. Da wir alle in dem selben System leben, verankert jede deiner Entscheidungen, auf neue Art zu denken, zu fühlen oder Emotionen auszudrücken, die Schwingung dieser Möglichkeit in das Gewebe unseres Bewusstseins. Jedes Mal, wenn sich dann jemand Neues für die Erkenntnis öffnet, dass wir uns entscheiden können, wie wir auf das Leben reagieren, fühlt sich diese Person durch deinen Weg des Mitgefühls bestätigt. Du bist eine Person unter sechseinhalb Milliarden und hast doch eine Wirkung! Darin liegt die Schönheit des Hologramms. Der Bewusstseinswandel von wenigen hat große Auswirkungen auf das Ganze. Sie brauchen diesen Wandel nur zu verkörpern. Sie müssen nur in ihren Körpern verwirklichen, was sie in der Welt zu erfahren wünschen.

Mitgefühl ist der Teil deines Gedächtnisses, der nicht zu denken braucht, um etwas zu vollbringen. Es erkennt die Wahrheit jeder Erfahrung und jedes Momentes, es sieht das Ganze, jenseits der fragmentarischen Wahrnehmung von Freude und Leid, auch während dieselben erfahren werden.

Irgendjemand muss damit anfangen. In unserer Entscheidung für den Wandel finden wir unsere Gabe, auch wenn andere unsere Wahl vielleicht zunächst nicht unterstützen.

Diese Aufgabe erfordert ungeheure persönliche Kraft! Die einzelne Person muss sich stark genug fühlen, um über die bekannte Welt hinauszuschauen und gleichzeitig ihren Fokus in dieser Welt zu behalten, ohne sich in den Erfahrungen dieser Welt zu verlieren. Klingt das vertraut? Es ist genau das, was du in deinem täglichen Leben von dir selbst erwartest. Tag für Tag verlangt dein Leben von dir, dass du in seinen Angeboten das Größere erkennst, während du sie durchlebst. Jede Emotion, jedes Gefühl und jeder Gedanke geben dir Gelegenheit, über die jeweilige Erfahrung hinaus auf das zu schauen, was dir das Leben gerade offenbart hat.

Angewandtes Mitgefühl

Mir begegnen zunehmend Menschen, die behaupten, mit den tragischen Ereignissen unserer Zeit fertig zu werden, indem sie einfach den Nachrichten darüber ausweichen. Sie schalten den Fernseher ab, vermeiden Gespräche darüber und lesen keine

Zeitung mehr. Vermeidung ist durchaus ein Weg, aber es ist ein temporärer Weg des Überlebens und kein bewusster Weg der Meisterschaft. Vermeidung schiebt die unangenehmen Ereignisse einfach von sich weg, vertagt ihre Bewältigung vielleicht für immer. Deine Kraft zeigt sich jedoch in deiner Fähigkeit, mit Augen, die eine neue Perspektive gewählt haben, direkt hinzusehen.

Kurz nach der Tragödie in Ruanda saß ich mit Freunden zusammen, die sich dafür entschieden hatten, diesem Schrecken mit Hilfe der Logik und des Verstandes beizukommen. »Es war ihr Weg«, sagte eine Frau, und ich spürte kaum Gefühl hinter ihren Worten. »Auf irgendeiner Ebene war ihnen klar, dass sie so sterben würden«, sagte ein Mann, als der weitere Verlauf des Gesprächs sich um Karma und Ausgleich drehte. Natürlich spielen Karma und Ausgleich in jedem Leben eine bedeutende Rolle, doch ich konnte nicht umhin, die Themen dieses Gesprächs als Ablenkung von dem Schock zu empfinden. Ich sah, wie meine Freunde sich zwischen dem Weg liebevoller Abgeklärtheit und dem Abwehrmechanismus der Verdrängung verloren. Ich will an dem Zwischenfall in Ruanda den Unterschied erklären. Wie kannst du erkennen, ob du der Verdrängung und Abgeklärtheit in die Falle gegangen bist?

Verdrängung

Wenn du bei den Bildern von zehntausend Ruandern, die ermordet im Straßengraben liegen, nichts empfindest, bist du höchstwahrscheinlich emotional abgestumpft, oder du verdrängst. Sich mit Hilfe von Gründen und Rechtfertigungen von einer Situation zu distanzieren, ist ein weit verbreiteter Abwehrmechanismus, um den Schock und den Schmerz des Schreckens zu überleben. Dann redest du »über« das Ereignis, statt dich darauf einzulassen. Eventuell vorhandene Gefühle werden umgeleitet und als ärgerliche Verteidigung deines Standpunktes ausgedrückt. Als empfindsamer Mensch ruft der Verlust von Leben Gefühle in dir hervor. Was auch immer gerade gestorben ist, ist ein Teil von dir, den du nicht mehr näher kennen lernen und erfahren wirst. Auch meine Freunde hatten gerade einen Teil von sich selbst leblos in den Straßengräben Ruandas liegen sehen und spürten den Schmerz.

Polarität

Wenn die Bilder aus Ruanda Empörung, Zorn und Gedanken der Vergeltung in dir auslösen, lebst du wahrscheinlich in der Polarität gnadenloser Logik. Diese Polarität erscheint in der Vorstellung von Gut und Böse, von Richtig und Falsch, von Licht und Dunkel, und hält dich sicher in einem Zustand der Getrenntheit. Auch wenn empörter Zorn eine gesellschaftlich akzeptierte Reaktion auf derartige Schreckensereignisse ist, stellt sich doch die Frage: Wozu dient mir der Zorn in diesem Augenblick? Rechtfertigt die Situation einen Zustand der emotionalen Verkrampfung, der physiologischen Depression und der Beeinträchtigung deines Immunsystems, denn das sind die Ausdrucksformen des Zorns.

Mitgefühl

Wenn du die oben beschriebene Szene siehst und mit den Ermordeten und den Überlebenden fühlst, frei von Zorn oder dem Bedürfnis nach Vergeltung, dann hast du dich für eine höhere Form der Emotion entschieden. Du hast die Polarität des Richtigen und des Falschen hinter dir gelassen, wenn du Gedanken hast wie zum Beispiel: »Mich bekümmert ihr Leiden und ihr Schmerz. Diese Menschen weden mir fehlen, die Einzigartigkeit jedes Einzelnen. Das wäre nicht notwendig gewesen.«

Die Entscheidung zu derartigen Gefühlen versetzt dich in eine starke Position in deinem Leben, denn durch sie erfährst du deine Kraft und reagierst nicht einfach. Du erinnerst dich an den Weg des Mitfühlens, frei von Zorn, Angst, Wut oder Vergeltung. Dies ist ein Beispiel für die Transzendenz der Polarität in der Polarität.

Das folgende Beispiel kann diese abstrakten Konzepte vielleicht weiter verdeutlichen. Ich erzähle es so, wie es mir in meinem Leben widerfahren ist, zunächst das Ereignis, dann das Verständnis.

Einige der bewegendsten Beziehungen und der beeindruckendsten Lehrer in meinem Leben kamen aus dem Tierreich. Während ich im Sommer 1992 einen Workshop in einer kleinen Pension nahe beim Mount Shasta in Kalifornien abhielt, wanderte ein kleiner schwarzer Kater in mein Zimmer und begann eine Beziehung mit mir, die in mir bis zum heutigen Tag weiterlebt. Er war etwa fünf Wochen zuvor geboren worden, doch seine Mutter konnte aus irgendeinem Grund ihre Jungen nicht säugen. Die Leute aus der Pension hatten geglaubt, der ganze Wurf sei umgekommen, doch nach Tagen tauchte die Mutter mit einem ausgemergelten Bündelchen Fell auf, das es irgendwie geschafft hatte, so lange ohne Nahrung zu überleben. Das Personal der Pension päppelte ihn auf und sie nannten ihn Merlin. Die Gästezimmer waren zwar eigentlich tabu für ihn, doch an jenem Abend schnurrte und maunzte er so lange, bis ich meinem Bedürfnis, mich um alle Tiere dieser Welt zu kümmern, nachgab, und ihn einließ. Er blieb während der ganzen Woche meines Aufenthaltes bei mir, schlief in meinem Bett, schaute mir morgens beim Rasieren zu und spazierte abends über meine Dias, wenn ich mich für den folgenden Tag vorbereitete. Am Ende dieser Zeit war dieses sanfte Wesen mit seinem erstaunlichen Lebenswillen mir sehr ans Herz gewachsen. In dem darauf folgenden Monat reiste ich viel umher und dachte oft an ihn. Ich war mir sicher, dass so ein schönes Tier schnell ein gutes Zuhause finden würde.

Nach vier Wochen war ich wieder für eine Woche in Mount Shasta. Zu meinem Erstaunen war Merlin immer noch da und erinnerte sich an mich. Er schlief wieder jede Nacht bei mir und »half« mir bei dem, was ich tagsüber tat. In der Pension konnten sie Merlin nicht behalten, sie hatten schon genug Tiere, sodass ich am Ende des Seminars Merlin adoptierte. Das war der Anfang einer intensiven Beziehung, die fast auf den Tag genau zwei Jahre währte. Wir reisten zusammen zurück nach Neu Mexiko. Er leistete mir beim Essen Gesellschaft, saß auf meinem Schoß, wenn ich las und hielt sein Nickerchen neben dem Computer, während ich *Erwachen der neuen Erde* schrieb. Er wurde zu einem Teil meiner Familie und meines täglichen Lebens.

Als im Juli 1994 der Komet auf den Jupiter aufprallte, verschwand Merlin eines Abends, und ich sah ihn nie wieder. Zunächst dachte ich, er sei ein wenig auf die Pirsch gegangen, obwohl das ungewöhnlich für ihn war. Als er nach zwei Tagen nicht zurück war, begann ich, nach ihm zu suchen. Ich ließ alles andere liegen und ging tagelang das ganze Tal ab. Vielleicht war er in ein verfallenes Gebäude geraten und kam nicht mehr heraus. Vielleicht saß er in einer der Fallen, die die Farmer zum Schutz ihrer Schafe vor Raubtieren aufstellen. Ich schaute in jedes Kojotenloch, das ich finden konnte, suchte in Eulennestern und Dachshöhlen nach irgendeiner Spur. Nichts.

Eines Morgens, kurz vor Sonnenaufgang, lag ich im Halbschlaf im Bett und bat um ein Zeichen, einen Hinweis auf Merlins Zustand. Ich betete:

»Vater, bitte lass mich wissen, was mit meinem Freund Merlin geschehen ist. Lebt er noch? Braucht er meine Hilfe? Oder ist er von uns gegangen? Bitte gib mir ein Zeichen.«

Noch bevor ich ganz fertig war, begann etwas, was ich weder zuvor noch danach jemals erlebt habe. Ich hörte draußen ein Geräusch, und dann noch eins, und noch eins. Binnen kürzester Zeit hörte ich aus allen Richtungen das Geheul von Kojoten, als hätten sie mein Haus umkreist. Ich hörte mehr Kojoten in diesem Moment, als in der gesamten Zeit, die ich bis dahin in diesem Haus gelebt hatte. Sie jaulten, heulten und wimmerten ein paar Minuten lang und hörten dann genauso plötzlich wieder auf, wie sie begonnen hatten. Ich hatte Tränen in den Augen und sagte laut:

»Ich glaube, Merlin ist nicht mehr unter uns.«

Ich wusste, dass ich ihn nie wieder sehen würde. Im Verlauf des selben Tages sah ich überall, auf und um unser Gelände herum, Kojoten. Ich hatte sie auch zuvor schon gesehen, einzeln, in der Dämmerung. An diesem Tag waren sie überall und spazierten einzeln und in Gruppen und Familien umher, im prallen Sonnenschein!

Ich erzähle diese Geschichte, weil ich an diesem Tag jedes Mal, wenn ich einen Kojoten sah, eine Entscheidungsmöglichkeit hatte. Ich hätte die Kojoten hassen können. Der Verlust meines Freundes tat mir weh. Zorn wäre ein möglicher Weg gewesen. Ich hätte alle Kojoten, die mir über den Weg liefen, abknallen können, in der Hoffnung, den »Schuldigen« zu treffen und mich so zu rächen. Ich hätte versuchen können, alle Kojoten im Tal umzubringen, damit sie nie wieder eines meiner geliebten Haustiere töten.

Ich hätte das tun können, aber ich habe es nicht getan.

Es lag nicht in meiner Art, zu hassen. Ich spürte den Schmerz, aber nicht den Zorn. Merlin fehlte mir. Ich vermisste seine Freundschaft und seine kleinen Eigenarten, zum Beispiel wie er bei der Mottenjagd knurrte oder wie er mich anschaute, wenn er sich auf den kühlen Fliesen auf dem Rücken räkelte. Er fehlte mir sehr, aber ich verspürte kein Bedürfnis, mich an den Kräften zu rächen, die ihn mir weggenommen hatten. Etwas zu vermissen ohne Vergeltungsbedürfnis ermöglicht den Weg des Mitgefühls.

Vielleicht erscheint dieses Beispiel von geringer Bedeutung. Neben all dem persönlichen und kulturellen Ungerechtigkeiten, die wir jeden Tag sehen, erscheint der Verlust eines Haustiers nebensächlich. Aber dieses Beispiel verdeutlicht ein Prinzip, das meiner Meinung nach allgemein gültig ist für jede Situation, in der du dich in deinem Leben mit etwas aussöhnen musst. Das Prinzip bleibt dasselbe, ob es sich um ein Massaker an zehntausend Menschen in Ruanda handelt, die in ihrem eigenen Land von ihren eigenen Leuten hingerichtet wurden, ob es sich um den Versuch handelt, ganze Bevölkerungen, Rassen oder Religionen auszulöschen, oder um den Verlust eines einzigen Lebens, das für uns von Bedeutung war. Wir sind aufgefordert, uns in uns selbst mit der durch die Erfahrung hervorgerufenen Emotion zu versöhnen.

Ich will noch anmerken, dass ich zutiefst davon überzeugt bin, dass es im Tierreich eine Art Übereinkunft zwischen Jägern und Gejagten gibt. Ich glaube, dass kein Tier getötet werden will. Wenn es jedoch eingekreist ist, oder in die Ecke getrieben, glaube ich, dass es sich der Situation hingibt und seinen Körper leicht verlässt. Ich habe es zu oft gesehen, um daran zweifeln zu können. Deswegen sterben Kaninchen, Vögel und sogar Katzen so leicht und schnell. Wenn der Tod unvermeidlich ist, kämpfen sie nicht mehr um jeden Atemzug. Sie lassen einfach los.

Vorsätzliches Mitfühlen

Alte Schriften beschreiben den Weg des Mitgefühls mit wissenschaftlicher Genauigkeit. In Parabeln und Geschichten beschreiben sie die Richtlinie der Gleichheit allen Lebens. Unsere technikorientierte Gesellschaft nähert sich der gleichen Weisheit auf dem Weg der Logik. Unsere Kultur fordert Gleichungen, logische Gedankenfolgen, beweisbare Konzepte und Definitionen von Mitgefühl in unserem Leben. Logik ist zwar in sich schlüssig, aber ihr alleiniger Gebrauch erlaubt wohl keine Vollständigkeit. Hierin könnte der Grund dafür liegen, dass unsere Vorstellungen von Mitgefühl in der Vergangenheit oft sehr verschwommen waren. Die Naturvölker der Welt haben ein ähnliches Verständnis von Mitgefühl, auch logisch, aber etwas vollständiger. Ihrer Meinung nach muss der logisch denkende Verstand durch die größere Weisheit des Herzens ausgeglichen werden. Der Gedanke wird zum Navigator für die emotionale Energie, die aus dem Körper stammt. Er gibt der Energie Richtung, deren Qualität durch die Emotion bestimmt wird. Wissenschaftlich ausgedrückt sagen wir, dass die Schwingungen der siebenschichtigen Flüssigkristallmatrix des Herzens durch die Wellenformen des absichtsvollen, bewussten Gedankens ihre Richtung erhalten.

Als Grundlage dieser Diskussion möchte ich Folgendes anbieten:

Mitgefühl kann definiert werden als eine spezifische Qualität des Denkens, des Fühlens und der Emotion. Denken, ohne dem Ergebnis verhaftet zu sein. Fühlen, ohne die Verzerrung durch vorgefasste Meinungen. Emotion ohne Polarität.

Mitgefühl kann demonstriert werden, indem einem anderen Möglichkeiten des Denkens, Fühlens und der Emotion zugestanden werden, die wir in uns selbst nicht zulassen. Dabei handelst du so, wie es dir entspricht, unabhängig von dem Ergebnis, mit klarem Gefühl und ungeladenen Emotionen.

In dieser Meisterung geht es nicht darum, der Welt um uns herum Veränderungen aufzudrängen, sondern es geht um eine neue Definition dessen, was deine Welt dir bedeutet. In der Meisterung absichtsvollen Mitfühlens bestimmst du, wie du dich fühlst, welche Emotionen du wahrnimmst und was du über eine Situation denkst. Die alten Texte legten großen Wert auf die Bedeutung der Gedanken, Gefühle und körperorientierten Emotionen. So erinnerten sie uns in dem vorangegangenen Zitat eines essenischen Textes daran, dass der Mensch in den Reichen des Körpers, der Gedanken und der Gefühle lebt. Um in unserer Welt Frieden zu erfahren, müssen wir »den Engel des Friedens« in jedem dieser drei Reiche finden. Die gnostischen Texte sehen den »Engel« oder die Energie des Friedens als einen Schlüssel zum Erlangen einer Übereinstimmung des Körpers mit den Gefühlen.

»Wenn die zwei (Gedanken und Gefühl) in diesem einen Haus (Körper) Frieden miteinander schließen, dann werden sie zum Berg sagen: ›Hebe dich hinweg‹, und er wird sich hinwegheben.« (Einfügungen vom Autor)

Die Nag Hammadi Bibliothek[7]

Warum ruft das, was du hörst oder siehst, ein bestimmtes Gefühl in dir hervor? Warum erlaubst du etwas Äußerem zu bestimmen, wie du dein Wesen ausdrückst? Oder anders gefragt: Warum ordnest du deine Kraft einer äußeren Erfahrung unter? Viele alte Schriften erinnern dich daran, dass Frieden und Mitgefühl deiner wahrsten Natur entsprechen.

Du weißt aus Erfahrung, dass dir das Leben auch Gelegenheiten bietet, anders als deiner wahrsten Natur entsprechend zu leben. Deine größte Herausforderung ist es, ganz in die Erfahrung des Lebens einzutauchen, ohne die Integrität deiner wahrsten Natur zu verlieren.

In der Tradition des Tewa-Volkes sieht Joseph Rael diese Herausforderung als einen integralen Bestandteil der Lebensreise. Aus der Sicht der Tewa folgen wir bei unserem Eintritt in diese Welt einem oder einer Kombination von fünf Klängen, von denen jeder seine eigene Resonanz und Lebenserfahrung in sich trägt. Diese fünf Klänge lassen sich beschreiben als Reinheit, Ortung, Wahrnehmung, Unschuld und Trägerschaft. Joseph erklärt in seiner wunderbaren Art, der darin liegende Schlüssel zur Meisterung des Lebens ist dann:

»… uns von Reinheit, Ortung, Wahrnehmung, Unschuld und Trägerschaft zurückzuziehen, indem wir, ohne Erwartungen, in unserer Erfahrung präsent sind. Indem wir in der Welt sind und nicht von dieser Welt.«[8]

Wir sind miteinander übereingekommen, als Individuen, Familien, Kulturen und Gesellschaften, dass wir von unserer wahrsten Natur abweichen können, um die extremen Gaben des Lebens zu überleben. Unwissentlich und unschuldig sind wir im Laufe der Zeit Schritt für Schritt dahin gekommen, mit den Herausforderungen des Lebens auf eine Weise umzugehen, die nicht der höchsten Möglichkeit unseres Seins entspricht. Reaktionsmuster, die wir Ärger, Wut, Hass, Eifersucht und Neid nennen, sind gesellschaftlich akzeptierte Möglichkeiten geworden, uns der Erfahrung unterzuordnen. Wir ordnen uns sogar massenweise bestimmten Zuständen unter, wie zum Beispiel Depression, Viren und Krebs.

Es ist deine eigene, persönliche Entscheidung, wie du mit den Herausforderungen deines Lebens umgehst. Wenn du etwas anderes als Mitgefühl bist, lebst du weniger als deine wahrste Natur. Ängstlich zu reagieren, oder eine der Varianten der Angst zu wählen, setzt genau den Zyklus der Polarität weiter fort, zu dessen Transzendenz du hierher gekommen bist. Wenn du weniger als deine wahrste Natur lebst, dann bist du nur ein Fragment der Verheißung, die du dir selbst um deines Seins in dieser Welt willen mitgegeben hast.

Stell dir vor, welche Kraft in deiner Fähigkeit liegt, selbst zu bestimmen, ob du dem Leben mit Ärger, Gelassenheit oder Freude antwortest! Mehr als je zuvor in der uns bekannten Geschichte der Menschheit ist dies eine Zeit der Verantwortung, persönlicher Verantwortung. Deine Antwort auf diese Welt selbst zu bestimmen ist vielleicht der größtmögliche Ausdruck persönlicher Meisterschaft.

Als mitfühlendes Wesen:

- hast du die Gelegenheit, über das Richtig und Falsch, das Gut und Böse einer Begebenheit hinauszusehen. Der mitfühlende Blick sieht die Taten anderer und die Ereignisse des Lebens als eine reine Gabe, frei von Bewertungen und Konditionierungen;
- ist es wichtiger, zu was du in deinem Tun wirst, als was du tust. Mitfühlen ist ein aktiver Zustand, kein reaktiver;
- kannst nur du allein bestimmen, welches deine höchstmögliche Antwort auf die jeweilige Situation ist. Mitgefühl drückt sich in dir und durch dich auf einzigartige Weise aus, ohne »man sollte« oder »es wäre besser«. Es ist nicht vergleichbar, denn wenn wir alle einzigartig sind, was könnte dann unser Bewertungsmaßstab sein?

Mitgefühl ist keine Einladung zur Tatenlosigkeit oder Selbstgefälligkeit. Es ist keine Entschuldigung, um sich faul hinzusetzen und den Ereignissen ihren Lauf zu lassen, ohne sich einzumischen. Zu Mitgefühl zu werden bedeutet, ganz in die Erfahrung des Lebens einzutauchen, was auch immer das

Leben gerade bereit hält, ohne es zu bewerten. Es ist vielleicht deine größte Aufgabe in diesem Leben, und gleichzeitig das größte Geschenk, das du dir selbst und anderen machen kannst: Deine persönliche Polarität zu transzendieren und gleichzeitig in dieser polaren Welt zu bleiben.

Aus Bequemlichkeit erlauben wir dem Ausmaß des Unrechts das Ausmaß unserer Reaktion zu bestimmen. So finden wir es beispielsweise einfacher, uns mit dem plötzlichen Tod eines Jugendlichen, der aus einem fahrenden Auto heraus erschossen wurde, auszusöhnen, als wenn ein anderer Jugendlicher Opfer eines vorsätzlich geplanten Anschlags wird, und langsam unter Qualen sterben muss. Das Ergebnis ist jedes Mal der Verlust eines wertvollen Lebens. Nur der Weg dahin ist unterschiedlich, und doch hat ein qualvoller Tod in der Vergangenheit mehr Proteste hervorgerufen. Warum? Wie weit müssen wir die Erkenntnis unserer Extreme noch treiben? Wie weit müssen wir die individuellen und kollektiven Grenzen unseres Selbstverständnisses noch hinausschieben, bis wir erkennen, dass es einfach darauf ankommt, dass das Leben wertvoll ist, egal ob es sich um eines oder hunderte handelt, ob der Tod schnell oder leidvoll kommt. Das Leben ist jedem Einzelnen von uns geschenkt! Wir sind aufgefordert, uns entsprechend zu verhalten, uns für alles Leben einzusetzen, unabhängig von dem Ausmaß an Unrecht oder Gewalt, das es bedroht.

Der Weg des Mitgefühls

Mit diesen Gedanken im Sinn wollen wir zu unserem vorherigen Beispiel des Massakers in Ruanda zurückkehren, um zu sehen, wie sich das Gesagte anwenden lässt, wie wir in all dem Schrecken, der uns 1994 von dort gezeigt wurde, eine Lösung für unsere Emotionen und unseren Verstand finden und damit zu mitfühlender Einheit werden können. Wenn du dich selbst als einen weichen Prozessor betrachtest, der in bioelektrischen Kreisläufen Informationsmuster durch deinen Körper bewegt, dann kannst du Mitgefühl als die Informationen eines Subprogramms sehen, das in das System deines Lebens installiert wird. Das Entscheidende an dieser Analogie ist, dass wir ständig Subprogramme verwenden, nämlich jedes Mal, wenn wir wählen, wie wir mit den Situationen unseres Lebens umgehen werden. Wollen wir weiterhin die Programme verwenden, die in der Vergangenheit funktioniert haben, auch wenn sie jetzt nicht mehr dienlich sind?

Der *Zweite Weg* bietet eine Alternative an. Indem wir uns daran erinnern, installieren wir ein neues Subprogramm in unserem weichen Prozessor, das ein neues Ergebnis ermöglicht. In dieser Analogie hast du mit jeder Entscheidung, die du fällst, die Gelegenheit, ein neues Subprogramm zu verwenden. Der Zugang zu der Software deines Bewusstseins liegt in einer Kombination aus Anweisungen für die linke und für die rechte Gehirnhälfte. Diese Anweisungen enthalten Sequenzen von Gedanken und Emotionen. Ich will ein Beispiel dafür geben, wie das anwendbar ist. Wenn du vor der Situation stehst, dich mit einem tragischen oder schrecklichen Ereignis aussöhnen zu wollen, dann kannst du folgendermaßen vorgehen:

1. Schritt: Bestimme die Art deines Ausdrucks.
Damit kannst du die Perspektive bestimmen, durch die du das betrachtest, was das Leben dir gezeigt hat. Sei ehrlich zu dir und finde heraus, welches der drei zuvor dargestellten Muster zutrifft:

- Abgestumpftheit oder Verdrängung, die sich in einer Rationalisierung des Wahrgenommenen zeigt.

- Polarität, die sich als Ärger, Wut oder Vergeltungsbedürfnis zeigt.
- Mitgefühl, das sich als Trauer um den Verlust zeigt, frei von Bewertung.

Wenn du dein Muster erkannt hast, besteht der nächste Schritt zur Erschaffung eines neuen Codes darin, mit dem, was du empfunden hast, als einer von mehreren Möglichkeiten einverstanden zu sein, egal wie unpassend dir deine alte Konditionierung heute erscheinen mag. Damit ehrst du deine Vergangenheit. Wenn du etwas *fühlst*, dann fühlst du es eben. Wie können deine Gefühle gut oder schlecht sein? Wenn du mit deinen Gefühlen, welchen auch immer, als Möglichkeit einverstanden bist, öffnest du damit Türen zur Erforschung neuer und höherer Modalitäten.

Wenn du anders als mitfühlend reagiert hast, frage dich warum. Welche Überzeugungen haben dich in einem Zustand der Abstumpfung oder Polarität gehalten? Sie waren dir in der Vergangenheit dienlich, doch sind sie es immer noch?

2. Schritt: Unter Verwendung deiner linken und deiner rechten Gehirnhälfte, Logik und Emotion, kannst du neue Programme des Fühlens erschaffen. Hier ist die Gleichung für den *wissenschaftlichen* Teil unseres Wegs.

WENN
du zu diesen Dingen wirst,
DANN
wirst du zu Mitgefühl.

Du erhältst Zugang zu dem Programm deines Mitfühlens, indem du dich mit folgenden Aussagen versöhnst:

WENN DU
anerkennst,
dass es für alles, was ist und sein wird, eine einzige Quelle gibt, dass alles im Leben ausnahmslos Teil des EINEN ist;
vertraust,
dass der Prozess des Lebens, so wie er sich dir zeigt, und seine zeitliche Abfolge göttlich ist, ohne Zufälle;
glaubst,
dass jede einzelne Erfahrung zu dir kommt, um dir eine Gelegenheit zur Meisterung des Lebens zu geben;
und glaubst,
dass dein Leben ein Spiegel deiner Suche nach dir selbst ist und du in der Erkenntnis deiner Extreme einen Ausgleich finden wirst;
wahrhaftig glaubst,
dass deine Lebensessenz unsterblich ist und dass dein Körper auch Ewigkeit erfahren kann,
DANN
kannst du kaum gleichzeitig dich selbst, ein Ereignis oder die Entscheidungen einer anderen Person als richtig oder falsch, gut oder böse bewerten, denn wie könntest du darin irgendetwas anderes als eine Ausdrucksform des EINEN sehen?

Diese fünf Aussagen sind ein machtvolles Mittel, um den Rest deines Körpers eine Antwort auf eine gegebene Situation finden zu lassen. Ich will anmerken, dass ich absichtlich den Begriff *glauben* statt *wissen* verwendet habe. Wissen kann nur aus direkter Erfahrung entstehen. Glauben lässt eine Möglichkeit zu, auch wenn du sie vielleicht noch nicht direkt erfahren hast. Solange du das Leben nicht bewusst als ewig erfahren hast, zum Beispiel durch bestimmte Meditationen oder Nahtoderfahrungen, kannst du es einfach nur glauben.

Im Gebrauch der Gedanken
deiner linken und rechten Gehirnhälfte (Steuerungssystem),
mit Hilfe der Kraft deiner Emotionen (Antriebssystem)
entwickelst du deine Fähigkeit zur Lösung der Konflikte
in deinen Gefühlen (Vereinigung von Gedanken und
Emotion) bezüglich der einzelnen Aussagen,
und formulierst damit einen neuen Code,
der deinen Blick auf die Welt bestimmt.

Die Worte in den fünf Aussagen dienen als Auslöser, mit deren Hilfe du dir über deine Gefühle zu jeder Aussage klar werden kannst. Bist du mit dem Gesagten einverstanden oder ruft es Widerstand in dir hervor, und wenn ja, warum? Um mit dem, was das Leben dir zeigt, ins Reine zu kommen, musst du mit diesen Aussagen ins Reine kommen.
WENN
du die Essenz auch nur einer dieser Aussagen anzweifelst oder ablehnst,
DANN
hast du damit gerade deinen nächsten Schritt auf dem Weg zu Gleichgewicht und Meisterschaft definiert.

Deine Antwort auf diese fünf Aussagen bringt schlicht und einfach die Grundsätze dessen zum Vorschein, wie du das Leben und deinen Platz in der Welt siehst und fühlst. Betrachten wir diese Aussagen im Einzelnen etwas genauer.

Kannst du *anerkennen*, dass es eine einzige Quelle gibt für alles, was ist oder sein wird? Kannst du in dir die Möglichkeit zulassen, dass jedes einzelne Ereignis, egal welcher Art, ein Teil des EINEN ist und immer war, wie auch immer du das EINE verstehst? Kannst du die Möglichkeit zulassen, dass die dunkelsten

Augenblicke der Menschheitsgeschichte, und deines Lebens, genauso wie die Sternstunden untrennbar mit der Quelle allen Lebens unserer Welt verbunden sind?

Wenn deine Antwort »Nein« lautet, dann akzeptierst du damit eine Trennung zwischen deiner Wahrnehmung des EINEN und dem, was nicht das EINE ist. Das Leben wird deine Perspektive zulassen und sie dir in deinen Beziehungen und Erfahrungen entsprechend deiner Erwartung spiegeln, und dich so auf einen Punkt in deinem Leben zuführen, an dem die Perspektive der Getrenntheit für dich nicht mehr sinnvoll ist. Von da an wird dir das Leben deine geheilte Perspektive der Einheit in deinen Beziehungen und Erfahrungen zeigen.

Vertraust du dem Prozess des Lebens, so wie er sich dir darstellt? Vertraust du darauf, dass die Intelligenz, die jede einzelne Seele in die Erfahrung dieser Welt geführt hat, sie auf ihrer Reise durch diese Welt zuverlässig begleitet? Vertraust du darauf, dass es keine Zufälle gibt, auch wenn die Hintergründe manchmal im jeweiligen Moment unverständlich erscheinen? Kannst du die Möglichkeit zulassen, dass du in eine sichere Welt gekommen bist, in der es keine Kraft gibt, die »da draußen« darauf wartet, deinen Lebensplan zu durchkreuzen?

Wenn deine Antwort »Nein« lautet, dann hat das Thema Vertrauen eine emotionale Ladung für dich. Das Leben wird deine Perspektive des Nichtvertrauens zulassen und dir deine Erwartungen in Bezug auf Vertrauen in Beziehungen und Erfahrungen spiegeln, bis du an einen Punkt in deinem Leben kommst, an dem Nichtvertrauen nicht mehr sinnvoll für dich ist und das Leben dir deine geheilte Perspektive zeigen kann, die Vertrauen in Beziehungen und Erfahrungen zulässt.

Glaubst du, dass jede einzelne Erfahrung des Lebens ausnahmslos eine Gelegenheit für dich ist, deine Meisterung dieser Erfahrung zu demonstrieren? Kannst du die Möglichkeit zulassen, dass jede deiner Erfahrungen, von den freudvollen bis zu den tragischen, hervorgerufen wurde durch eine energetische Gelegenheit, dir deine wahre Natur zu zeigen? Was erzählt dir dein Leben? Worauf weist es dich hin?

Wenn du die ersten beiden Fragen mit »Nein« beantwortest, dann betrachtest du das Leben als Gegner und seine Ereignisse als Prüfungen deiner Stärke und Leidensfähigkeit. Damit unterliegst du einem Trugschluss, denn das Leiden ist nicht der Sinn des Lebens, es ist ein Biofeedback-Mechanismus deiner Entscheidungen. Wenn du das Leiden als eine Daseinsform akzeptierst, dann wird das Leben eine Kette von Prüfungen für dich sein. Wenn du es als Indikator betrachtest, kann es dich an deine wahre Natur erinnern. Das Leben wird deine Perspektive des Geprüftwerdens zulassen und deine Erwartungen durch Prüfungen in Beziehungen und Erfahrungen bestätigen, bis es dich an einen Punkt deines Lebens geführt hat, an dem die Perspektive der Prüfungen für dich nicht mehr sinnvoll ist und in einer Spiegelung deiner geheilten Perspektive die Prüfungen zu willkommenen Erfahrungen werden. Nach meiner Lebenserfahrung ist noch niemand geprüft worden, aber es gilt viele Situationen zu meistern.

Glaubst du, dass das Leben deine Suche nach Erkenntnis deiner selbst in all deinen Möglichkeiten spiegelt? Glaubst du, dass du Ärger, Wut und Dunkelheit in dir selbst akzeptieren musst, um sie in anderen akzeptieren zu können? Wie sonst könntest du dich in der Verlassenheit kennen lernen, wenn nicht, indem dich alle deine Lieben verlassen? Glaubst du, dass du im Leben nach Ausgleich und Gleichgewicht strebst und dass du dafür deine Extreme erkennen musst?

Wenn du diese Fragen mit »Nein« beantwortest, wirst du das Leben als eine Aneinanderreihung sinnloser, unvorhersehbarer Zufälle betrachten. Das Leben als Spiegel zu akzeptieren und die Botschaften der Spiegel wahrzunehmen, entspricht der Erinnerung an unser Versprechen, einander daran zu erinnern, dass wir aus Liebe handeln, und dass die Liebe viele Masken trägt. Das Leben wird dir deine Perspektive der unzusammenhängenden, unvorhersehbaren Zufälle in deinen Beziehungen und Erfahrungen so lange spiegeln, bis du an einen Punkt in deinem Leben kommst, der dir erlaubt, Zusammenhänge, Kontinuität und Gelegenheiten in deinen Lebenserfahrungen zu erkennen. Dann ist jedes Ereignis ein Teil des Ganzen, so ungeheuerlich es auch sein mag.

Glaubst du wahrhaftig, dass du in deiner Essenz ewig bist? Glaubst du, dass es einen Teil von dir gibt, der weder erschaffen noch zerstört werden kann? Kannst du in dir die Möglichkeit zulassen, dass du so neu und unversehrt bist wie an dem Tag, an dem du dem Herz-Gedanken-Geist des Schöpfers entsprungen bist? Glaubst du, dass keinerlei irdische Erfahrung den Glanz deiner Seele je trüben konnte? Kannst du die Möglichkeit zulassen, dass die emotionale Ladung, die Schmerz, Verletzung und Tod für dich haben, als Magneten wirken, die genau diese Erfahrungen in dein Leben ziehen, um sie zu erlösen?

Wenn deine Antwort auf diese Fragen »Nein« lautet, dann wirst du das Leben als eine Kette von Gefährdungen deines endlichen Lebens sehen. Statt einer Gelegenheit zur Selbsterkenntnis wird jede Entscheidung zum Risiko, alles was dir lieb und teuer ist, zu verlieren. Das Leben wird deine Erwartungen des Risikos, der Endlichkeit und des Verlustes bestätigen, bis nichts mehr übrig ist und dir nichts anderes bleibt als die ewige Natur deiner selbst zu erkennen! Das muss nicht sein. Es ist eine Entscheidung, den Weg des Verlustes zu gehen. Ich möchte jedoch deinen Blick auf die vorhandenen Geschenke lenken. Du warst nie verloren. Das Leben hat dich einfach daran erinnert, dass du »Du« bist, unabhängig davon, wo du bist, was du erfährst, wieviel Zeit vergeht: Du bist immer vollständig, heil und strahlend. Wenn dich das Leben zu der Erkenntnis deiner ewigen Natur und der Vergänglichkeit der von dir erschaffenen Welt führt, sodass du jede Erfahrung weniger als Risiko und mehr als Gelegenheit sehen kannst, dann wird sich deine geheilte Perspektive in lebensfördernden Beziehungen und lebensbejahenden Erfahrungen spiegeln.

Dir über diese Aussagen wirklich klar zu werden, bedeutet, die Kodierungen in deinem Körper zu meistern, die deine Lebenserfahrung bestimmen. Diese Kodierungen entscheiden über deine Vitalität, Immunabwehr, Beziehungsfähigkeit, Präsenz für andere und die Bewusstheit, mit der du deine Vorsätze lebst. Wenn du mit diesen Grundsätzen in deinem Körper übereinkommst, dann erfährst du das Gefühl der Vereinigung und des Ausgleichs deiner rechten und linken Gehirnhälfte mit deinem Emotionalkörper.

Dieses Gefühl ist deine Wahrnehmung des Ausgleichs der ph-Werte in deinen Zellen, der Neukodierung von Aminosäure-Sequenzen auf der Doppelhelix der DNA, und die Reaktion deiner Körperchemie auf neue Kommandos. Indem deine logischen Gedanken Wellenformen der Emotion steuern, schreibst du dein Programm und veränderst den heiligen Code deines Operationssystems aus dir selbst heraus.

Lass dich von der Einfachheit dieses Prozesses nicht täuschen. Seine Einfachheit ist seine Schönheit. Durch deine Beantwortung der fünf Fragen versöhnst du dich mit der Lebensessenz, die durch deinen Körper pulsiert. Die Auseinandersetzung mit jeder dieser Fragen veranlasst deinen inneren Programmierer, die Energiemuster deines Körpers anzupassen. Wenn deine Antwort auf eine dieser Fragen unbestimmt ist, dann kennst du deinen Weg. Du musst dich um deiner selbst willen, in deinen eigenen Worten und durch deine eigenen Erfahrungen mit der Bedeutung deines Lebens und seinen Möglichkeiten versöhnen.

Die Gabe des Segnens

Die Geschichten und Parabeln der zweieinhalbtausend Jahre alten Texte der Essener und anderer Zeugnisse hoher Weisheit sprechen von einer Gabe, die dir hinterlassen wurde. Sie zieht sich wie ein roter Faden auch durch die tibetischen, buddhistischen und mündlichen Traditionen aus aller Welt. Wir sollen uns an das Geheimnis des Segnens erinnern, und es in lebensspendenden Beziehungen umsetzen. So wie Mitgefühl dein Programm zur Versöhnung ist, so ist das Segnen der Code, der die Versöhnung ermöglicht. Diese Möglichkeit, die durch eine polarisierte Bewertung eines Ereignisses entstehende Ladung zu neutralisieren, ist ein wesentlicher Bestandteil unseres Wegs des Mitgefühls.

Genauso wie Mitgefühl keine Einladung zur Tatenlosigkeit ist, so ist das Segnen kein Entschuldigen oder Verzeihen einer Tragödie oder eines Unrechts.

Die Ereignisse, mit denen wir uns aussöhnen wollen, sind bereits geschehen. Es geht nicht darum, die Zeit zurückzudrehen und etwas ungeschehen zu machen. Es geht vielmehr darum, *deine Perspektive der Ereignisse zu heilen.* Diese Heilung lässt uns einen Sinn in der Sinnlosigkeit und Hintergründe für Tragödien erkennen.

Die Definition des Segnens

Deine Gabe des Segnens ist der moderne Ausdruck der alten Verheißung, die uns daran erinnert, dass jede Seele den dunkelsten Moment des Lebens überlebt und wieder heimkehrt, wohlbehalten und strahlend. Das Segnen kann definiert werden als eine Qualität des Denkens, Fühlens und der Emotion, die dir ermöglicht, die heilige und göttliche Natur einer Handlung anzuerkennen, alle darauf bezogene emotionale Ladung zu neutralisieren und mit dem Leben fortzufahren.

Die Gabe des Segnens liegt in der Kraft des Gedankens und des gesprochenen Wortes. Entsprechend der den Worten zugrunde liegenden Gedanken, Gefühle und Emotionen verursacht der Akt des Segnens eine biochemische Veränderung in deinem Körper. Damit heilst du deine Ängste, deinen Groll und deine Urteile und kannst vorwärtsgehen.

Es gibt bestimmte Parameter wie den ph-Wert der Zellen und die Formation lebenswichtiger Aminosäuren, an denen wir ablesen können, dass sich wirklich etwas im Körper verändert hat. Neuere Untersuchungen geben Hinweise auf die Bedeutung alter Weisheiten wie:

»Durch unsere Worte sollen wir heilen und geheilt werden.«

Ein Wort ist das hörbare Schwingungsäquivalent des dem Wort zugrunde liegenden Musters. Das Segnen einer Begebenheit bedeutet, ihre Heiligkeit und Göttlichkeit anzuerkennen. Es bedeutet nicht, dass uns gefällt, was geschehen ist. Wenn du deine Gabe des Segnens anwendest, lässt du die Möglichkeit dieses Ereignisses innerhalb des Gesamtausdrucks des EINEN zu. Es ist wiederum keine Tätigkeit, sondern ein Seinszustand, der durch einen bewussten Entschluss zum Mitfühlen erreicht wird. In der Aufgewühltheit der geladenen Emotion kannst du dich fragen: Erlaube ich mir, mich an meine Gabe des Segnens zu erinnern und sie zu leben?

Angewandtes Segnen

Wie können wir vor dem Hintergrund der dargestellten Ideen die Gabe des Segnens im täglichen Leben anwenden? Kehren wir zu unserem Beispiel aus Ruanda zurück. Welche Botschaft vermittelt diese Tragödie in den Augen des Mitgefühls und des Segnens? Als ich die ersten Bilder davon sah, reagierte ich mit Entsetzen, Empörung und Wut. Ich reagierte so auf den Schmerz, wie ich es in der Vergangenheit auch getan habe. Wie hätte ich auf einer höheren Ebene reagieren können, mit mitfühlendem und segnendem Blick? Wie hätte ich mit meinen Gedanken und Gefühlen anders umgehen können?

Ende Juli bis Anfang August 1996 hatte ich die Gelegenheit, die hier vorgestellten Schritte praktisch anzuwenden. Nach dem Flugzeugunglück mit der TWA 800 im Atlantik und den Bombenanschlägen auf die Olympischen Spiele und den U.S. Marinestützpunkt in Saudi Arabien geschah in kleinerem Maßstab etwas Ähnliches wie zuvor in Ruanda. Am 20. Juli 1996 wurden in Burundi, direkt südlich von Ruanda, etwa einhundertdreißig Zivilisten ermordet. Das *Time Life Magazin* berichtete:

»In den letzten zwei Jahren ist in diesem Teil der Welt der Anblick von Frauen und Kindern mit gespaltenen Schädeln, weggeworfenen Säuglingen und leblosen Körpern, die in den Hauseingängen liegen, schon fast alltäglich geworden.«

Als ich die Berichte sah, war meine erste Reaktion: *Nicht schon wieder! Dieselbe Gegend, dasselbe Volk, schon wieder?* Wie sollen wir mit solchen Tragödien umgehen? Welche Rolle spielen die Leben von Leuten, die wir nie kennen gelernt haben, in unserem eigenen Leben, hier und jetzt? Während ich das Konzept für diesen Abschnitt des Buches entwickelte, fragte ich mich: *Ist es dienlich, den Prozess, den ich gleich darstellen will, mit hineinzunehmen?* Mir wurde klar, dass es einer »Dienstverweigerung« gleich käme, diese alten Weisheiten zur Klärung emotionaler Ladung nicht weiterzugeben.

Im Nachfolgenden beschreibe ich die Anwendung am Beispiel meines persönlichen Prozesses, wie ich ihn mit dem Ereignis in Burundi durchlebte. Ich habe den gleichen Prozess auch auf anderes »Unrecht« angewendet, zeitgenössisches und historisches, von der Invasion Nordamerikas vor mehr als fünfhundert Jahren über Hitlers Ausbreitung in Europa bis hin zu den verlorenen Leben in Bosnien und Nordirland. Genauso beziehe ich es auf gewalttätige Gruppen in unseren Städten und jedes verlorene Leben, von dem ich erfahre, wie zum Beispiel die häufigen »Zwischenfälle« im Flugverkehr.

Im Austausch für mein Geschenk des Lebens und seine Rolle, die es jeden Tag spielt, fühle ich mich verpflichtet, mit dem, was das Leben mir zeigt, ins Reine zu kommen. Die Alternative wäre, mich in dem Schmerz über die Verluste in meinem Leben zu verlieren, mich in Abgestumpftheit, Wut, Vergeltungssucht und Bitterkeit zu flüchten. Nichts davon entspricht meiner wahren Natur. Ich entscheide mich dafür, diesen Ereignissen mit innerem Frieden gegenüberzutreten, Veränderung zu verkörpern und mit Bestimmtheit tätig vorwärts zu streben.

Ich begann meinen Prozess mit dem Ereignis in Burundi mit der Anerkennung meines spontanen Gefühls, mit dem ich reagiert hatte: *Oh nein, nicht schon wieder!* Ich bemerkte, dass das vertraute Gefühl der Wut, mit dem ich zwei Jahre zuvor auf das Massaker in Ruanda reagiert hatte, einer Welle der Trauer und des Kummers gewichen war. Merkwürdigerweise schien die Wut auf die Verantwortlichen, sogar auf die Tatsache selbst, diesmal von geringerer Bedeutung. Viel wichtiger war, dass diese Leben für immer verloren waren. Warum? Welchen Sinn hatte das?

Es ging los.

1. Schritt: Welcher Art war mein Ausdruck?

Ich betrachtete die Berichte aus Burundi ohne Zorn, Empörung oder das Bedürfnis nach Vergeltung. Ich wusste also, ich reagierte nicht aus einer polaren Perspektive, ich verdrängte nicht und war nicht abgestumpft. Wäre ich bei dem vertrauten Gefühl der Empörung und Wut geblieben, so hätte meine nächste Frage an mich gelautet:

Ist der Weg der Wut, der mir so lange sinnvoll erschien, in diesem Augenblick immer noch dienlich?

Damals und heute spüre ich tiefe Trauer über die Tatsache, dass diese Ereignisse geschehen sind. Die Abwesenheit von Verdrängung, Wut und Hass ermöglicht Mitgefühl.

2. Schritt: Kann ich mich mit den Kodierungen des Mitgefühls in meinem Körper aussöhnen, um meiner selbst willen?

Erkenne ich an, dass alles, was ist und sein wird, einer einzigen Quelle entspringt? Erkenne ich an, dass jedes Ereignis im Leben, auch das in Burundi, Teil des EINEN ist?

Vertraue ich dem Prozess des Lebens, so wie er sich mir in Burundi gezeigt hat?

Glaube ich, dass jede einzelne Erfahrung für jeden einzelnen Menschen dort in Afrika ausnahmslos eine Gelegenheit war, das Leben zu meistern?

Glaube ich, dass das Leben unsere Suche nach der Erkenntnis unseres Selbst in jeder Hinsicht spiegelt?

Glaube ich wahrhaftig, dass die Essenz unseres Lebens, die Lebensessenz jedes Einzelnen in Burundi, ewig ist und dass jeder Körper die gleiche Erfahrung der Ewigkeit machen kann?

Ein »Nein« bezüglich einer dieser Fragen würde höchstwahrscheinlich mein Streben nach Annäherung an einen universellen Sinn entmutigen. Diese Fragen bejahend fuhr ich fort.

Wenn ich das, was in Burundi vorgefallen ist, achte:

Wie könnte ich diese Fragen bejahen und dieses Ereignis gleichzeitig als falsch oder richtig, gut oder schlecht, oder als etwas anderes als einen Ausdruck des EINEN bewerten?

Wie könnte unser Schöpfer »falsch« sein?

Wie könnte ich glauben, dass das Massaker in Burundi außerhalb, getrennt ist von dem EINEN? Es gibt keine »anderen«. Die Ereignisse von Burundi sind ein Teil von uns. Da in Burundi, am Straßenrand, liegt ein Teil von mir!

Wenn ich zu meinen Antworten auf die obigen Fragen stehe, dann muss ich zugeben, dass dies alles ein Teil von etwas viel Größerem ist – und doch bleibt es dabei, dass Leben vernichtet wurde! Es bleibt dabei, dass es nicht notwendig gewesen wäre! Es bleibt bei meiner Trauer über alle, die ihr Leben gaben, damit wir uns besser erkennen können.

Was tun mit diesen Gefühlen? Was tun mit dem Knoten in meiner Seele wegen des Teils von mir, der gerade gestorben ist?

3. Schritt: Die Gabe des Segnens schlägt sich auf keine Seite und richtet nicht. Ein Ereignis oder einen Menschen zu segnen bedeutet einfach, seine göttliche Natur anzuerkennen,

ohne zuzustimmen oder gar zu ermutigen. So frage ich mich selbst: *Kann ich meine spontane Reaktion, die einem alten Paradigma der Polarität entspricht, überwinden, zugunsten der Anerkennung der geheiligten Natur dessen, was in Burundi geschehen ist? Bin ich so weit gekommen in meinem Leben, dass ich die Polarität überwinden kann, die solche Tragödien ermöglicht?*

Wenn ich auch diese Fragen bejahen kann, ist es Zeit, die alte Gabe des Segnens anzuwenden:

Ich segne die Entscheidungen der Menschen in Burundi, sich selbst auf diese Art kennen zu lernen.

Ich segne die Soldaten, die Leben genommen haben, damit sie sich selbst im Leben nehmen kennen lernen konnten.

Ich segne die Verstorbenen, deren Liebe dafür ausreichte, ihr Leben zu geben, damit sie sich selbst im Leben geben kennen lernen konnten.

Ich segne mich selbst als Zeugen von all dem, damit ich mich selbst im Bezeugen kennen lernen konnte.

Ich wiederholte diese Sätze viele Male, bis sich das vertraute Gefühl des Friedens in meinem Körper einstellte, das nur in einem Zustand der wahren Ausgeglichenheit möglich ist. Die alten Texte beschreiben dieses Gefühl, das durchaus mit Tränen einher gehen kann, als einen »Seinszustand«, der daraus entsteht, wenn man mit einer Erfahrung im Frieden ist. Zum Beispiel beschreibt der Meister Thot in einem alten ägyptischen Text dieses Gefühl als »eine Welle der Schwingung«, die im Gehirn beginnt.

»Wenn dich ein ›Gefühl‹ überkommt, das dich zu dem Dunklen Tor (Angst, Wut, Hass, etc.) zieht, prüfe dein Herz, um zu erkennen, ob deine Gefühle von innen kommen … sende eine Schwingungswelle durch den Körper, erst unregelmäßig, dann gleichmäßig, wieder und

wieder, bis du frei bist. Beginne die Kraft der Welle in deinem Gehirnzentrum, sende die Wellen von deinem Kopf zu deinen Füßen.«
(Einfügungen vom Autor)

Die Smaragdtafeln von Thot[9]

Was Thot als »Schwingung« bezeichnet, ist Mitgefühl. In diesem friedvollen Zustand weiß ich, dass alles irgendwie in Ordnung ist und dass das Leben in all seinen vielfältigen Formen mein Vertrauen nie enttäuscht hat. In diesem Zustand ist mir völlig klar, dass dieses Szenario nicht hätte geschehen müssen. Und es ist geschehen. In diesem inneren Zustand BIN ICH.

ICH BIN meine Kraft. Jeder meiner Handlungen in Bezug auf dieses Ereignis wird jetzt eine klare, bewusste und gezielte Entscheidung zugrunde liegen.

ICH BIN Frieden. Das Ereignis verursacht in meinem Körper weder Anspannung noch Kontraktion. Ich erkenne jede beteiligte Person als ein mächtiges, hoch entwickeltes, sich selbst erfahrendes Wesen an.

ICH BIN Mitgefühl. In diesem Zustand des Mitfühlens kann ich mich dieser und anderen ähnlichen Tragödien zuwenden, wo und wann auch immer sie geschehen sind, und Schritte meiner Wahl unternehmen, um solch einen Verlust von Leben in Zukunft abzuwenden oder ihm vorzubeugen.

ICH BIN, weil ich mich in meinem Geist und in meinem Körper mit dem Ereignis ausgesöhnt habe. Das kann niemand anderes für mich tun! Das kann niemand anderes für dich tun! Du musst mit dem, was das Leben dir bringt, deinen Frieden finden, um unbelastet und frei, vollständig und ganz deiner Heilung entgegenzugehen. Die Gabe des Segnens macht das möglich.

Da die Möglichkeiten der Worte genauso begrenzt sind wie auch meine Fähigkeit, Gefühle durch Worte zu vermitteln, möchte ich euch jetzt bitten, durch diese Grenzen hindurch den Frieden wahrzunehmen, den die Gabe des Segnens in sich birgt. Wieder und wieder habe ich in den Seminaren und Workshops diesen Frieden in den Augen der Teilnehmer gesehen. Um das zu verdeutlichen, zeige ich manchmal einen kurzen Ausschnitt aus dem Film »Der mit dem Wolf tanzt«.[10] Wir sehen uns an, wie Kevin Costner hilflos zusehen muss, als die Soldaten seinen geliebten Freund, den Wolf »Two Socks«, umbringen. Angesichts dieses Unrechts entsteht eine deutlich spürbare Spannung in der Gruppe. Wenn ich nachfrage, wird die ganze Bandbreite möglicher Reaktionen sichtbar. Manche wollen die Soldaten, die nicht nur den Wolf getötet, sondern Kevin Costner auch misshandelt haben, am liebsten umbringen. Manche finden das zu einfach. Sie wollen, dass der Wolf sie tötet. Manche »wünschten« einfach, der Wolf wäre noch am Leben. Bei fast allen rufen die Bilder eine »Ladung« heftiger Emotionen hervor.

Wenn ich die Gruppe dann durch den gleichen Prozess führe, den ich gerade in Bezug auf Burundi dargestellt habe, gerät etwas in Bewegung. Am meisten geladen sind diejenigen, die eine oder mehrere der gestellten Fragen, der Programmcodes, nicht für sich gelöst haben. Jedoch was dann passiert, versetzt mich immer wieder in Erstaunen. Selbst wenn nicht alle fünf Aussagen in jeder Person geklärt sind, entsteht durch die Bereitschaft zur Klärung eine energetische Öffnung, die neue Möglichkeiten, ein neues Verhalten und eine höhere Antwort auf das Leben zulässt. Die Bereitschaft, sich vorwärts zu bewegen, ermöglicht die Gabe des Segnens.

Wenn dann alle gemeinsam die Bilder segnen, dann entdeckt jeder Mann, jede Frau und jedes Kind den Frieden, den diese Gabe birgt. Die Wirkung wird verstärkt, wenn der Segen laut ausgesprochen wird, er wird dadurch für die Einzelnen realer. So beginnen wir erst leise und dann immer lauter:

Ich segne die Entscheidungen, die es uns erlauben, uns selbst auf diese Weise kennen zu lernen.

Ich segne die Soldaten, die dem Wolf das Leben genommen haben, damit sie sich selbst im Leben nehmen kennen lernen konnten.

Ich segne den Wolf, dessen Liebe dazu ausreichte, sein Leben zu geben, damit er sich selbst im Leben geben kennen lernen konnte.

Ich segne mich selbst als Zeugen oder Zeugin dieser Tat, auf dass ich mich selbst im Bezeugen kennen lerne.

Die Formulierung variiert manchmal, doch es läuft immer auf das Gleiche hinaus. Schon kurz nach dem Beginn der Segnungen schnieft und hustet es bei den Seminarteilnehmern, die Körperhaltungen verändern sich, die Augen werden feucht. Bald darauf fließen die Tränen, bei Anwältinnen und Ingenieuren, bei Medizinerinnen und Vollzugsbeamten gleichermaßen. Jede Person empfindet es auf ihre Weise, und doch spüren sie alle die Vertrautheit des Friedens, der sich mit der Lösung einstellt, die Erleichterung einer anderen Haltung. Kurz gesagt hatte jede Person auf ihre Art

- anerkannt, was auch immer sie gedacht, gefühlt oder welche Emotion sie gehabt hat, woher das kam und warum sie das empfunden hat;
- die Möglichkeit zugelassen, dass ihre Empfindungen, welche auch immer, ihr in der Vergangenheit gut gedient haben, indem sie zu diesem Punkt führten, an dem sie sich für einen Weg entscheiden kann, der ihr jetzt dienlicher ist;
- die fünf Gleichungen des Codes des Mitgefühls gelöst. Das hat ihre Körperchemie gestärkt und erlaubt ihr, mit den jeweiligen Emotionen umzugehen;

- die Gabe des Segnens in ihr Leben eingeladen, indem sie die göttliche Natur der Gaben des Lebens anerkannte, ohne das Ereignis gutzuheißen.

Plötzlich und für manche ganz unerwartet wird der Raum leicht und »licht«, erfüllt von einer allgemeinen Freude, die nur durch die Weisheit persönlichen Friedens entsteht. Manche schauen einander in die tränenfeuchten Augen und fangen an, vor Freude über das zu lachen, woran sie sich gerade erinnert haben. Die Entscheidung für eine höhere Emotion bewirkt eine Veränderung in der Körperchemie, die das Gefühl der Erleichterung hervorruft. Es ist die Entscheidung jedes Einzelnen, die ihm innewohnende Kraft zum »Werden« zu verwenden statt zum »Tun«, sich an seine wahrste Natur zu erinnern. Dies ist das Mitgefühl als alte Gabe des Segnens, der *Zweite Weg.*

Vier

»Bringe allen Dingen Liebe entgegen,
Pflanzen, Steinen und Bergen;
denn der GEIST ist eins,
wenn der Katschinas viele sind.«

MEDITATION MIT DEN HOPI[1]

Die vergessene Verbindung

Resonanz und unser Siebter Sinn

Seit Jahrtausenden fordern die Naturvölker unserer Welt uns auf, unser Zuhause zu lieben. Ihre Lieder, Zeremonien und Gebete erinnern uns an die Beziehung zu unserer Erdenheimat. Unsere Ahnen hatten bestimmte Tage, die nur der Feier ihrer heiligen Beziehung mit der Erde dienten. Sie wussten, dass ihre Körper, ihr Leben und alles, was sie in ihrer Welt wahrnahmen, innig miteinander verbunden war. Diese Verbindung wurde durch Kräfte gehalten, deren Beschreibung von der Schönheit der Engel bis zu Heerscharen geheimnisvoller, unsichtbarer Geistwesen reichte. Die Heiligkeit der Erde und unserer Beziehung zu ihr wurde auf vielfältigste Weise geehrt, von stillen, häuslichen Gebräuchen bis hin zu ausführlichen Zeremonien mit Hunderten von Teilnehmern, zur Erinnerung an ein Prinzip, das den Kulturen und dem Leben unserer Ahnen vor Jahrtausenden eingepflanzt worden war.

Dieses Prinzip besagt ganz einfach, dass wir alle ausnahmslos als Teil all dessen, was wir als unsere Welt betrachten, inniglich damit verwoben sind.

Durch unsichtbare »Fäden« sind wir Teil jeder einzelnen Ausdrucksform des Lebens. Alle Steine, jeder Baum und Berg, jeder Strom und jedes Meer ist ein Teil von jedem von uns. Und vielleicht das Wichtigste ist: Du und ich werden daran erinnert, dass wir ein Teil voneinander sind.

Vor ungefähr zweieinhalbtausend Jahren lehrten die alten Essener etwas ganz Ähnliches. Sie sahen unsere Körper als eigenständige, lebendige Wesen gegenüber dem Bewusstsein, das unseren Körpern innewohnt. Aus dieser Perspektive ist das, was du als deinen Körper wahrnimmst, das Ergebnis einer heiligen Vereinigung der Kräfte, aus denen diese Welt besteht. Durch ihre willentlich vollzogene »Heilige Hochzeit« ermöglichen die Engel unseres himmlischen Vaters und unserer Erdenmutter dir und mir das Leben in dieser Welt.

»Ich sage euch in Wahrheit, der Mensch ist der Sohn der Erdenmutter, und von ihr erhielt der Menschensohn seinen Körper, so wie auch der Körper des neugeborenen Kindes aus dem Schoße seiner Mutter geboren wird. Wahrlich, ich sage euch, ihr seid eins mit der Erdenmutter; sie ist in euch und ihr seid in ihr.«

Das Evangelium der Essener[2]

»Denn der Geist des Menschensohnes wurde aus dem Geist des Himmlischen Vaters erschaffen, und sein Körper aus dem Körper der Erdenmutter … es sind sieben Engel der Erdenmutter… der Engel der Sonne… der Engel des Wassers … der Engel der Luft … der Engel der Erde … der Engel des Lebens … der Engel der Freude … der Engel unserer Erdenmutter, die ihre Engel aussendet …«

Das Evangelium der Essener[3]

Aus moderner Sicht sind diese Engel die elektrischen und magnetischen Kräfte der maskulinen und femininen Energie, die sich als »langsames Licht« in Mustern durch unsere Wahrnehmung hindurch bewegen. Die Engel dieser Welt lieben uns so sehr, dass sie sich uns bereitwillig angeboten haben, um ihres Versprechens der Einheit willen, solange unser Wille diese

Schwingung erhält. Wir leben mit dem Privileg, die Lebensform unseres Körpers bewohnen zu dürfen, mit dem wir unsere Erfahrungen symbiotisch teilen, bis die Vereinbarung erfüllt oder entehrt worden ist.

Dein Körper kann nur als Kombination genau derselben Elemente existieren, die auch die Welt ausmachen, in der du deinen Körper erfährst. In dem Prozess, den wir Leben nennen, dient dir das Bewusstsein dessen, wofür du dich hältst, als Schablone für deine Hülle, die aus den gleichen Materialien besteht, wie die Welt um dich herum. Die Weisheit des heiligen Kreises zeigt, dass die Verbindung und das Geheimnis noch tiefer liegen. Einfach ausgedrückt, erinnert sie uns daran, dass unser Körper unser Spiegel ist, der die Qualität unserer Gedanken, Gefühle und Emotionen reflektiert.

Tränen der Erde

Meine Kindheit und Jugend im mittleren Westen der fünfziger und sechziger Jahre versorgte mich mit unmittelbaren Eindrücken von der Art und Weise, wie Freunde und Nachbarn mit ihrer Erdenheimat umgingen.

Ich weiß noch, wie wir im Fernsehen während des Kalten Krieges oft schreckliche Bilder sahen, die mich stunden- und tagelang verfolgten. Viele dieser Szenen zeigten Atomexplosionen, deren Heftigkeit auch in Schwarzweiß sehr deutlich wurde. Holzgebäude flogen auseinander, die Druckwelle entleerte die Landschaft und alles, was sich unglücklicherweise innerhalb der kritischen Distanz befand, verdampfte in der glühenden Hitze. Wenn ich mir die möglichen Konsequenzen dieser in den Tagen des Kalten Krieges sehr realen Bedrohung klar machte, fragte ich mich:

Wie können sie nur?

Wie können die der Erde das antun?

Es gibt eine wenig bekannte Verbindung zwischen den Atomversuchen der Nachkriegszeit und dem damaligen Wetter. Wissenschaftler haben beobachtet, dass in Folge einer Atomexplosion oft heftige Gewitterstürme in die entsprechende Gegend wandern. Ich erinnere mich an den körperlichen Schmerz und die Übelkeit, die mir die Bilder der aufsteigenden, pilzförmigen Explosionswolke bereiteten. Als ich dann von den nachfolgenden Regengüssen hörte, sagte die vertraute innere Stimme einfach: *Regen, Tränen der Erde.*

Ich denke oft daran.

Ich erinnere mich auch an lange Autofahrten mit meiner Familie auf dem neuen Autobahnnetz im nördlichen Missouri. Die ursprünglich für Militärtransporte gebauten Schnellstraßen wurden bald zu einer eigenen Industrie mit Werkstätten, Motels und einer ganz neuen Art von Restaurants, dem Fast Food »Drive in«. Die ganze Familie konnte die Speisekarte studieren, das Essen bestellen, bezahlen und innerhalb von Minuten wieder auf der Straße sein, ohne den Wagen zu verlassen.

Ich weiß noch, wie ich während der Fahrt durch das Rückfenster schaute und überall der Müll auf dem Mittelstreifen und den Böschungen lag. Da lag alles, was man sich vorstellen konnte, Autowracks, Waschmaschinen, Bauschutt, alte Reifen, Flaschen und natürlich Verpackungen. Ganze Wagenladungen von Menschen aßen ihre Mahlzeiten aus Tüten, Schachteln und Folien mit Plastikbechern, Strohhalmen, Servietten und entledigten sich dessen auf die ihrer Meinung nach logischste Art, nämlich aus dem Fenster. Was haben wir uns dabei nur gedacht?

Es gab in diesem Land einen unausgesprochenen Glauben, dass die Erde so groß sei, dass sie all den Müll aufnehmen könne, dass durch irgendeinen noch unbekannten Zerfallsprozess alles wundersamerweise wieder »in Ordnung« käme. Dieser Glaube bezog sich nicht nur auf das Land, sondern auch auf die Meere. Jahrzehntelang wurde Industrie- und Hausmüll aller Art ins Meer als der größten und billigsten Deponie jener Zeit entsorgt.

Ungeachtet der Warnungen von Wissenschaftlern und Umweltschützern ging es so weiter, bis in den späten Siebzigern das Undenkbare geschah. Eines Tages begann der Müll an beliebten amerikanischen Badestränden wieder aufzutauchen, und zwar nicht nur gewöhnliche Abfälle. Krankenhausmüll, giftige Laborabfälle, Injektionsnadeln, Operationsbestecke und Tüten mit entsorgten Organen und Geweben überschwemmten plötzlich große Teile der Küste im Nordosten der USA. Seitdem sind hier Maßnahmen zur ordentlichen Müllentsorgung getroffen worden. Doch was geschieht in anderen Ländern?

Wenn ich mit meinen Gruppen nach Peru reise, fliegen wir meist nach Lima und verbringen mindestens eine Nacht in einem der besseren Viertel dieser riesigen Stadt, im Miraflores District, wo die eleganten Haziendas und weitläufigen Anwesen der peruanischen Elite bis nah ans Meer reichen. Zum Erstaunen unserer Teilnehmer ist der Himmel früh am Morgen und kurz vor Sonnenuntergang mit Hunderten von Seemöwen erfüllt, die über der Küste kreisen, weil dort eine Schlange von Müllfahrzeugen nach und nach ihre Last über die hohen Klippen ins Meer werfen. Der Müll der ganzen Stadt wird unverarbeitet und unsortiert ins Meer gekippt! Anscheinend wird dieses Vorgehen geduldet, weil es für den Abfall der sechseinhalb Millionen Einwohner sonst keinen Platz gibt. Für unsere Teilnehmer ist es oft nicht leicht, dies zu sehen und den Lernprozess unserer Nachbarn nicht zu bewerten, den wir selbst doch erst vor fünfundzwanzig Jahren durchlebt haben.

Ich will damit zeigen, dass es uns überall, aus den unterschiedlichsten Gründen, an Respekt gemangelt hat für die Bedeutung unseres Planeten für unser Leben und unser Überleben. Ich verweise darauf nicht, um diesen Mangel an Respekt zu bewerten und darüber zu urteilen. Diese rücksichtslose Art der Entsorgung war Teil unseres Weges, unseres *Ersten Weges*, der uns gut gedient hat. Jeder Weg hat seine Konsequenzen. Durch die »Wiederkehr« unseres Mülls haben wir gelernt, einen anderen Weg zu gehen, der unsere Heimat mehr ehrt. Alle zusammen, als menschliche Rasse erinnern wir uns wieder an die Weisheit der alten und vergessenen Völker der Erde. Wieder und wieder haben sie uns ermahnt, unsere Heimat zu lieben, unsere Erde zu lieben, dann würde unsere Erde auch für uns sorgen.

Warum erinnern wir uns jetzt daran? Warum entsteht jetzt ein Bedürfnis in uns, für die Erde zu sorgen, ihr Gutes zu tun, sie zu schützen?

Unser Siebter Sinn

Die meisten Menschen sind davon überzeugt oder vermuten zumindest, dass unser Planet in unserem Leben eine Rolle spielt. Diese Rolle war in der Vergangenheit sehr unklar. Welchen Einfluss hat die Erde auf unser Leben? Dies ist eines der ältesten Geheimnisse unserer Welt und sein Verständnis ermöglicht dir nicht nur, Teil deiner Welt zu sein, sondern auch auf ihre erwünschte Qualität Einfluss zu nehmen.

In der Erinnerung an deine Beziehung zur Erde liegt auch die Erinnerung an eines der großen Geheimnisse unserer weisen Vorfahren. Es ist das Geheimnis des heiligen Kreislaufs.

Die modernen Naturwissenschaften haben uns gelehrt, dass das Gehirn unser höchstes Organ ist, dass es die Funktion und Leistung jeder Zelle unseres Körpers steuert, indem es Informationen in Form winziger elektrischer Impulse durch die biologischen Kreisläufe der Nervenfasern an unsere Muskeln und Drüsen sendet. Durch seine Signale kontrolliert das Gehirn die Regenerationsfähigkeit der Zellen, ihre Alterung und ihren Zerfall, die Sekretion von Hormonen und Chemikalien, sogar das Immunsystem. Dieses Konzept ist heutzutage die Grundlage der meisten Modelle für unsere körperliche und geistige Gesundheit.

Auch wenn diese Funktionen des Gehirns noch so gut bewiesen wurden, weisen alte Texte doch darauf hin, dass dieses Modell vielleicht unvollständig ist. Bis vor kurzem hat die Funktion des Gehirns den Wissenschaftlern vor allem ein Rätsel aufgegeben:

Wenn man davon ausgeht, dass das Gehirn die Körpersysteme durch rhythmische Impulse steuert, woher hat dann das Gehirn seine Informationen?

Neueste Untersuchungen liefern den digitalen Beweis für das, was die Naturvölker weltweit seit Jahrtausenden wissen. Unser Gehirn hängt unmittelbar mit einem anderen lebenswichtigen Organ zusammen: *Unser Gehirn ist auf unser Herz eingestimmt.* Andere Untersuchungen mögen auf andere Zusammenhänge hinweisen. Wir beziehen uns hier auf eine nicht körperliche, jedoch digital gemessene Verbindung. Sie kann als ein harmonisierender Kreislauf betrachtet werden, eine resonante Schwingung von Herz und Hirn, die die pulsierende neurale Verbindung erzeugt, welche unser Hirn mit Informationsfeldern tränkt.

Unser Herz ermöglicht es unserem Gehirn, optimal zu funktionieren, indem es Referenzsignale erzeugt. Wir bezeichnen das als »Umladung«. In unserem Konzept des heiligen Kreislaufs können wir sagen, dass die Schwingung des Herzens auf unser Gehirn umgeladen wird und die Schwingung des Gehirns wiederum auf die Zellen. Ich möchte betonen, dass die Referenzsignale lediglich die *Möglichkeit* einer Umladung sind. In unserem Erde-Herz-Kreislauf spielen persönliche Entscheidungen bezüglich Lebensart, Glauben und Überzeugungen eine wesentliche Rolle.

Und die Wissenschaftler stellen natürlich sofort die Anschlussfrage: Wenn das Herz auf das Gehirn »umlädt«, und unser Gehirn auf jede unserer Körperzellen, woher erhält das Herz dann seine Signale? Auf was genau ist unser Herz eingestimmt?

Die Lehren der Ältesten dieses Planeten geben uns dazu feinsinnige Hinweise. Seit unzähligen Generationen bitten sie uns, unsere Welt zu lieben. Sie sagen, dass, wer dies tut, wer darüber hinaus die Veränderungen seines Lebens würdevoll zulässt, ein langes, gesundes und erfülltes Leben haben kann. Die Erde zu lieben bedeutet nicht unbedingt eine Aufforderung zu Ritualen und Zeremonien der Anbetung, auch wenn es Menschen gibt, die ihrer Liebe diese Form geben wollen. Vielmehr bitten sie uns, flehen uns geradezu an, diese Welt, die unser Leben ermöglicht, zu ehren, in direkter Anerkennung dieses heiligen Kreislaufs. Hinter diesem Drängen aus uralter Zeit scheint mehr Weisheit zu stecken, als wir auf den ersten Blick vermuteten.

Die Ähnlichkeit der niedrigen Frequenzen, auf die das Herz reagiert, mit den seit etwa einhundert Jahren bekannten harmonischen Frequenzen der Erdresonanz, die sich historisch im Bereich um 7,83 Zyklen pro Sekunde beziehungsweise 7,83 Hertz bewegen, erregte die Aufmerksamkeit der Wissenschaftler. Es schien möglicherweise eine resonante Verbindung zwischen dem Grundpuls der Erde, dem Magnetfeld der Erde und den Signalen einer optimalen Herzfunktion zu geben. Der Wissenschaftler Dan Winter hat dazu 1992 eine Veröffentlichung unter dem Titel »Untersuchungen über den Einfluss der Herzkohärenz auf die DNA und die Immunfunktion«[4] herausgegeben, die auf frühen Untersuchungen des *HeartMath*

Instituts in Nordkalifornien beruhte. Dabei zeichneten Elektroden an Versuchspersonen und in der Erde den elektromagnetischen Puls, den Schwingungswiderhall von Veränderungen im Mensch-Erde-System auf. In der Abfolge der elektromagnetischen Rhythmen sowohl der Erde wie auch der Menschen wurde auf den Monitoren ein erstaunliches Muster deutlich. Es zeigte sich eine direkte Korrelation zwischen den Ausschlagsspitzen und Abflachungen des menschlichen Herzens und denen der Erde an jenem Ort zu jener Zeit.

In einer zweiten Veröffentlichung mit dem Titel »Kann das menschliche Herz direkt die Kohärenz des Magnetfeldes der Erde beeinflussen?« bezieht sich Dan Winter auf die EKG-Messungen des menschlichen Herzens und der ELF* Resonanz der Erde, die im *HeartMath Institut* durchgeführt wurden.

»Unsere Daten zeigen deutlich, dass das Erdgitternetz mit dem menschlichen Herz besonders im Bereich der niedrigsten Frequenzen und längsten Wellen in Phasenübereinstimmung geht.«[5] Im Austausch der elektrischen Informationen zwischen der Erde und dem Herzen der Versuchsperson entstand als Folge der Resonanz eine »Umladung«, die dem Ausmaß der Harmonie zwischen der Person und der Erde entsprach. Diese Ergebnisse sind eine beeindruckende Bestätigung der Botschaften jener uralten Schriften, die uns an unsere Beziehung zur Erde erinnert haben. Der heilige Kreislauf war jetzt zum ersten Mal genau identifiziert und digital aufgezeichnet. Die Messungen ergaben, dass das menschliche Herz nicht nur auf dieses Signal der Erde »gestimmt« ist, die Erde scheint sogar auf Veränderungen des menschlichen Herzens zu reagieren! Jetzt beginnt sich eine aufregende Perspektive unserer Beziehung zur Erde abzuzeichnen. Über unsere körperliche Lebensform

* extrem niedrigfrequente Wellen

hinaus haben wir das direkte Wissen einer resonanten Verbindung, eine Beziehung, die auf unserer Fähigkeit basiert, uns auf unser naheliegendstes Bezugssignal einzustimmen, auf die Erde.

Unser Herz, dieser mehrschichtige, flüssige Kristallresonator, wird zu unserem führenden Organ, das seine Resonanz verändert, um sich derjenigen der Erde anzupassen. Unser Gehirn, der sekundäre Resonator, ist in harmonischer Resonanz mit dem Referenzsignal, welches das Herz ihm anbietet, unabhängig von der Qualität oder Vollständigkeit des Signals. Als Steuerungsorgan der anderen Organ- und Stoffwechselfunktionen verbreitet unser Gehirn diese heilige Schwingung dann in allen Körpersystemen. Das wirft ein neues Licht auf den alten Ausdruck vom »Lied der Erde« und dem Wohlbefinden, das durch das »Lernen« dieses Liedes erlangt werden kann.

Und als seien diese Korrelationen nicht schon spannend genug, kommt noch eine weitere Komponente hinzu. Bei der Betrachtung der Kurvenaufzeichnungen fanden die Forscher deutliche Perioden größerer und geringerer Resonanz. Wenn die Versuchsperson sich »in Harmonie« mit der Erde fühlte, dann entsprach der Ausschlag der Herzkurve genau dem der Erdkurve. Wenn sich die Person jedoch von diesem harmonischen Gefühl entfernte, dann entfernten sich die Ausschlagsspitzen zunehmend voneinander und es gab keine Übereinstimmung mehr.

Die Teilnehmer entdeckten, dass sie die Korrelation verändern konnten, einfach indem sie ihre Gefühle veränderten. Durch ein Gefühl konnten sie die »Umladung« zwischen ihren Herzen und der Erde verstärken oder mindern.

Wäre es möglich, dass wir einfach durch Veränderung unseres Fühlens, unsere Harmonie mit dem resonanten Kreislauf der Schöpfung nicht nur beeinflussen, sondern sogar bestimmen? Dieser Kreislauf ist verantwortlich für das Signal, das jede Zelle im Körper versorgt, für ihre Vitalität und ihr Wohlbefinden. Könnte ein Gefühl die Qualität dieses Signals bestimmen?

Möglicherweise ja. Zum ersten Mal gibt es eine messbare Bestätigung für das, was die eingeborenen Völker uns seit Urzeiten über die Beziehung zwischen unseren Herzen, unserer Erde und unseren Körpern erzählen. Die Wahrnehmung dieses Signals wird jetzt zu unserem *Siebten Sinn*, mit dem wir merken, ob wir uns gerade in Übereinstimmung mit der Erde befinden oder nicht, und mit dessen Hilfe wir unterscheiden können, welche Ereignisse des Lebens in diesem Sinne erwünscht und welche unerwünscht sind.

Die größte Harmonie zwischen der Erde und den Testpersonen entstand in Momenten sympathischer Schwingungsresonanz, nämlich während eines Gefühls, das wir »Liebe« nennen. Wenn sie sich jedoch, um des Versuchs willen, in einen negativen oder disharmonischen Gefühlszustand versetzten, zum Beispiel des Hasses oder der Angst, entfernten sich die Phasen voneinander, war die Übereinstimmung mit der Erde geringer. Warum?

Weil in einem Zustand der Angst oder einem von ihr abgeleiteten Gefühl unser heiliger Kreislauf unvollständig ist.

Liebe, Angst, Schmerz und vorsätzliche Emotion

Könnte die Art und Qualität unseres Fühlens sowie das Ausmaß, in welchem wir Emotion zulassen, einen Einfluss auf die Qualität der »Information« haben, die in unserer Erde-Herz-Hirn-Verbindung kursiert? Viele würden diese Frage intuitiv bejahen und sagen, dass es sich einfach richtig anfühlt, auch ohne eine digitale Bestätigung, dass es da einfach eine Verbindung geben muss. Ich glaube, dass es in jedem von uns eine tiefe Erinnerung an diese innere Technologie, an diesen Seinszustand gibt.

Für alle diejenigen, die gerne Bestätigungen haben, gibt es jetzt neuere Untersuchungen, die diesen Glauben zum ersten Mal mit Kurven und Daten belegen. Die Forschungsergebnisse über die Beziehungen zwischen der menschlichen Emotion und dem menschlichen Herzen wurden kürzlich im *American Journal of Cardiology* unter dem Titel »Die Auswirkungen von Emotionen auf die kurzfristige Kraftspektrumsanalyse der Herzrhythmusvariabilität« bekannt gemacht. In der Zusammenfassung steht:

»Die Ergebnisse (der Untersuchung) weisen darauf hin, dass positive Emotionen zu Veränderungen in der Herzrhythmusvariabilität führen, was sowohl bei der Behandlung von Hypertonie hilfreich sein könnte als auch zur Reduzierung der Wahrscheinlichkeit von plötzlichem Herzversagen und Erkrankungen der Herzkranzgefäße.«[6]

Eine andere Veröffentlichung erschien im Januar 1996 im *Journal of Alternative Therapies* unter dem Titel »Kopf-Herz Umladung: Ein vorläufiger Überblick«. Der Bericht über die Rolle des »mentalen und emotionalen Selbstmanagements und der Herzfrequenzvariabilität« schließt mit folgenden Worten:

»Die Ergebnisse dieser Arbeit demonstrieren, dass wahrhaft empfundene Gefühle der Dankbarkeit und Anerkennung eine Verschiebung im Kraftspektrum hervorrufen, hin zu Mittel- und Hochfrequenzaktivitäten. Damit weisen sie gemeinsam mit anderen Untersuchungen darauf hin, dass, erstens die wesentlichen, biologische Oszillatoren enthaltenden Körperzentren als gekoppelte Oszillatoren wirken können, zweitens diese Oszillatoren durch mentale und emotionale Selbststeuerung zu einer synchronen Funktionsweise veranlasst werden können, und drittens die Auswirkungen einer derartigen Synchronizität mit deutlichen Veränderungen in der Wahrnehmung und der kardiovaskulären Funktion einhergehen.«[7]

Alles weist darauf hin, dass es einen Zusammenhang gibt, vielleicht sogar eine direkte Verbindung zwischen der Qualität unserer Emotion und der Qualität unserer Herzfunktion und unserem Umgang mit dem Leben. Ist es da erstaunlich, dass in unseren Beziehungen miteinander so viel Wert auf die Rolle des Herzens gelegt wird? Im Herzen spüren wir das Glück der Liebe und den Schmerz der Angst, die uns in unseren Beziehungen gespiegelt werden. Vor dem Hintergrund der dargestellten Informationen kann das Glück und der Schmerz jetzt als das resonante Signal unseres heiligen Kreislaufs betrachtet werden, der durch die flüssigen Kristallresonatoren unseres Herzens und Gehirns pulsiert und vom Gehirn dann zur Regulation der Körpersysteme weitergeleitet wird. Was unser gesunder Menschenverstand seit langem vermutete, ist jetzt wissenschaftlich bewiesen: Unsere Gefühle und Emotionen beeinflussen in der Tat die Qualität unseres Herzens, unserer Vitalität und unseres Lebens.

In diesem heiligen Kreislauf zwischen Erde, Herz, Gehirn und Zelle muss sich natürlich das ganze System an jede Veränderung, die es in irgendeinem seiner Bereiche erfährt, anpassen. Die Veränderungen der Erde sind wissenschaftlich bestätigt. Neue Frequenzen und neue magnetische Verhältnisse bewirken einen neuen Gesamtausdruck der vernetzten Energiesysteme der Erde.

WENN
die Erde sich verändert,
UND
jede Zelle jedes Menschen auf die Erde eingestimmt ist,
DANN
müssen wir uns in unserem Körper dieser Veränderung anpassen.

Wir müssen den heiligen Kreislauf leben. In den aufgeführten Untersuchungen tauchte ein interessantes Phänomen auf. In der gleichen Versuchsreihe schien der Grad der Übereinstimmung je nach Testperson verschieden. Könnte unser Fühlen das Ausmaß dieser Verbindung steuern? Dann müssten die Auswirkungen des Gefühls sich in den Körpersystemen spiegeln, die von dem heiligen Kreislauf reguliert werden. Im Sommer 1995 wurde im *Journal of Advancement in Medicine* unter dem Titel »Die physiologischen und psychologischen Auswirkungen von Mitgefühl und Ärger« eine Studie über das Speichel-Immunoglobulin A (S-IgA) veröffentlicht. Dies ist ein schleimgebundener Antikörper, dem eine Schlüsselrolle bei der Immunabwehr der oberen Atemwege, des Verdauungsapparats und der Harnwege zukommt. Es kann allgemein gesagt werden, dass »höhere Vorkommen von S-IgA mit geringerem Auftreten von Erkrankungen der oberen Atemwege einhergehen.« In der Zusammenfassung der Untersuchung wird der Schluss gezogen, dass »Verärgerung eine deutliche Zunahme von Störungen der allgemeinen Verfassung und der Pulsfrequenz hervorrief, jedoch keine Erhöhung des S-IgA-Niveaus. Positive Gefühle hingegen bewirkten eine deutliche Erhöhung des S-IgA-Niveaus. Wir verfolgten die Auswirkungen sechs Stunden lang und beobachteten, dass Verärgerung, im Gegensatz zu Zuwendung, noch eine bis fünf Stunden nach der emotionalen Erfahrung eine deutliche Hemmung des S-IgA bewirkt.«[8]

Weitere Untersuchungen haben die Bedeutung der Emotionen für Hypertonie, Herzversagen und Herzkranzgefäßerkrankungen unterstrichen. Wenn wir doch in Resonanz sind mit allem, was wir als unsere Welt wahrnehmen, warum sollten wir nicht erwarten, mit den Funktionen dieser Welt aufs Innigste verbunden zu sein? Folgende Fragen kamen mir in den Sinn:

- Wenn dieser Kreislauf uns so, wie die Ergebnisse andeuten, auf alles, was wir als unsere Welt wahrnehmen, »eintunt«, warum ist es dann von Person zu Person unterschiedlich?
- Warum haben wir nicht ständig die bestmögliche Verbindung mit unserer Welt?
- Aus welcher Quelle könnten die Interferenzen stammen, die eine vollständige Erde-Herz-Gehirn-Zell-Resonanz verhindern?

Die Antwort liegt in dem Gefühl, das wir Angst nennen. Angst ist zurzeit das einzige uns bekannte Interferenzmuster, das eine vollständige Erde-Herz-Gehirn-Zell-Resonanz zu verhindern vermag. Anders ausgedrückt ist es das Gefühl der Angst, welches dich trennt, von deiner Welt, von denen die du liebst, von einem guten Gefühl zu dir selbst, von der Schöpfung und letztendlich, von deinem Schöpfer.

Du kannst deinen Körper als einen Zielpunkt in Raum und Zeit betrachten, der die Verschmelzung vielfältiger Aspekte der Schöpfung in einem Ort ermöglicht. Die Hülle deines Körpers kann nur die Materialien der Welt enthalten, aus der sie geformt ist. In einer anderen Welt mit anderen Elementen wären auch die Bausteine deines Körpers andere. Du hast dein Bewusstsein geschickt mit der Schablone deines Körpers verschmolzen. In den Entwicklungsjahren deines Lebens hast du gelernt, diese Vereinigung deines Bewusstseins mit der Hülle deines Körpers mühelos zu manövrieren. Du existierst nicht ausschließlich zeitlich, auch wenn du die Welt der »Zeit« erfährst. Du existierst nicht ausschließlich räumlich, auch wenn du die Welt des »Raums« erfährst. Du erfährst die Welten der Materie und der Nicht-Materie gleichzeitig und lebst in beiden, ohne dass sie sich ausschließen.

Du bist der Resonator, der Treffpunkt für die Welten von Zeit, Raum, Materie und Nicht-Materie, und du bestimmst die

Qualität und die Dauer jeder dieser Komponenten, indem du geschickt die Proportionen von Zeit, Raum und Materie dirigierst, in die Form die du Leben nennst. Deine Werkzeuge dazu, die Kodierungen für die Verflechtung dieser mächtigen Schöpfungszustände, sind die subtilen Kräfte des Denkens, des Fühlens und der Emotionen. Durch diese Elemente unserer inneren Technologie definieren wir die Muster, die unser vergessenes Bindeglied zur Gesamtheit der Schöpfung entweder stärken oder mindern. Nun erinnern wir uns an unser vergessenes Bindeglied, unseren heiligen Kreislauf. In vielen Gruppen werden heutzutage unterschiedliche Vorstellungen und Definitionen von Gedächtnis, Gedanken, Gefühl und Emotion verwendet. Unser Verständnis dieser Kräfte spielt eine entscheidende Rolle beim Umgang mit dem heiligen Kreislauf.

Gedächtnis

Wenn wir die Natur unserer Erde aus einem neuen Verständnis heraus überdenken, dann müssen wir dem auch das Verständnis unserer eigenen Natur anpassen. Eines der ersten Konzepte, die es dabei zu überdenken gilt, ist das, was wir Gedächtnis nennen. Unsere klassische Wissenschaft betrachtet das Gedächtnis als ein biochemisches Phänomen, das im Gehirn seinen Ursprung hat. Grob vereinfacht sagen sie, dass es in unseren Gehirnzellen ein bioelektrisches Äquivalent für unsere Erfahrungen gibt.

Untersuchungen über gemeinsame Erinnerungen beschreiben jedoch eine kollektive Erfahrung, auf die auch schon in alten Texten hingewiesen wurde. Ihre Aussagen laufen darauf hinaus, dass die Erinnerung nicht in unserem Gehirn stattfindet! Die Erfahrungen unseres Lebens sind keine Kodierungen in unserem Gehirn. Es scheint vielmehr so, dass unser Gehirn ein Resonator ist, ein flüssiger Kristalloszillator, mit dessen Hilfe wir uns auf das Schwingungsäquivalent unserer Erfahrung einstimmen können, wo auch immer sie in der Schöpfung existiert.

Durch unsere Lebenserfahrungen erschaffen wir neue Pfade, neue neurale Resonanzkreisläufe, deren Schwingung dich mit dem »Ort«, wo deine Erfahrung gespeichert ist, verbindet. So ist dein Gedächtnis das Schwingungsäquivalent der Erfahrung, die du erinnerst. Die Filter, durch welche du deine Erfahrung betrachtest, bestimmen, wie dir die Erinnerung erscheint. Wenn eine andere Person sich mit derselben Schwingung verbindet, nimmt sie etwas anderes wahr, weil auch sie es durch die einzigartigen Filter ihrer persönlichen Erfahrungen interpretiert. Du könntest dir diesen »Ort« der Erinnerungen als deine spezielle Nische in der stehenden Welle unserer kollektiven Erinnerung vorstellen. Diese magnetische Vielfalt unserer menschlichen Erinnerung wird oft die »Akasha Chronik« genannt.

Unsere Gehirnfunktion lässt sich mit den Bücherregalen einer Bibliothek vergleichen. Die Regale entsprechen den ursprünglichen Wellenmustern, die unserem Bewusstsein zugrunde liegen. Unsere individuellen Erfahrungen finden auf diesen Regalen ihren Platz, wobei die Art der Erfahrung das Regal bestimmt. Unsere neuralen Kodierungen erschaffen Schwingungspfade, die dich zum Aufbewahrungsort deiner Erfahrung führen. Dein Gedächtnis wäre demnach das Einstimmen deiner neuralen Pfade auf das Schwingungsäquivalent einer vergangenen Erfahrung.

In einem wissenschaftlichen Artikel über die Eigenschaften von Hirngewebe bei außerordentlichem Gedächtnis las ich von Untersuchungen, die an dem Gehirn von Albert Einstein nach seinem Tode durchgeführt wurden. Jahrelang wurden Gewebsproben von verschiedenen Gruppen untersucht, in der Hoffnung, einen Hinweis auf irgendeine Anormalität zu finden, die Dr. Einstein seine besondere Weltsicht ermöglichte.

Sie fanden jedoch nichts, was seinem Gehirn eine optimalere Funktion ermöglicht hätte als anderen. Das passt genau zu unserem neuen Modell, dass das Gehirn lediglich der Resonator ist, der über Schwingungen einen Zugang zu den Informationen unseres Lebens findet und kein riesiges Informationslager.

Gedanken

Gedanken sind das Steuerungssystem, das der Energie deiner Aufmerksamkeit Richtung gibt. In ihrer reinen Form könnten Gedanken als ein Potenzial betrachtet werden, das sich mangels Antrieb nicht verwirklichen kann. Wissenschaftlich wird dies als eine skalare Menge bezeichnet. Gedanken ohne die Kraft der Emotionen könnten daher als Modell oder Simulation einer noch nicht eingetretenen Erfahrung gelten. Dieses Verständnis von Gedanken ist eng assoziiert mit Phantasie und Vorstellungsvermögen.

Emotion

Emotion ist die Kraft, mit der du deine Gedanken anfeuerst, um sie zu verwirklichen. Für sich allein genommen können Emotionen als ein Potenzial betrachtet werden, eine skalare Menge, ohne die zu ihrer Realisierung notwendige Energie. Erst in Kombination mit richtungsweisenden Gedanken wird daraus eine reale, energetische Vektorform. In der kristallinen Form deines Körpers nimmst du Emotion als eine fließende, gerichtete oder gestaute Empfindung wahr. Das kann spontan oder willentlich geschehen. In enger Verwandtschaft mit der Kraft des Verlangens liefert die Emotion auch den »Willen«, der etwas geschehen lässt.

Gefühl

Du erfährst Mitgefühl, Liebe oder Hass als ein Gefühl. Wir betrachten ein Gefühl als die Vereinigung von Gedanken und Emotion, die »reale« Vektormenge, die aus der Vereinigung von potenziellen Skalarmengen entsteht. Das Gefühl entsteht aus der Empfindung einer Emotion, die von deinen Gedanken über die momentane Erfahrung gesteuert wird. Der zentrale Punkt für dieses Geschehen liegt in dem flüssigen Kristallresonator deines Herzmuskels. Unsere Körper sprechen so gut auf Liebe und Mitgefühl an, weil bei diesen Gefühlen unser Herz am optimalsten auf die Erde eingestimmt ist und sich der Kreislauf dann voll entfalten kann.

Das mögen sehr vereinfachte Erklärungen sein, doch sie machen deutlich, weshalb wir Angst oder Schmerz nicht »wegdenken« können. Gedanken geben unserer Aufmerksamkeit Richtung, Emotionen geben ihr Treibstoff, entsprechend dem alten Grundsatz: Energie folgt der Aufmerksamkeit.

Wenn du versuchst, etwas Unangenehmes *wegzudenken*, dann richtest du eine Menge Energie durch die Kraft deiner Gedanken genau auf das, was du zu vermeiden suchst. Das *Nichtwollen* erschafft eine starke Ladung. Diese Ladung sorgt dafür, dass du genau die gleiche Ladung irgendwann in deinem Leben erfährst, zum Ausgleich. Statt deine Aufmerksamkeit auf das zu lenken, was du in deinem Leben nicht willst, kannst in einer höheren Art der Entscheidung herausfinden, für was du dich in deinem Leben entscheidest.

Der Moment, in dem du diese Möglichkeit erkennst, ist der Moment deiner Entscheidung für Mitgefühl. Wie schon alte Schriften bezeugen, ist Mitgefühl dein Schwingungscode für ein Leben ohne Angst, und für Erfahrungen ohne Schmerz oder positiv ausgedrückt, für ein Leben voller Vertrauen und

Freude. Wie bereits weiter vorne dargestellt, besteht Mitgefühl aus Gedanken ohne Anhaftung an das Ergebnis, Gefühl ohne die Verzerrungen durch vergangene Erfahrungen und Emotionen ohne Ladung.

Um frei von Angst und Schmerz zu leben, musst du die Möglichkeit ihrer Existenz zulassen. Dieses Zulassen neutralisiert die Ladung. Dies ist ein sehr subtiler verhaltenschemischer Code, der wie gesagt, keinesfalls bedeutet, dass du das Zugelassene wünschst oder gutheißt, weder für dich selbst, noch für andere. Im Zulassen bestätigst du lediglich eine Existenz und eine Rolle im allgemeinen Kontext des Lebens, nicht mehr und nicht weniger.

Die Kontrolle, der Widerstand und die Verdrängung von Angst, Schmerz, Wut und Zorn erschafft eine starke Ladung, die deine Aufmerksamkeit auf sich zieht. Verstehst du jetzt, wie im Nichtwollen deine Aufmerksamkeit (Gedanken) und deine Energie (Emotion) dahin gelenkt werden, genau das zu erschaffen, wofür du dich am wenigsten entscheiden würdest?

Ein kurzes Beispiel soll das näher erläutern. In den vergangenen Jahren bin ich einigen Leuten begegnet, die sich aktiv und professionell um Methoden der Friedensförderung in der Welt bemühen, eine fraglos große, bedeutende Aufgabe. In ihren Untersuchungen entwickelten sie jedoch eine Aversion gegen alles, was nicht ihrem Verständnis von Frieden entspricht. Sie »wollen«, dass die Waffen verschwinden, dass ihre Produktion eingestellt wird. An den Wänden ihrer Büros hängen Darstellungen der fürchterlichen Auswirkungen von Waffeneinsätzen, Unterdrückung und Folter, all der Dinge, gegen die sie sich einsetzen. Sie befassen sich mit Artikeln, Zeitungsausschnitten und Berichten über Menschenrechtsverletzungen, gewaltfördernde Filme und Sportarten, häusliche Gewalt und Missbrauch von Mensch und Tier. Sie brauchen nicht lange nach Beispielen für Unfrieden zu suchen, es gibt genug Gelegenheiten, das Leben aus einer friedlosen Perspektive zu betrachten, wir alle sehen das. Von lebensverändernder Bedeutung ist jedoch, mit welchen Gefühlen wir es wahrnehmen.

Reagieren wir mit Ärger, Zorn oder Angst, so projizieren wir eine enorme Ladung auf dieses Ereignis. Durch die Augen des Zorns sehen die »Experten« überall um sich herum Wut und Zorn. Weil es für sie so geladen ist, identifizieren sie sich damit, und während sie sich damit abmühen, einer Welt der Polaritäten und Extreme ihre Vorstellungen von Frieden und Gleichgewicht aufzudrängen, wird ihr Leben immer freudloser. Diese Menschen sehen die Entwicklung der weltweiten Ereignisse durch die Augen ihres Strebens nach Frieden im Sinne von: Wie können wir die davon *abhalten*, … zu tun? Oder: Wie können wir … *verhindern*?

Aus entsprechenden Untersuchungen wissen wir, dass es im Privatleben dieser Friedensforscher häufig Aggression, Disharmonie und Missbrauch gibt. Warum? In bester Absicht projizieren diese Menschen so viel Aufmerksamkeit auf das Nichtwollen von Gewalt, Wut und Ungleichgewicht, dass sie diese Erfahrungen sehr stark aufladen. Die Ladung sorgt dafür, dass sie etwas Entsprechendes in ihren Leben erfahren werden. Du kannst alle möglichen Ereignisse um dich herum sehen, deine Erfahrung wird jedoch hauptsächlich von dem bestimmt, womit du dich identifizierst.

Es besteht ein großer energetischer Unterschied dazwischen, etwas Zuzulassen oder zu bestimmen, dass etwas nicht geschehen soll. Im Zulassen verschiebt sich die Aufmerksamkeit. Wir könnten unseren Fokus auf das lenken, was wir in unserem Leben wählen möchten, anstatt uns mit dem zu identifizieren, was wir nicht wollen. Wir könnten unsere Aufmerksamkeit auf die Unterstützung der Zusammenarbeit von Gruppen und Gemeinden lenken, oder Familien dabei helfen, mit ihren Gefühlen und Emotionen umzugehen. Diese Verschiebung der Wahrnehmung erlaubt die Möglichkeit von Gewalt und Missbrauch als einem Extrem einer polarisierten Realität. Gedanken der Gewalt und des Zorns haben jedoch wenig Raum, wenn die Aufmerksamkeit auf Frieden, Verständigung und Unterstützung konzentriert ist. Sie sind zugelassen, aber sie haben keine Kraft.

Die Art unserer Gedanken und unserer Emotionen bestimmt die Art unseres Gefühls. Es ist nicht verwunderlich, dass wir in unseren Herzen fühlen, da diese heilige Resonanzkammer der Ort ist, an dem sich unsere Gedanken und unsere Emotionen vereinen, und wo unsere Körper in Resonanz mit der Erde treten. Aus dieser Perspektive betrachtet, ist die Angst – ohne sie als gut oder schlecht zu bewerten – einfach eine Qualität von Gedanke und Emotion, die unsere Beziehung zur Schöpfung mindert.

Das Verständnis des heiligen Kreislaufs bietet uns jetzt die Sprache und den Kontext, um Angst aus einer neuen und bedeutungsvollen Perspektive zu sehen. Meiner Meinung nach ist die Erinnerung an diese Perspektive eine entscheidende Hilfe zum Verständnis unserer Rolle in unserer Welt zu dieser Zeit. Ich will diese Perspektive anhand eines der größten Mysterien der Naturwissenschaften darstellen.

Unsere »vergessenen« Kodierungen

Mitte der fünfziger Jahre erkannte James D. Watson die Sequenz molekularer Kodierungen, die die Existenz der uns bekannten auf Kohlenstoff basierenden Lebensformen ermöglicht. Wir bezeichnen Watsons Matrix der Möglichkeiten als genetischen Code. Es sind spezifische Kombinationen von

Kohlenstoff, Sauerstoff, Wasserstoff und Stickstoff, die die Grundbausteine biologischen Lebens bilden. Bereits kurz nach seiner Entdeckung wurde eine Merkwürdigkeit daran festgestellt, mit der sich die Forschung jetzt seit über vierzig Jahren beschäftigt. Warum sind nicht alle der vierundsechzig Kombinationsmöglichkeiten »in Kraft«, warum scheinen einige an- und andere ausgeschaltet zu sein?

Die Bedeutung einer variablen Matrix, die den Ausdruck unseres Lebens bestimmt, ist außerordentlich weitreichend. Warum, zum Beispiel, ist bei den meisten Tierarten der Code zur Synthetisierung von Vitamin C in Kraft, während unserer es nicht zu sein scheint? Wir teilen diese Eigenschaft mit Meerschweinchen, Affen und einigen Fledermausarten. Warum sind einzelne Individuen anfälliger für bestimmte Viren oder Krankheiten und andere widerstandsfähiger? Vielleicht liegt die Antwort auf diese und viele weitere Fragen in der Art unseres genetischen Codes, wenn wir ihn im Kontext mit Emotion und unserem heiligen Kreislauf betrachten.

In jeder Körperzelle gibt es etwas, was wir uns wie eine Mikroantenne vorstellen können, winzige molekulare Rezeptoren, die auf verschiedene Schwingungsarten eingestimmt sind. Die Struktur dieser Antennen erscheint als ziemlich lange, verdrehte Doppelhelix, Desoxyribonukleinsäuren, die wir als DNA kennen. Die physikalischen Eigenschaften jeder Antenne, zum Beispiel die Länge und der Winkel ihrer molekularen Bindungen, bestimmen ihre Fähigkeit, sich auf das Referenzsignal vom Gehirn einzustimmen beziehungsweise damit in Resonanz zu gehen.

Die Terminologie der Molekularbiologen bezeichnet diese Rezeptoren als Kohlehydrate, an die sich vier verschiedene Basen binden können, die mit den Symbolen »A«, »C«, »G«

und »U« beschrieben werden. Die Sequenz dieser Basen entlang der DNA-Moleküle bestimmt die Struktur der Aminosäuren, die für unser auf Kohlenstoff basierendes Leben essenziell sind (Tabelle 1).

In dieser Matrix finden wir das Geheimnis und möglicherweise auch die Erklärung der Beziehung zwischen der menschlichen Emotion und der DNA. Von den vierundsechzig Basenkombinationsmöglichkeiten unseres genetischen Codes scheinen nur zwanzig »angeschaltet« zu sein. Warum? Wenn jeder dieser Codes eine einzigartige Antenne ist, mit der wir eine einzigartige Schwingung empfangen können, warum haben wir dann in der Vergangenheit nur zwanzig davon aktiviert? In Tabelle 1, Spalte 1, 3. Reihe siehst du zum Beispiel, dass die Aminoantenne Leucin durch den Code UUA beschrieben wird. Dieser Code steht für eine einzigartige Kom-

	SP.1	**Amino**	**Sp.2**	**Amino**	**Sp.3**	**Amino**	**Sp.4**	**Amino**
U	UUU	PHE	UCU	SER	UAU	TYR	UGU	CYS
U	UUC	PHE	UCC	SER	UAC	TYR	UGC	CYS
U	**UUA**	**LEU**	UCA	SER	UAA	–	UGA	–
U	**UUG**	**LEU**	UCG	SER	UAG	–	UGG	TRP
C	**CUU**	**LEU**	CCU	PRO	CAU	HIS	CGU	ARG
C	**CUC**	**LEU**	CCC	PRO	CAC	HIS	CGC	ARG
C	**CUA**	**LEU**	CCA	PRO	CAA	GLN	CGA	ARG
C	**CUG**	**LEU**	CCG	PRO	CAG	GLN	CGG	ARG
A	AUU	ILE	ACU	THR	AAU	ASN	AGU	SER
A	AUC	ILE	ACC	THR	AAC	ASN	AGC	SER
A	AUA	ILE	ACA	THR	AAA	LYS	AGA	ARG
A	AUG	MET	ACG	THR	AAG	LYS	AGG	ARG
G	GUU	VAL	GCU	ALA	GAU	ASP	GGU	GLY
G	GUC	VAL	GCC	ALA	GAC	ASP	GGC	GLY
G	GUA	VAL	GCA	ALA	GAA	GLU	GGA	GLY
G	GUG	VAL	GCG	ALA	GAG	GLU	GGG	GLY

Tabelle 1: Matrix des menschlichen genetischen Codes[9]

bination der Elemente dieses Grundbausteins des Lebens. In der 4. Reihe steht ein anderer Code, UUG, für eine andere Kombination dieser Elemente, die jedoch genauso die Bildung von Leucin bewirken. Warum?

In Reihe 5-8 sehen wir ein ähnliches Phänomen. Jeder Code steht für einzigartige Kombinationen von Elementen, alle bilden jedoch den gleichen Stoff, Leucin.

Tabelle 2 zeigt einen anderen Blick auf diese Merkwürdigkeit. In der rechten Spalte steht eine Auflistung aller möglichen Kombinationen der aus Kohlenstoff (C), Sauerstoff (O), Wasserstoff (H) und Stickstoff (N) bestehenden Basen in Form ihrer

Aminosequenz	**Möglicher Code**					
PHE	UUU	UUC				
LEU	UUG,	CUU,	UUA,	CUC,	CUG,	CUA
SER	UCU,	UCC,	UCG	UCA,	AGU,	AGC
CYS	UGU,	UGC				
VAL	GUU	GUC,	GUC,	GUA		
TRP	UGG					
TYR	UAU,	UAC				
PRO	CCU,	CCC,	CCG,	CCA		
ALA	GCU,	GCC,	GCG,	GCA		
ARG	CGU,	CGC	CGG,	CGA,	AGG	
GLY	GGU,	GGC,	GGG	GGA		
ILE	AUU,	AUC,	AUA			
–	UGU	UAG	UAA			
MET	AUG					
HSI	CAU,	CAC				
ASP	GAU,	GAC				
THR	ACU,	ACC,	ACG,	ACA		
GLN	CAG,	CAA				
GLU	GAG, GAA					
ASN	AAU,	AAC				
LYS	AAG,	AAA				

Tabelle 2: Vergleichende Darstellung möglicher Kombinationen von C,H,O und N und der entsprechenden Aminosäure. Untersuchnung von Gregg Braden 1995.

Buchstabenkürzel. Auf der linken Seite stehen die Aminosäuren, die aus den rechts aufgeführten Kombinationen gebildet werden. In der zweiten Reihe steht das von uns betrachtete Leucin, dem sechs verschiedene Kombinationen aus C, S, H und N entsprechen.

Warum kodieren sechs der vierundsechzig verschiedenen Kombinationen die gleiche Aminosäure? Warum wirkt nicht jede der Kombinationen als eine einzigartige Aminoantenne? Wie wir sehen, wiederholt sich dieses Mysterium nochmals in der Matrix, welche unser genetisches Abbild definiert. Diese vielfältigen und einzigartigen Kombinationen von Elementen bewirken also weniger als einzigartige Stoffe.

Der Vollständigkeit halber sei angemerkt, dass drei der Codes nicht als Aminoantennen wirken. Sie bilden beim Ablesen der Sequenzen das Anfangs- und Endsignal, sodass also die Bedeutung von 41 Codes unseres Modells unklar bleibt. Manche Wissenschaftler sagen, es habe eine Generalisierung unserer Codes stattgefunden. Irgendwann in unserer fernen Vergangenheit haben diese Codes aus irgendwelchen Gründen ihre einzigartige Ausdrucksfähigkeit verloren.

Was bedeuten diese Codes für unser Leben? Wie sähe unser Leben aus, wenn uns die Informationen aller Codes zugänglich wären? Die Antwort auf diese Frage lüftet eines der größten Geheimnisse über unsere Bedeutung, unsere Rolle und Funktion in diesem Leben.

Wir wollen dieses Geheimnis im Kontext des heiligen Kreislaufs betrachten. Eine nähere Betrachtung der Struktur der Doppelhelix und der Anordnung der »Antennen« auf ihr gibt interessante Hinweise auf die Rolle der Emotion und ihren körperlichen Ausdruck. Wenn wir also jede Aminosäure als eine gestimmte, resonante, biologische Antenne betrachten, dann stellen sich zwei Fragen.

1. Wodurch wird die Position jeder Antenne entlang der Doppelhelix bestimmt?, und
2. Was bestimmt, ob eine Antenne an- oder abgeschaltet ist?

Neuere Untersuchungen von Dan Winter deuten auf eine direkte Beziehung der Emotion auf die Position und die Aktivität der Antennen hin. In einer Veröffentlichung von 1994 beschreibt Winter, dass möglicherweise die »lange Welle der Emotion die kurze Welle der DNA programmiert«[10]. In seinem Buch »Alphabet of the Heart« weist Dan Winter darauf hin, dass die resonante Lage der Welle einer Emotion auf der Doppelhelix bestimmend sei für die strukturelle Anordnung der aktiven oder inaktiven genetischen Codes. Wäre es möglich, dass unser Körper seine Anweisungen zur Anordnung seiner Grundbausteine dadurch erhält, dass die Emotionen unsere DNA »berühren«? Das hätte bedeutungsvolle und weitreichende Konsequenzen.

Aus der Perspektive eines elektrischen und magnetischen Feldes stellen Liebe und Angst als die Extreme unserer Emotion sich als Wellen dar. Angst zeigt sich als lange, langsame Welle (siehe Abb. 4.1), die aufgrund ihrer Länge nur wenig vollständige Wellenformen pro DNA-Einheit bildet.

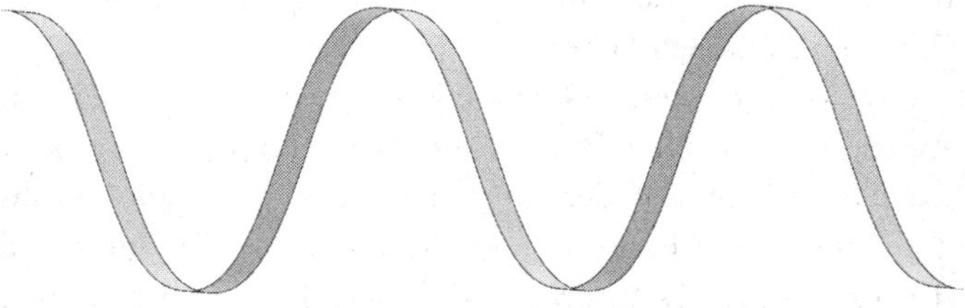

Abb. 4.1. Graphische Darstellung von Angst als einer relativ langen und langsamen Welle von Emotion.

Liebe zeigt sich dagegen entsprechend ihrer höheren Frequenz als kürzere, schnellere Welle mit mehr vollständigen Wellenformen pro DNA-Einheit (siehe Abb. 4.2).

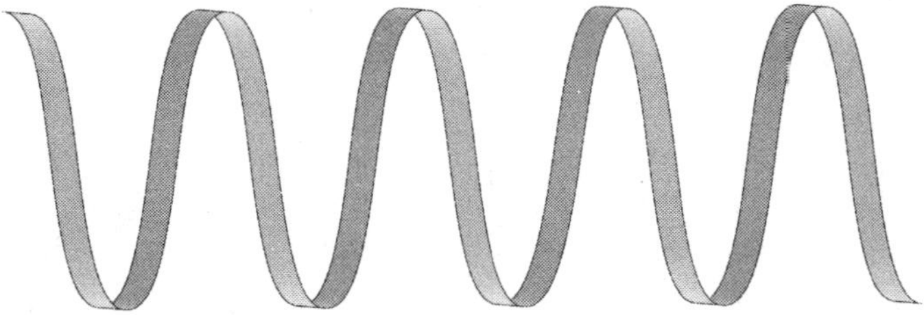

Abb. 4.2. Graphische Darstellung von Liebe als einer relativ kurzen und schnellen Welle von Emotion

Wenn wir das Feld der Angst mit unserer Doppelhelix überlagern, dann zeigt sich, dass diese niedrigfrequenten Wellen nur wenig Gelegenheit zur Berührung mit der Helix bieten (siehe Abb. 4.3). Es liegt in der Art dieser Welle, dass sie den Zugang zu der biologischen Struktur mindert, durch die sie sich ausdrücken könnte, was die begrenzende und hemmende Wirkung von Angst verdeutlicht.

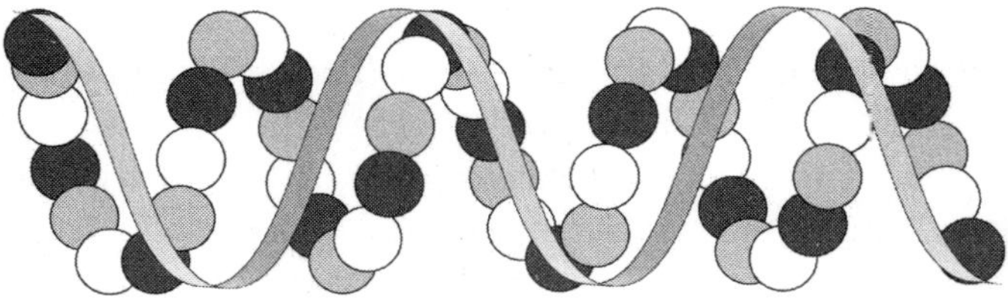

Abb. 4.3. Überlagerung der Doppelhelix der DNA mit der Welle der Angst. Es zeigen sich wenig potenzielle Kodierungsstellen aufgrund mangelnder Kreuzungspunkte.

Wenn wir auf gleiche Weise die Doppelhelix mit dem Feld der Liebe überlagern, zeigen sich durch die kürzeren Längen der höheren Frequenz mehr Gelegenheiten zum Austausch zwischen Welle und Helix (Abb. 4.4.). In diesem Fall liegt es in der Art der Welle, einen Zugang zu fördern, was die aufgeschlossene Wirkung von Liebe zeigt.

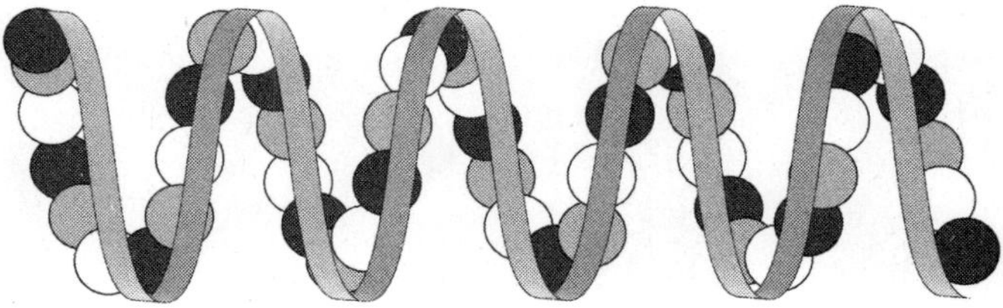

Abb. 4.4. Überlagerung der Doppelhelix der DNA mit der Welle der Liebe. Es zeigt sich eine größere Verfügbarkeit potenzieller Kodierungsstellen.

Könnte diese Beziehung zwischen der unmessbaren Emotion und dem messbaren biologischen Material unser »vergessenes« Bindeglied zur Schöpfung sein? Liegt der Ort, wo das Körperlose und das Körperhafte sich berühren, den die Alten als das Allerheiligste bezeichneten, in jeder Zelle unseres Körpers? Die Untersuchungen von Dan Winter lassen in der Tat vermuten, dass die physischen Berührungspunkte der Wellenform einer Emotion auf der Struktur der Doppelhelix die Möglichkeiten der DNA-Kodierungsstellen bedingen.

Diese bildhaften Darstellungen der Beziehung zwischen Liebe, Angst und unserem genetischen Code können einiges von dem erklären, was wir bei Menschen beobachten, deren Leben ausgedehnte Angstmuster aufweist. Aus Fallstudien wird deutlich, dass Menschen mit chronischer Depression oftmals eine geringe Vitalität und ein schwaches Immunsystem haben.

Das ist genau das, was wir gemäß unserem Modell erwarten würden. Die sich in der Depression zeigende lange, langsame Welle der Angst berührt die Doppelhelix nur relativ selten und erlaubt damit relativ wenig potenzielle Kodierungsstellen für vitalitäts- und immunitätssteigernde Aminoantennen.

Bis hin zu den Grundbausteinen unseres Körpers scheinen der heilige Kreislauf und die Art unserer Emotionen für die Qualität unseres Lebens eine wesentliche Rolle zu spielen. Auch das birgt weitreichende Konsequenzen und wirft weitere Fragen auf.

Steht unser genetischer Code bei unserer Geburt fest, oder ist er variabel, abhängig von unseren Gedanken, Gefühlen und Emotionen? Ist es möglich, so wie es aus neueren Studien hervorzugehen scheint, dass wir unsere genetische Blaupause verändern können? Ist es möglich, Kodierungen zu denken, zu fühlen und emotional wahrzunehmen, die wir in der Vergangenheit für unzugänglich hielten? Ich glaube, dass die Alten uns genau das vermitteln wollten.

Vor dem Hintergrund dieser Beziehung zwischen DNA und Emotion wollen wir uns wieder dem heiligen Kreislauf und unserer Einstimmung auf die Referenzsignale der Erde zuwenden. Der Gesamtzusammenhang ist hier von großer Bedeutung. Unabhängig von der Zeitenwende wären diese Ausführungen interessante Möglichkeiten, die es weiter zu erforschen gilt. Wenige Jahre vor dem Ende eines großen Erfahrungszyklus müssen wir jedoch hinterfragen, warum diese Erkenntnisse gerade jetzt auftauchen. Welche Rolle könnte es in unserer Vorbereitung auf dieses seltene Ereignis spielen, dass wir unsere DNA-Muster verändern können? Je näher wir dem Ende dieses Erfahrungszyklus kommen, desto größeren Veränderungen müssen wir uns in immer gedrängteren Zeiträumen anpassen. Unsere Körper, Überzeugungen,

Immunsysteme und Emotionen werden auf noch nie da gewesene Art und Weise herausgefordert.

Könnten die Gelegenheiten, die wir als die größten Herausforderungen unserer Gesundheit, unserer Beziehungen und unseres Überlebens erfahren, unsere Art sein, uns zu einer Umdeutung der uns selbst auferlegten Begrenzungen zu bewegen?

Könnten zum Beispiel die über zwanzig neuen, möglicherweise tödlichen, zurzeit unheilbaren Viren, die in den letzten dreißig Jahren aufgetreten sind, ein biologischer »Schubs« sein, um unsere Erinnerung an die Kraft des Mitgefühls zu wecken, die diese Viren in unseren Körpern wirkungslos werden lässt? Neue wissenschaftliche Veröffentlichungen unterstützen das Gefühl von vielen, dass sich direkt vor unseren kollektiven Augen etwas höchst Erstaunliches abspielt. Es gibt Menschen, die Krankheiten, welche bislang als lebensbedrohlich eingestuft wurden, ohne Medikamente, Operationen oder Apparate überleben. Natürlich haben diese traditionellen Wege ihre Daseinsberechtigung, da sie Beispiele für unsere Erinnerung an uns selbst im Außen durch Reparaturen von außen sind. Sie haben sich als gültig und wirkungsvoll erwiesen.

Jene Menschen haben jedoch einen anderen Weg gewählt, den *Zweiten Weg*, mit dem sie sanft von dem potenziellen Verlust von Leben zur Bestätigung von Leben überwechseln konnten. Die Technik dieses Weges entspringt ihrem Inneren. Fragt man sie, wie sie das geschafft haben, so erwidern sie einfach, dass sie sich anders fühlen, dass sie eine andere Einstellung und andere Überzeugungen gewonnen haben und dementsprechend leben. Diese Menschen sind lebendige Brücken, die uns auf unser Potenzial hinweisen.

Die holographische Natur unseres Bewusstseins lässt derartige Erfahrungen gleichzeitig zu und bereitet uns auf sie vor. Wir betreten den fruchtbaren Boden neuer Weisheit. Du und ich haben den Boden vorbereitet, sodass mit jeder Erinnerung neue Saat gelegt wird.

Irgendjemand muss eine neue Wahrheit als Erster realisieren, muss in sich die Weisheit der Erkenntnis finden, den Mut, dazu zu werden und die Kraft, sie zu leben und Wirklichkeit werden zu lassen in einer Welt, die diese Wahrheit nicht immer unterstützt. Diese Person wird damit zur lebendigen Brücke. Durch die Verankerung dieser Möglichkeit in unseren Gitternetzen wird sie allen Nachfolgenden, die eine ähnliche Sehnsucht nach Veränderung ihrer Lebensbedingungen treibt, zugänglich.

Diese Menschen leben unter uns. Ihre Bereitschaft, eine andere Entscheidungsmöglichkeit angesichts der Gaben des Lebens zu leben, mag ihnen nicht immer bewusst sein. Sie haben möglicherweise keine Ahnung, dass sie lebendige Brücken sind. Wenn wir uns als »Mensch« durch unseren genetischen Code definieren, in dem bestimmte Muster zur Bildung von zwanzig Aminosäuren führen, mit bestimmten Genen und Chromosomen, dann kann ich euch etwas erzählen, was gleichermaßen erstaunlich und Ehrfurcht gebietend ist.

Mit allem Ernst behaupte ich, dass in unserer Mitte, in unseren Städten und Familien, vielleicht sogar in deinem Körper, eine neue Art von Mensch entsteht! Diese neue Art demonstriert ein Potenzial, welches in jedem Menschen, der heute lebt, existiert.

Ihre Körper mögen so aussehen, wie wir es von unseren Freunden und Bekannten gewohnt sind, doch ihre DNA ist anders. Vor unseren Blicken verborgen, haben sie sich auf molekularer Ebene entschieden, zu genetischen Möglichkeiten zu werden, die es noch vor wenigen Jahren nicht gab. In veröffentlichten Berichten diskutieren Wissenschaftler über ein Phänomen, das sie »spontane genetische Mutation« genannt haben. Spontan, weil sie sich im Laufe des Lebens einer Person infolge schwieriger Situationen zu entwickeln scheinen, statt bereits zum Zeitpunkt der Geburt nachweisbar zu sein. Der genetische Code hat also in diesen Fällen eine neue Art des Selbstausdrucks »gelernt«, die dem Überleben der betreffenden Person besser dient.

In der *Science News*-Ausgabe vom 17. August 1996 wird von einer Studie berichtet, derzufolge etwa ein Prozent der getesteten Bevölkerung genetische Mutationen entwickelt hat, die sie HIV-Infektionen gegenüber immun machen![11] Unter der Führung von Nathaniel R. Landau am *Aaron Diamond AIDS Research Center* in New York folgert man, dass »die Mutation in manchen Bevölkerungen verbreiteter ist und in anderen seltener. Die Ergebnisse lassen vermuten, dass die Mutation jüngeren evolutionären Ursprungs ist.«[12]

William Paxton und seine Kollegen, ebenfalls vom *Aaron Diamond Institute*, konzentrieren sich vor allem auf Menschen, die eine natürliche Resistenz gegen den AIDS-Virus zu haben scheinen. Sie nehmen Zellproben von ihnen und setzen sie im Labor dem Virus aus. Ein bestimmter Prozentsatz bleibt resistent. In zwei Fällen widerstanden die Zellen sogar der dreitausendfachen Dosis dessen, was normalerweise zur Infektion ausreicht. Paxton schließt daraus, dass »...die Resistenz möglicherweise das Ergebnis spezieller Gene ist, die eine Minderheit der Bevölkerung in sich trägt.«[13]

Auch Studien von Richard Kaslow und Kollegen von der *University of Alabama* in Birmingham befassen sich mit dem Phänomen der HIV- Immunität. Sie beschäftigen sich vorwiegend mit Genen, die für die HIV-Immunabwehr bedeutende Glykoproteine kodieren. Kaslow entdeckte, dass Menschen, die schon lange mit HIV-positiv leben, »... häufig die Gene B27, B57, B18, B51, A32 und A25 besaßen.«[14] Andrew

McMichael vom Institut für Molekularmedizin in Oxford weist auf die Möglichkeit einer Verbindung hin, dass die von Kaslows Team identifizierten Gene für die zelluläre Resistenz verantwortlich sein könnten.

Andere Untersuchungen berichten über Kinder, die HIV-positiv geboren wurden und in denen der Virus im Alter von vier bis fünf Jahren nicht mehr nachweisbar war. Der Virus schlummerte nicht im Verborgenen und wartete auf einen Auslöser, um aktiv zu werden, er war weg! In der Aprilausgabe von *Science News* 1995 wurde ein derartiger Fall dokumentiert. Ein Junge war HIV-positiv geboren worden und während der ersten zwei Monate seines Lebens wurde der aktive Virus beobachtet. Als er in den Kindergarten kommen sollte, wurde er wieder getestet, und er war gesund. Der Virus war nicht mehr in seinem Körper. In dem Artikel heißt es: »... Forscher an der *School of Medicine* der *University of California* in Los Angeles berichten über eindeutige Beweise bei einem Jungen, der laut zweifachem AIDS-Test, einmal im Alter von neunzehn Tagen und einen Monat später, HIV-positiv war. Doch nach sämtlichen Messungen scheint dieses Kindergartenkind seit mindestens vier Jahren HIV-frei zu sein.«[15] Auch im *New England Journal of Medicine* wurde im März 1996 von Yvonne J. Bryson und ihren Kollegen über diesen Fall berichtet.

Noch vor gar nicht allzu langer Zeit gingen die Wissenschaftler davon aus, dass bei HIV-Infektion die Sterblichkeitsrate bei hundert Prozent liegt. Egal wie man die aufgeführten Studien interpretiert, sie zeigen, dass sich etwas verändert; etwas geschieht. Jedoch was? Offensichtlich beobachtet unsere Wissenschaft eine machtvolle Möglichkeit menschlicher Erfahrung, von der viele alte Texte berichten. Immer wieder wurden wir aufgefordert, unsere tägliche Lebensweise sorgfältig zu wählen. Wir wurden aufgefordert, zur Vereinigung unserer denkenden und fühlenden Welten zu werden, um die Emotionen des Lebens auszugleichen. Diesen Ausgleich nennen wir heute Mitgefühl.

Wie kann ein Prozent der Bevölkerung zu HIV-resistent mutiert sein? Wie kann ein Kind, dass HIV-positiv geboren wurde, vier Jahre später nachgewiesenermaßen HIV-frei sein? Dies sind lebendige Beispiele unseres Potenzials. Ich bin davon überzeugt, dass wir in nicht allzu ferner Zukunft auf diese Zeit zurückschauen und erkennen werden, dass wir uns jetzt entschieden haben, zu unserem größten Potenzial zu werden.

Die alten Texte betonen, dass kurz vor der Zeitenwende eine besondere Generation geboren werden würde, denen eine »Kraft« innewohnt, deren Macht ihnen unbewusst ist. Um die Welt, die sie erschaffen hatten, und die Herausforderungen ihres Lebens zu überleben, würde diese Generation tief in sich gehen müssen, um einen Weg der Liebe, der Harmonie und des Mitgefühls zu wählen. Dieser Weg würde sie dann sanft und gnädig durch die Zeit führen, die die Essener das »größte Licht« nennen, und die Hopis »Tage der Läuterung«. Ich glaube, dass du und ich Zeugen dieser Entscheidung sind. Die Entscheidung ist gefallen.

Das Kind der zitierten Untersuchung wusste nicht, dass es einem Virus unterliegen sollte, dem hundert Prozent Sterblichkeit zugeordnet war. Mit der Reinheit und Unschuld eines Kindes »war« es einfach. Er verkörperte seine wahrste Natur und wurde zu dieser Liebe und Reinheit. Als Spiegel seiner Gedanken, Gefühle und Emotionen reflektierte sein Körper einfach seine Entscheidung.

Es braucht nur einmal zu geschehen, um in uns verankert zu sein.

Es braucht nur einmal zu geschehen, und ich vermute, dass es schon oft geschehen ist. Vielleicht war dieses Kind, dessen Geschichte man an der *Los Angeles School of Medicine* dokumentiert hat, die lebendige Brücke. Ich vermute, dass es täglich viele Male geschieht, mitten unter uns. Die Entscheidungen sind gefallen. Diejenigen, die sich mit Beweisen wohler fühlen, haben sie jetzt, vielleicht zum ersten Mal. Die anderen spüren das Wissen darum einfach in sich.

Wenige Jahre vor dem Ende dieses zweihunderttausendjährigen Erfahrungszyklus sind wir aufgefordert, in unseren Leben über das Tun hinauszuwachsen und zu der inneren Technologie des *Zweiten Weges* zu werden, die uns anmutig durch die Gegebenheiten des Umbruchs geleitet. Die Sprache unserer Wissenschaft hat jetzt ein neues Licht auf diese alten Erkenntnisse geworfen. Indem wir bestimmte Gedanken, Gefühle und Emotionen hervorbringen, die ein ausgleichendes Mitgefühl bewirken, ermöglichen wir unser Werden. Im mitfühlenden Sein kann der maximale Informationsfluss unserer Resonanz durch den eingestimmten Kreislauf der Erde-Herz-Gehirn-Zell-Verbindung fließen. Die Auswirkungen dieser Beziehung zwischen Emotionen, DNA und unserem Bezug zum Leben sind enorm. Und es wirft zahllose Fragen auf.

Woher bezieht unsere Erdmutter ihr Signal? Worauf ist unsere Erde eingestimmt? Ist es möglich, dass die Art unseres Fühlens, die Vereinigung von Gedanken und Emotion, für die Art der heiligen Schwingung verantwortlich ist, für unsere Verbindung mit unserer Erde, unserem Schöpfer und darüber hinaus?

WENN
wir mit unserem Heimatplaneten resonant verbunden sind
UND
diese Heimat an eine weitere Signalquelle angeschlossen ist,
an ein größeres »Lied«,

DANN
sind wir wahrhaft EINS mit allem, was wir als unsere Welt kennen, und darüber hinaus!

Ist dies die Verbindung, die wir intuitiv seit langem vermutet haben? Ist diese Schwingung das Lied der Erde, die Harmonie der Sphären, der große Gesang der Schöpfung, von dem die alten Meisterinnen und Meister berichteten? Ich glaube, dass wir jede dieser Fragen mit einem deutlichen »Ja« beantworten können. Wir sind kollektiv an dem Punkt angekommen, den Mechanismus für den Energie-Informations-Lichtfluss unseres Lebenscodes in Worten beschreiben zu können, die für uns im Kontext der von uns erschaffenen Welt akzeptabel sind. Den Kreislauf gab es schon immer. Das Wissen um ihn wurde von denen, die vor uns kamen, in heiligen Gesängen, Gebeten und Erzählungen aufbewahrt. Wir entdecken es einfach für uns wieder. Während wir unsere wahrste Natur wieder entdecken, formulieren wir unsere alte Weisheit in unserer heutigen Sprache, mit Hilfe unserer Wissenschaft, mit unserem Verständnis. Das Leben geht weiter vorwärts, der Zeitplan stimmt, alles geschieht zur rechten Zeit.

Im Leben angewandtes Wissen wird Weisheit genannt. Was werden wir mit unserem Wissen um den heiligen Kreislauf, unsere Schwingungsverbindung mit allem Leben, anfangen? Wie wird unsere kollektive Weisheit aussehen? Ich bete für uns alle, dass wir die Erinnerung an unser Geschenk des Lebens in unserem Leben zulassen. Indem wir die Bedeutung unseres Lebens und unserer Beziehung zu allem Lebendigen neu formulieren, werden wir zur lebendigen Brücke für die, die uns am meisten am Herzen liegen.

Fünf

»Es ist leicht zu lieben…«
»Die Kunst liegt darin, diejenigen zu lieben,
die uns wütend gesehen haben und nackt.
Uns selbst so zu lieben wie wir unsere Familie lieben,
darin liegt unsere Herausforderung.«

Das Evangelium der Essener[1]

Einweihungsreise

Die sieben Tempel der Beziehungen

Von seinem Bett aus hört der Junge, dass die Wohnzimmertür zuschlägt. Es ist halb elf Uhr abends, und noch immer herrscht drückende Hitze. Durch das offene Fenster klingt das vertraute Klacken der Schuhe seiner Mutter auf dem Betonweg zum Parkplatz. Durch die Stille der Nacht hört er, wie sie schluchzt und ihre Schritte beschleunigt. Nur ein paar Meter neben ihm steht das Bett seines jüngeren Bruders, der von dem eben Geschehenen noch ganz durcheinander ist und in seine Kissen heult. Die Schritte verhallen. Es ist ganz still. Ist die Mutter gegangen? Oder steht sie vielleicht einfach weinend unter der Laterne auf dem Parkplatz?

In dieser Wohnung hat er sich nie zu Hause gefühlt. Zu Hause war das Haus, in dem er noch vor wenigen Monaten mit seiner Mutter, seinem Vater und seinem Bruder gelebt hat, wo sein Hund Sparky eine Hütte im Garten hatte und wo er mit seinem Bruder abends zusammen in den Hügeln umherstreifte. Diese kleine Wohnung mit den komischen Linoleumböden und einer fremden Familie auf der anderen Seite der dünnen Wand neben seinem Bett, das war kein Zuhause, nur ein Aufenthaltsort.

Der Junge in dieser Geschichte war ich selbst. Ich war elf Jahre alt und meine Eltern hatten sich kurz zuvor getrennt. Meine Mutter und ich hatten uns gerade mal wieder furchtbar gestritten. Wir hatten diese emotionalen Zusammenstöße, die wir selbst kaum verstanden und in denen wir uns rücksichtslos Dinge an den Kopf warfen, die nur wenig Sinn ergaben. Es ging oft stundenlang. Seit wir in diese Wohnung gezogen waren, gab es ständig Streit. Ich ließ meine ganze Wut an meiner Mutter aus. Sie sagte, wir machten sie verrückt, aber wir hörten nicht auf. An diesem Abend schien es jedoch anders als sonst. Auf dem Höhepunkt des üblichen Ärgers und Chaos schnappte sich meine Mutter die Autoschlüssel und sagte, sie müsse hier raus. Wo wollte sie um diese Zeit mitten in der Woche hin? Vielleicht überlegt sie es sich anders, kommt zurück und wir können uns umarmen und sagen, dass es uns Leid tut, und alles wird wieder gut, bevor wir einschlafen. Plötzlich höre ich, wie unser Auto angelassen wird und davonfährt.

Jetzt ist sie weg!

Panisch rasen die Gedanken durch meinen Kopf.

Wo will sie hin, so allein? Sie war so wütend auf uns, dass sie geweint hat. Wie kann sie Auto fahren, wenn sie weint? Und wenn sie einen Unfall hat? Wie würde ich das erfahren? Vielleicht ist sie so wütend, dass sie nie wieder kommt?

Warum versetzte mich das Weggehen meiner Mutter in solche Panik? Warum war ich nicht erleichtert, da wir uns doch gerade heftig gestritten hatten? Warum lag ich da, schweißgebadet vor Angst, dass ich meine Mutter nie wieder sehen würde, obwohl sie doch gerade noch das Ziel meiner ganzen Wut gewesen war?

Im Frühjahr 1990 lebte ich vorübergehend in San Francisco, nachdem ich kurz zuvor aus dem Angestelltenverhältnis bei einer großen Flugzeugfirma ausgeschieden war. Tagsüber schrieb ich und entwickelte Seminare, abends arbeitete ich mit Klienten, die die Bedeutung der Emotionen in ihrem Leben und in ihren Beziehungen besser verstehen wollten. Eine Klientin von etwa Mitte dreißig, mit der ich schon eine ganze Weile arbeitete, saß eines abends vor mir. Wie üblich begann ich mit der Frage nach den Ereignissen der letzten Woche. Sie war seit achtzehn Jahren verheiratet und mit ihrem Mann hatte es immer Streit gegeben, bis hin zur Gewalttätigkeit. Alles, was sie war und tat, ihr Aussehen, ihr Auftreten, ihre Haushaltsführung und ihre Mahlzeiten, war ständiger Kritik ausgesetzt. Die Geringschätzung erstreckte sich sogar auf die seltenen Momente der Zärtlichkeit und Leidenschaft.

In der vergangenen Woche war die Situation zu körperlicher Gewalt eskaliert. Als sie ihn mit Fragen nach seinen vielen Überstunden und spätem Nachhausekommen konfrontierte, wurde er so wütend, dass er sie durchs Wohnzimmer schleuderte und wegging, um bei einem Freund zu wohnen. Sie hatte weder Telefonnummer noch Adresse und keine Ahnung, ob und wann sie sich je wiedersehen würden. Als sie mir erzählte, dass der Mann, der ihr das Leben so zur Hölle gemacht hatte, endlich gegangen sei, erwartete ich Anzeichen von Erleichterung. Zu meinem Erstaunen begann sie jedoch, haltlos darüber zu weinen. Obwohl sie endlich von den ganzen Beleidigungen, Kränkungen und Angriffen befreit war, fühlte sie sich niedergeschmettert und am Boden zerstört. Warum?

Ich erinnere mich an eine Situation in einem Supermarkt, in dem ich 1998 mit meiner Frau einkaufte. Es war am Abend eines langen Arbeitstages und wir teilten uns die wöchentliche Einkaufsliste auf, um schneller nach Hause zu kommen. Ich war auf der Suche nach Konserven, als ich bemerkte, dass außer mir nur noch eine Mutter mit einem kleinen Mädchen in der gleichen Zeile stand. Während ich die Etiketten studierte, durchbrach plötzlich ein markerschütternder Schrei die friedliche Stille. Die Mutter des Mädchens war einen Moment außer Sichtweite gewesen und hatte das vielleicht zwei- bis dreijährige Kind bei dem Einkaufswagen gelassen. Warum versetzte das die Kleine in Panik? Warum erforschte sie nicht die bunte Welt der Dosen und brachte sie ein wenig durcheinander? Warum berührte die Möglichkeit, auch nur einen Moment lang allein zu sein, sie schon in ihrem Alter so tief, dass sie entsetzt aus vollem Halse schrie?

Allgemein verbreitete Muster

Es gibt ein gemeinsames Muster in diesen drei Situationen. Mein Schrecken, die Niedergeschlagenheit meiner Klientin und das Entsetzen des kleinen Mädchens haben wahrscheinlich gar nicht so viel mit den Menschen zu tun, die uns jeweils verlassen hatten, vielmehr lösten die Situationen in uns ein Muster aus, das in jedem von uns angelegt ist, so tief versteckt, dass wir es kaum erkennen, doch sehr mächtig: das Muster der Angst.

Die Angst trägt in unserer Kultur viele Masken. In unseren geschäftlichen, romantischen und gesellschaftlichen Beziehungen werden wir täglich mit vielen ihrer Erscheinungsformen konfrontiert. Sie tritt häufig in Mustern auf, in denen wir sie nicht erkennen. Oft sind es noch nicht einmal unsere eigenen Muster.

In meiner jahrelangen Arbeit mit vielen Menschen habe ich bezüglich der Masken, hinter denen sich die Angst in unserer Kultur versteckt, ein interessantes Phänomen festgestellt. Ich will das anhand des Prozesses, zu dem ich meine Seminarteilnehmer einlade, erläutern. Alle Teilnehmer werden aufgefordert, über ihre Erinnerungen an die Personen, die sie großgezogen haben, einen vorgefertigten Fragebogen auszufüllen.

Wer dieses Buch liest, hat sich wahrscheinlich schon mehr oder weniger intensiv mit den vielfältigen Beziehungen seines Lebens und ihren emotionalen Auswirkungen beschäftigt.

Wahrscheinlich kennst du dich sogar so gut, dass du alle Fragen nach deiner Vergangenheit richtig beantworten kannst, und vielleicht entgeht dir dabei genau das eine tief greifende Muster, das dich seit deiner frühesten Kindheit beeinflusst. Deshalb bitte ich die Teilnehmer, mit Hilfe des Fragebogens diejenigen Verhaltensmuster ihrer Erzieher zu benennen, die sie als negativ empfanden.

Ich konzentriere mich auf die negativen Charakteristika, weil sich nur sehr selten jemand in einem positiven Verhaltensmuster festgefahren hat. Die meisten haben das Gefühl, mit einem Muster nicht weiterzukommen, das sie als negativ empfinden. Diese Gefühle beruhen auf den individuellen Wahrnehmungen vergangener Erfahrungen. In einem neuen Verständnis dessen, was wir als negativ empfinden, liegt unser größtes persönliches Potenzial.

Im Seminar spreche ich dann davon, dass mit den Begriffen »positiv« und »negativ« oft ein Vorurteil einhergeht. Wir verwenden diese Begriffe nur der Klarheit und der Identifikation wegen. Natürlich beschreiben die in dieser Übung benannten Qualitäten nicht unbedingt das, was wirklich geschehen ist. Oft erleben Menschen, die an der gleichen Erfahrung teilhaben, diese ganz unterschiedlich, je nach ihrer Wahrnehmung.

Ich bitte die Teilnehmer dann, mir einige der Eigenschaften, die sie aufgelistet haben, zuzurufen. Plötzlich kommt Leben in die Gruppen von Menschen unterschiedlichster Herkunft und Altersgruppen, die einander in der Regel unbekannt sind. Die Zurufe sind ernst und emotional. So schnell ich kann, notiere ich die Worte auf einer Tafel:

wütend	kalt	unerreichbar	kritisierend
bewertend	kränkend	eifersüchtig	streng
kontrollierend	unsichtbar	ängstlich	unehrlich

Interessanterweise wird schnell ein Muster erkennbar. Wenn eine Person einen Begriff für ihre Kindheitserinnerung mitgeteilt hat, findet sich oft jemand anderes, der das gleiche Gefühl, häufig auch das gleiche Wort notiert hat, obwohl er aus einer ganz anderen Gesellschafts- und Altersgruppe stammen mag. Im Verlauf unserer gemeinsamen Reise zu den Erinnerungen unserer Kindheit wird angesichts der Ähnlichkeit der Erfahrungen Erleichterung im Raum spürbar. Wenn man nur die Listen betrachten würde, könnte man meinen, wir stammten alle aus derselben Familie!

Nach einem kurzen Gespräch über die Bedeutung der einzelnen Begriffe für die jeweilige Person zeige ich ein Dia, welches beifälliges Nicken und breites Grinsen hervorruft. Es zeigt die Tafel einer anderen Gruppe, an einem anderen Ort, Jahre zuvor. Die Ähnlichkeit ist verblüffend. Manchmal stimmen die Begriffe sogar exakt überein.

Wie kann es dazu kommen, dass so viele Menschen mit so verschiedenen Hintergründen, derart ähnliche Erfahrungen und Wahrnehmungen der Personen haben, die sich in ihrer Kindheit um sie gekümmert haben? Die Erklärung liegt in einem durchgängigen Muster, das tief in unserem Bewusstsein verankert ist: das Muster unserer *zentralen* oder *allgemeinen Ängste*.

Die Entdeckung unserer allgemeinen Ängste

In der Übung im Seminar wird noch ein zweites Muster deutlich. So unterschiedlich die Ängste jeder Person auch zu sein scheinen, lassen sich die verschiedenen Masken der Angst doch zu bestimmten Erfahrungen zusammenfassen. Im Zusammenhang mit dem Wirken der Schöpfung verwende ich nur selten die Begriffe »nie« und »immer«. Ich weiß, dass Ausnahmen immer möglich sind. Während meiner Arbeit mit mehreren tausend Menschen in den letzten acht Jahren schien jedoch jede Ausdrucksform von Angst, der ich begegnet bin, aus einer von drei Wahrnehmungsmustern zu stammen, oder aus einer Kombination davon. Ich nenne diese Muster zentrale oder allgemeine Ängste, weil sie in allen politischen, ökonomischen, ethnischen, kulturellen, romantischen und sozialen Beziehungen unserer Welt auftreten.

Die Erinnerungen an diese Ängste sind so schmerzhaft, dass wir geschickt allgemein akzeptierte Masken für sie erschaffen. So wie man über ein schmerzhaftes Familienereignis nur selten spricht, so sind wir stillschweigend übereingekommen, unsere Erinnerungen auf diese Weise zu verbergen, und uns gleichzeitig zu versichern, dass unsere Vergangenheit nie in Vergessenheit geraten wird. Diese Verschleierungen sind zu unserem kollektiven Abwehrmechanismus geworden, durch welchen wir den mit unseren Ängsten verbundenen Schmerz auf ein akzeptables Maß reduzieren. Indem wir so einen Abstand zwischen den Ängsten und ihrem Ausdruck erzeugen, spalten wir auch die Erfahrung unseres Lebens von genau dem Muster ab, um dessen Heilung willen wir hier sind.

Ein Nebeneffekt dieser Verschleierungen ist, dass wir auch den Sinn und Zweck der ursprünglichen Antriebsmuster des Lebens vergessen. Aus der von uns erzeugten Distanz erscheinen die Schmerzen des Lebens als vereinzelte, unzusammenhängende, zufällige Erfahrungen, die dann häufig als Verletzung und Enttäuschung interpretiert werden. Durch diese Distanz werden jedoch auch die Heilungen des Lebens, die in Ekstase, Freude und Lachen liegen, verschleiert.

Erste allgemeine Angst: Verlassenheit und Getrenntheit

In Menschen aller Familien, Gesellschaftsschichten und Kulturen ist das Gefühl weit verbreitet, dass wir irgendwie von der schöpferischen Intelligenz getrennt sind, die für unser Hiersein ursprünglich verantwortlich ist. Wir spüren, dass wir irgendwann im Nebel grauer Vorzeit hierher gebracht und dann ohne Erklärung oder Begründung verlassen wurden.

Warum sollten wir es auch anders empfinden? Unser geniales Ingenieurwesen hat uns auf den Mond gebracht und uns unseren genetischen Code gezeigt, aber wir sind uns unseres Ursprungs und unserer wahren Herkunftsgeschichte immer noch unsicher. Wir verspüren unsere wahrste Natur in uns, doch wir wenden uns an unsere Welt der externen Technologien, um unsere Gefühle bestätigt zu bekommen. In unserer Literatur und Musik, in Kinofilmen und Kultur unterscheiden wir zwischen unserer irdischen Erfahrung und der fernen Erinnerung an einen Himmel, der woanders ist. Wir bekräftigen diese Getrenntheit von unserem Schöpfer sogar durch die Übersetzungen eines alten Gebets an unseren Schöpfer, das Vaterunser. Die geläufige westliche Übersetzung beginnt mit den Worten:

»Vater unser, der du bist im Himmel …«,

mit denen eine Getrenntheit zwischen uns und unserem Schöpfer bestätigt wird. Diese Übersetzung bezeugt, dass wir *hier* sind und unser Vater *woanders* ist. Der aramäische Originaltext bietet jedoch einen ganz anderen Blick auf unsere Beziehung mit unserem Himmlischen Vater:

»Vater unser, der du überall bist …«

bestätigt das alte Konzept, dass unser Vater im Himmel nicht von uns im Hier und Jetzt getrennt, verschieden oder fern ist. Vielmehr ist diese schöpferische Kraft, die unser Vater ist, was immer das für dich bedeutet, nicht nur bei uns, sondern wir sind diese Kraft, denn sie durchdringt alles, was wir als unsere Welt erleben. Unser Vater ist das intelligente Schwingungsfeld, das als jedes Subquantumfeld unserer Wellen-Teilchen-Punkt-

Netz-Matrix-Realität oszilliert. Unser Vater ist das, was zwischen dem Nichts existiert.

Die emotionale Ladung der Bedeutung, die wir unseren Ängsten geben oder gegeben haben, ist ein Teil der Erfahrung von Angst. In diesem Zusammenhang definieren wir Ladung als eine emotionale Voreingenommenheit bezüglich der Richtigkeit, Falschheit oder Angemessenheit des Resultats einer Erfahrung. Diese Ladung wirkt anziehend auf die Erfahrung der jeweiligen Voreingenommenheit, damit sie geheilt und »entladen« werden kann. Auch wenn dir die emotionale Ladung deiner zentralen Ängste vielleicht nicht bewusst ist, sorgt sie doch dafür, dass du Beziehungsmuster entwickeln wirst, die dir deine Ängste zeigen, damit du deine Ladung erkennen und dich deiner zentralen Muster erinnern kannst. Hast du die Weisheit und den Mut zu erkennen, was deine Beziehungen dir zeigen?

Wenn du dich an keine Gefühle der Getrenntheit oder Verlassenheit erinnern kannst, oder wenn du deren Ausgleich und Heilung aufgeschoben hast, dann werden deine Ängste sich dir wahrscheinlich auf ungeahnte Weisen zeigen, um dich an deine aufgeschobene Verpflichtung zu erinnern.

Bist du in deinen Beziehungen der/die Verlassende oder der/die Verlassene? Bist du derjenige, der immer als Letzter erfährt, dass seine Beziehung zu Ende ist? Bist du am Boden zerstört, wenn deine perfekten Freundschaften, Geschäftsbeziehungen oder Ehen danebengehen und zusammenbrechen?

Vielleicht stehst du aber auch auf der anderen Seite der Beziehung. Hast du die Gewohnheit, deine Beziehungen zu beenden, wenn sie wunderbar laufen, um eventuelle Verletzungen zu vermeiden?

Wenn diese Szenarien dir vertraut erscheinen, dann ist es gut möglich, dass dies die gesellschaftlich akzeptierten, geschickt erschaffenen Masken deiner Angst vor Getrenntheit und Verlassenheit sind. Indem du diese Muster lebst, reduzierst du die Angst auf ein erträgliches Maß. Der Beziehungsschmerz dient dir als Ablenkung, um nicht auf die zentrale Angst schauen zu müssen, den Schmerz darüber, von deinem Schöpfer getrennt und verlassen worden zu sein. Deine Heilung liegt jedoch nicht in der Ablenkung.

Zweite allgemeine Angst: Selbstwert und Würde

Ein weiteres unter den Menschen aller Gesellschaftsschichten und Kulturen weit verbreitetes Gefühl ist, dass wir irgendwie *nicht gut genug* sind. Mit Hilfe unserer Logik und Vernunft erklären wir, warum wir unserer größten Träume, unseres höchsten Strebens und unserer tiefsten Sehnsüchte nicht würdig sind. Was wir auch erwünschen und ersehnen, tief innen zweifeln wir daran, ob wir es wert sind, ob wir es verdient haben, es zu erlangen.

Warum sollten wir auch anders empfinden? Seit mindestens zweitausend Jahren wurde uns von unseren Vertrauens- und Respektspersonen erzählt, dass wir irgendwie *geringere* Wesen seien als unsere himmlischen Gegenstücke. Wir haben uns erfolgreich davon überzeugt, dass wir schon allein durch den Akt des in diese Welt Geborenwerdens zur Erlösungssuche verurteilt sind, zur Suche nach Erlösung von einer Kraft, die jenseits unseres Verständnisses sein soll.

Zum Beispiel vergleichen wir uns mit einer verzerrten, verschwommenen Erinnerung an Jesus von Nazareth, der wir nie nachkommen und ähnlich werden können. Durch so manchen Spruch erinnern wir uns gegenseitig an unsere Unzulänglichkeit, und auch wenn sie nicht ganz ernst gemeint sind, rühren sie doch etwas ganz Tiefes an. Sprüche wie:

»Du hältst dich wohl für Jesus!«, oder

»Ich bin doch nicht Jesus!«,

sind oft gehörte Ermahnungen. Wie oft hast du schon gehört, dass du dir alle Mühe geben kannst, dein Leben so gut wie möglich zu nutzen, und doch wird es nie gut genug sein? Und doch wirst du Jesus von Nazareth oder den aufgestiegenen Meistern nie gleichwertig sein?

Auf gewisse Weise magst du diesen Vorstellungen Glauben schenken. Auf gewisse Weise tun wir das alle. Wir haben uns auf kollektive Begrenzungen unseres Werts geeinigt. Indem wir diese illusionären Grenzen akzeptieren, stellen wir unser Geschenk des Lebens und seine Ewigkeit in Frage.

Das Infragestellen unseres Wertes birgt auch wieder die emotionale Ladung in sich, die unser Wert für uns hat. Die Unwilligkeit, den Wert deines Lebens als Teil dieser Welt anzunehmen, unsere Angst vor Unzulänglichkeit und Minderwertigkeit, sorgt dafür, dass unsere Beziehungen diese Angst spiegeln werden. Lässt du dich zum Beispiel auf Beziehungen ein, die nicht wirklich das sind, was du dir für dein Leben wünschst, die du jedoch mit Gedanken rechtfertigst wie: »Es ist nicht die *große Liebe*, aber es ist erst mal gut genug«? Sagst du Dinge wie: »Ich hätte so gerne einen Lebenspartner, mit dem ich die Freuden meines Lebens teilen könnte, aber …« oder, »Das ist nicht der Job, in den ich meine Fähigkeiten wirklich einbringen kann, aber …«, und führst dann alle Gründe dafür auf, weshalb deine Sehnsucht zurzeit nicht erfüllt werden kann?

Wenn diese Szenarien vertraut klingen, dann ist es gut möglich, dass dies die gesellschaftlich akzeptierten und geschickt erschaffenen Maskierungen deiner Zweifel an deinem Selbstwert sind. Deine Beziehungen dienen dir zur Erinnerung an deine zentralen Muster, geben dir Gelegenheit, dich entweder mit deinem Gefühl der Minderwertigkeit zufrieden zu geben, oder zu erkennen, was deine Beziehungen dir zeigen und eine höhere Möglichkeit zu wählen.

Dritte allgemeine Angst: Hingabe und Vertrauen

Hast du je eine Beziehung erlebt, gleich welcher Art, in der das Vertrauen so groß war, dass du dein *persönliches Selbst* hingeben konntest und im Austausch dafür die Erkenntnis eines größeren Selbst erfahren hast? Ich meine hier nicht das Aufgeben persönlicher Integrität. Im Gegenteil, in der angesprochenen Erfahrung geht es um eine so starke Empfindung persönlicher Kraft, dass du in der Lage bist, alle Konstrukte deines Selbst und alle vorgefassten Bilder von der Beziehung loszulassen, um eine höhere, weitere Sicht dessen zu gewinnen, zu was diese Beziehung werden könnte. Bist du bereit, das Mögliche zu leben?

Das Gefühl, dass diese Welt aus irgendeinem, in unserer fernen Vergangenheit verborgenen Grund nicht sicher ist, ist sehr verbreitet unter uns. Vielleicht haben unsere Wahrnehmung der Verlassenheit und unsere Zweifel an unserem Selbstwert zu unserer Perspektive beigetragen, dass wir dem Prozess des Lebens misstrauen müssen, um zu überleben.

Warum sollten wir es auch anders empfinden? Vertrauen ist für uns nur in einem so engen Bereich akzeptabel, dass alles, was nicht unserer Erwartung entspricht, als Enttäuschung und Betrug betrachtet wird. Das tägliche Leben bietet dir zahllose Gelegenheiten, dein Ausmaß von Vertrauen zu demonstrieren. Vertraust du dem Prozess des Lebens, so wie er sich dir zeigt? Vertraust du der Göttlichkeit des Lebensprozesses, unabhängig von dem Ergebnis? Vertraust du auf die intelligente Kraft, die sich in jedem Wesen ausdrückt, das diese irdische Erfahrung hier mit dir teilt? Wenn deine Antwort »Nein« lautet, dann frage ich dich »warum«? Wer oder welche Erfahrung hat dich gelehrt, dass es nicht sicher ist, zu vertrauen? Warum hast du es gewählt, an das Nicht-Vertrauen zu glauben?

Du wirst Beziehungsmuster entwickeln, die dir deine Erwartungen bestätigen, die dir vielleicht zeigen, dass es nicht sicher ist, zu vertrauen, die vielleicht deine Vertrauenswürdigkeit in Frage stellen. Deine engen Beziehungen werden dich an die Grenzen deines Vertrauens bringen, und dir damit Gelegenheit zu der Erfahrung geben, dass das Leben sicher ist. Besitzt du den Mut und die Weisheit, zu erkennen, was deine Beziehungen dir zeigen?

Jede dieser allgemeinen Ängste kann in vielfältiger Weise in deinen Beziehungen und Lebenssituationen zum Ausdruck kommen. Jede dieser Ausdrucksformen hat einen Namen und ihren Weg der Heilung. Eifersucht, Wut, Alkoholismus und Co-Abhängigkeit sind Ausdrucksformen dieser Ängste, die sich nach Erlösung sehnen. Diese Symptome eines nach dem anderen zu heilen kann ein mühsamer, jahrelanger Weg sein, in dessen Verlauf du dich selbst und diejenigen, die diese Erfahrungen mit dir teilten, sehr gut kennen lernst. Ich segne diesen Weg und alle, denen er genützt hat.

Es gibt noch einen Weg, der da anfängt, wo diese mühsamen Wege irgendwann hinführen werden, den Weg der Heilung der drei allgemeinen Ängste. Unsere Erfahrungen von Schmerz und Leid, von Krankheit und emotionalem Trauma wurzeln in diesen zentralen Themen des Vertrauens, der Verbundenheit und des Selbstwertes.

»Das soll alles sein, was ich zu tun habe?«, fragst du vielleicht, »nur drei Wahrnehmungen ausgleichen, und mein Leben ist geheilt?« So einfach es scheint, aus unserer Perspektive ist es so. Wie zuvor gilt auch hier: In der Heilung geht es weniger um das, was du tust, als darum, zu was du wirst.

Du musst zu dem werden, was du in deinem Leben erfahren möchtest.

Du musst zu Vertrauen werden, wenn du Vertrauen in deinem Leben erfahren möchtest! Du musst zu deiner Würde werden und Verbundenheit spüren, um diese Themen in deinem Leben zu heilen. Jede Beziehung, jede Arbeit, jede Freundschaft, jede Vorstellung von dir selbst dient dazu, dich mit deinen Überzeugungen von Verlassenheit und Getrenntheit, von mangelndem Vertrauen und Selbstwert zu versöhnen. Der Zeitraum, den du für deine Heilung benötigst, ist abhängig von deiner Bereitschaft, dich diesen Ängsten zu stellen. Vielleicht entscheidest du dich dafür, es in Abschnitten über mehrere Jahre hinweg zu durchleben, oder du bist offen für die Möglichkeit, deine Heilung in einem Augenblick anzunehmen.

Die wahrscheinlich bedeutende Rolle dieser Ängste in deinem Leben anzuerkennen, bringt dich deiner Meisterung des Lebens entscheidend näher. Angewandtes Wissen ist Weisheit. Dieser Aspekt des Lebens kann nicht gelehrt werden. Du bist dazu aufgefordert, zu Vertrauen, Würde und Verbundenheit zu werden. In diesem Heilungsprozess fallen alle Beziehungen, die durch die Ladung der allgemeinen Ängste aufrechterhalten wurden, weg, denn es bleibt nichts mehr übrig, was sie hält.

Die zentralen Ängste sind oft so gut maskiert und akzeptiert, dass wir sie leicht übersehen oder für etwas anderes halten. Die folgende Aufstellung zeigt die charakteristischen Beziehungsmuster und worin sie wurzeln.

Die Angst vor Verlassenheit und Getrenntheit zeigt sich:

- wenn du völlig zusammenbrichst, wenn eine Beziehung misslingt;
- wenn du immer der oder die »Verlassene« bist;

• wenn du eine gute Beziehung beendest, damit du nicht verletzt wirst.

Die Angst vor dem eigenen Wert zeigt sich:

• in geringer Selbstachtung
• in freundschaftlichen, romantischen oder geschäftlichen Beziehungen, die dir zeigen, dass du nicht gut genug bist.

Die Angst vor Hingabe und Vertrauen zeigt sich:

• in unserer Unfähigkeit, uns einer Erfahrung hinzugeben
• in Beziehungen, die dir bestätigen, dass diese Welt ein unsicherer Ort und deines Vertrauens nicht würdig ist.

In einem Zustand der Angst nimmst du dich nur als ein Bruchteil dessen wahr, was du in deiner Ganzheit bist.

Tempel der Beziehungen

In alten Kulturen und eingeborenen Traditionen war und ist es vielfach üblich, Erinnerungen in Form von Stätten heiliger Erfahrung zu erhalten. Wir nennen diese Stätten heutzutage Tempel, und unsere moderne Geschichtsschreibung erzählt uns, dass unsere Vorfahren ihre Tempel als Orte der Anbetung verwendeten.

Die vorherrschende Ansicht über die ägyptische Geschichte liefert ein gutes Beispiel dafür. Unser heutiges Bild davon beruht zum großen Teil auf den Interpretationen der französischen Archäologen, die zur Zeit Napoleons dort die ersten Ausgrabungen machten. So interessant ihre Geschichten von Göttern und Kriegern auch sein mögen, sie sind zumindest unvollständig. Durch diese Unklarheiten fehlen uns vielleicht entscheidende Erkenntnisse über unsere Vergangenheit, denn die Strukturen, die wir Tempel nennen, könnten greifbare Verbindungen zu jahrtausendealten Erfahrungen sein, die für unser heutiges Leben eine Rolle spielen. Vielleicht wurden diese machtvollen Instrumente errichtet, um uns vor zwei-, drei- und viertausend Jahren etwas über uns selbst zu lehren?

Alte Texte, Schriftrollen und Kalender erinnern uns daran, dass wir am Ende eines großen Zyklus leben, der ihrer Aussage nach vor über zweihunderttausend Jahren begann. Unsere Naturwissenschaftler bestätigen, dass unsere Erde und unser Sonnensystem in der Tat eine Phase noch nie dagewesener Veränderungen durchmachen. Im Großen und Ganzen sind dies vor allem Veränderungen des Magnetismus und der Frequenzen. Untersuchungen haben gezeigt, dass jede Zelle des menschlichen Körpers eifrig damit beschäftigt ist, sich diesen neuen magnetischen Verhältnissen und Frequenzen anzupassen, damit unser Körper auf das Referenzsignal unseres Heimatplaneten eingestimmt bleibt. Neuere Studien haben demonstriert, wie unsere Emotionen bestimmte Kodierungen unserer DNA an- und abschalten. Wie wir uns fühlen, bestimmt zu großen Teilen, wie wir in unserer Welt funktionieren. All diese Dinge lassen die alten Tempel jetzt in einem neuen Licht erscheinen.

Das Wissen wurde in der alten Zeit in Mysterienschulen tradiert. Dort wussten sie damals, dass die Menschen der heutigen Zeit gewaltigen Veränderungen ausgesetzt sein würden. Sie wussten, dass diese Veränderungen unsere Schlafmuster, unsere Traumzustände und unser Zeitgefühl beeinflussen würden, dass sie unser Immunsystem stark beanspruchen und unsere Beziehungen eine neue emotionale Intensität entwickeln würden. Aus ihrem Wissen um diese Zeit heraus pflanzten sie die Samen, der heute die Weisheit ist, mit deren Hilfe wir uns auf diesen Quantensprung der menschlichen Ausdrucksmöglichkeiten vorbereiten. Die Weisen der alten Zeit gingen noch einen Schritt weiter, indem sie sicherstellten, dass wir uns der für diesen Übergang notwendigen Werkzeuge auch erinnern würden. Sie errichteten riesige Strukturen, um bestimmte Gefühle hervorzurufen und sich selbst in diesem Fühlen zu erfahren. Sie meisterten diesen Weg. Von dem Wissen um den zukünftigen Wandel des Magnetismus und der Frequenzen durchdrungen, konstruierten sie auf spezifische Schwingungen ausgerichtete Räumlichkeiten, die die heutigen Umstände für sie simulierten.

Die Erinnerung daran lebt tief in uns weiter. Viele Menschen fühlen sich zu diesen Tempeln hingezogen und erfahren dort Heilung und was immer sie brauchen, damit ihr Körper sich verändern kann. Es steht außer Frage, dass diese Tempel in der Vergangenheit eine wichtige Rolle spielten und gut funktioniert haben. Ich bin jedoch davon überzeugt, dass wir dem Bedürfnis nach äußeren Tempeln entwachsen sind. Sie haben uns gut gedient, indem sie uns bis an diesen Punkt gebracht haben, an dem wir ihrer jetzt nicht mehr bedürfen, und uns daran erinnern, dass dies die Zeit der inneren Technologie, der inneren Tempel ist.

In der alten Zeit versenkten sich die Eingeweihten in diesen Räumen veränderter Wahrnehmung und beobachteten, wie sich diese Bedingungen auf ihre Gefühle, Emotionen und Körper auswirkten. In der Sprache ihrer Zeit zeichneten sie ihre Erkenntnisse auf und gaben sie an uns weiter, damit wir uns in unseren Vorbereitungen auf die Zeitenwende daran orientieren können.

In ihren Augen ging es im alten Ägypten nicht um Geschichten mächtiger Götter und Göttinnen, die in steinernen Abbildungen dargestellt wurden. Vielmehr war jeder ägyptische Tempel der Meisterung eines menschlichen Gefühls gewidmet, der Technologie des Zweiten Wegs. Jeder Tempel gab dem Einweihungskandidaten Gelegenheit, eine bestimmte Kombination menschlicher Empfindungen isoliert kennen zu lernen, zu erfahren und zu meistern. Die Schwingungstechnologie des Tempels ermöglichte es dem Einweihungskandidaten, sich seiner inneren Technologie zu erinnern und damit in einer sicheren und heilenden Umgebung die Kodierungen dieser Gefühle zu meistern. Jeder Kandidat hatte die Möglichkeit, sozusagen den Luxus, sich für unbestimmte Zeit in den jeweiligen Schwingungsfeldern, die von den passiven Dynamiken der Gebäude erzeugt wurden, zu versenken. Damit wurden für die Menschen der damaligen Zeit die gleichen Bedingungen erschaffen, in denen wir heute leben. Der wesentliche Unterschied zwischen den Einweihungskandidaten von vor dreieinhalbtausend Jahren und dir ist, dass du keine speziellen Räumlichkeiten mehr brauchst, um diese Erfahrungen zu machen, denn wir leben unter genau diesen Bedingungen!

Haben wir die Weisheit, die Worte unserer Vorfahren zu erkennen?

Hast du den Mut, deine Gefühle zu würdigen?

Du brauchst keine speziellen Räumlichkeiten mehr, um zu wissen, wie sich ein schwacher Magnetismus und/oder hohe Frequenzen in deinem Körper anfühlen, denn in deinem Heim, in deinen Schulen, Läden und Büros lebst du unter diesen Bedingungen und meisterst sie. Wir genießen nicht mehr den Luxus, monate- oder jahrelang in einem Tempel eine spezielle Empfindung isolieren zu können, um uns darin kennen zu lernen. Wir haben nicht mehr den Luxus, uns zum Beispiel in den Tempel des Vertrauens zu begeben, und Vertrauen zu meistern, bevor wir uns dem Tempel der Liebe zuwenden, oder der Treue oder Dunkelheit.

Heutzutage sind deine Beziehungen deine Tempel. Die alten Strukturen simulierter Erfahrungen sind durch dich und deine persönlichen Kontakte mit anderen ersetzt worden. Wenn du dich heutzutage beispielsweise in den Tempel der Liebe begibst, nennen wir diese Beziehung Ehe. In diesem Tempel der Liebe wirst du dich höchstwahrscheinlich auch in anderen Tempeln wiederfinden, zum Beispiel dem Tempel des Vertrauens oder des Zorns oder der Treue. Es ist auch sehr gut möglich, dass du dir beim Eintritt in diese Tempel nicht bewusst bist, dass diese Tempel dich auf etwas viel Größeres als die jeweilige Beziehung vorbereiten.

In deinen Beziehungen erschaffst du dir geschickt Gelegenheiten, genau die Emotionen und Gefühle zu erfahren, genau die richtigen »Schalter«, die es deinem Körper ermöglichen, sich auf die Veränderungsimpulse der Erde einzustellen. Zum Beispiel bieten die durch den Verlust von Partnern, Vermögen, Gesundheit oder Freundschaften hervorgerufenen Gefühle deinem Körper Gelegenheit, sich zu wandeln. Indem du dich oder andere auf diese Weise erfährst, wirst du zu dem Wandel.

Weißt du noch, dass du nicht deine Erfahrung bist? Weißt du noch, dass du nicht dein AIDS oder dein Krebs bist, dass du weder deine erfolgreiche noch deine misslungene Ehe bist? Dein Erfolg oder Versagen, Fülle oder Mangel, Krankheit oder Gesundheit sind Indikatoren, die dir die Qualität deiner Gedanken, Emotionen und Gefühle wirkungsvoll spiegeln.

Beziehungen sind deine Gelegenheit, dich selbst in all deinen Möglichkeiten kennen zu lernen. In deinem Kontakt mit anderen spiegelt dir jede Beziehung das Ausmaß deiner Überzeugungen, Bewertungen und Vorurteile wider. Selbst wenn du alleine auf einem Berg lebst, hast du doch zumindest Umgang mit dir selbst und wirst darin die Reflexion deiner Überzeugungen erkennen können. Weisen deine Beziehungen mit verschiedenen Menschen gemeinsame Muster auf? Woran wollen sie dich erinnern? In den Tempeln unserer Beziehungen erinnern wir uns unserer wahrsten Natur und kehren damit zu einem heiligen Zustand der Ganzheit und Verbundenheit zurück. Darin werden wir zu Mitgefühl.

Das genannte Beispiel der auf Verletzungen aus der Kindheit beruhenden Anziehungskraft in Beziehungen unter Erwachsenen ist eine Ausdrucksform dieser komplexen Dynamiken, die sicherstellen, dass wir einander immer wieder daran erinnern, wer wir sind. Wir nennen es Spiegelung. In den Beziehungen deines täglichen Lebens umgibst du dich ständig mit Spiegelungen dessen, was du für wahr hältst oder was für dich emotional geladen ist. Es fängt mit subtilen Mustern an, die wunderbare Geschenke sein können, wenn du die Weisheit besitzt, sie zu erkennen. Wenn du sie nicht erkennst, werden die Spiegelungen zunehmend deutlicher, bis sie sich auf eine Weise in deinem Leben manifestieren, die du nicht mehr ignorieren kannst.

Die alten Traditionen kennen eine Reihe von Spiegeln, denen jeder Mensch auf dem Weg der Selbsterkenntnis begegnen wird. Im Laufe der Zeit sind diese Weisheiten durch Übersetzungen und Interpretationen teilweise bis zur Unkenntlichkeit verzerrt worden. Die 1947 gefundenen Essener Texte der Schriftrollen vom Toten Meer und der weniger bekannten Nag Hammadi Bibliothek sind diesem Verzerrungsprozess erst seit etwa fünfzig Jahren unterworfen. Daher glaube ich, dass diese vorchristlichen Texte eine wichtige zusätzliche Perspektive zu den Traditionen und Lehren der letzten zweieinhalbtausend Jahre bieten.

Die sieben Essener Spiegel der Beziehungen

Jede Person, unabhängig von Alter, Geschlecht oder sozialer Zugehörigkeit, erfährt in den Beziehungen ihres Lebens das *Geheimnis der sieben Spiegel der Beziehungen*. Diese Spiegel werden in einer bestimmten Reihenfolge erkannt. Die subtilen Spiegel werden erkannt und erlöst, bevor die noch subtileren, noch wirkungsvolleren Spiegel bemerkt werden. Aus der Sicht der alten Eingeweihten werden die zu Mitgefühl führenden Emotionen durch die bewusste Anerkennung und Erlösung dieser sieben Spiegel erreicht. Wie hätte der Eingeweihte vor zweieinhalbtausend Jahren zu Vertrauen werden können, ohne die Angst vor Vertrauen zu meistern? Und wie ginge es heutzutage?

Wie kannst du die Zyklen von Angst und Hass verändern, ohne die Muster zu meistern, die Angst und Hass zulassen?

Deine Beziehungen werden dir die wichtigsten Beispiele deiner zentralen Überzeugungen zeigen, unabhängig davon, was du *denkst*, was diese Überzeugungen sind.

Du erlebst die gleichen Muster, die gleichen Tempel wie die Menschen der alten Kulturen, und sie entfalten sich für dich in der gleichen Sequenz wie für jeden anderen Einweihungskandidaten, der sich je auf den Weg der Meisterschaft gemacht hat. Auf diesem Weg wird es von höchster Bedeutung für dich sein, zu erkennen, was die jeweilige Sequenz dir sagen will und warum du mit verschiedenen Menschen die gleichen Muster wiederholst.

Deswegen biete ich die Spiegel hier in geordneter Form an, von geringer bis zu höchster Subtilität. Am gleichen Tag, im gleichen Moment können dir diese Spiegel auf vielfältigste Weise begegnen, doch sie bleiben unerkannt, bis die jeweilige Sequenz vervollständigt wurde. Aus der Erlösung der Spiegel in der entsprechenden Reihenfolge ergibt sich die kodierte Gleichung, die biochemische Veränderungen im Körper ermöglicht. Diese Veränderungen halten deine Einstimmung auf die Schwingung der Erde aufrecht. Die Wissenschaft der Emotion und der Beziehungen ist deine *Schwingungstechnologie* des Lebens und des Mitgefühls.

Ich will euch warnen. Wenn ihr die Spiegel erst einmal erkannt habt, werdet ihr sie überall sehen. Wenn ihr darüber nachdenkt, ein bestimmtes Auto zu kaufen, ist es oft ähnlich: Plötzlich scheinen sie überall zu sein. Natürlich waren sie vorher auch schon da. Doch als du noch nicht daran dachtest, dieses spezielle Auto zu kaufen, gab es für dich keinen Grund, dieses Muster zu erkennen.

Deine Spiegel treffen nur für dich zu. Du kannst einen Lebensspiegel für eine andere Person nicht identifizieren, ohne mit der Geschichte, dem Lebensweg, den Entscheidungen und Absichten dieser Person sehr vertraut zu sein. Deine Spiegel waren immer da und haben geduldig darauf gewartet, dass du sie bemerkst. Wenn du sie bemerkst, erwacht deine Wahrnehmung der subtilen Muster deines Lebens. Meiner Ansicht nach ist dies der heiligste Aspekt der Wissenschaft der heiligen Geometrie. Deine projizierten Muster der Freude, der Lust, der Wut und des Mitgefühls bilden energetische Ladungsabdrücke. Jeder Abdruck bildet einen platonischen Körper oder eine Kombination davon. (Siehe Anhang II)

Ich habe die alte Tradition der Essener gewählt, um diese Spiegel darzustellen. Ich erläutere sie mit Beispielen aus meinem Leben und aus dem Leben anderer, sodass ihr hoffentlich für euch selbst sehen könnt, dass diese Spiegel in eurem Leben existieren, und was sie euch mitteilen.

Das Geheimnis des ersten Spiegels: Reflexionen des Augenblicks

»Ihr lest im Antlitz des Himmels und der Erde,
doch ihr habt noch nicht erkannt, wie ihr im Augenblick lesen könnt.«

Aus der Nag Hammadi Bibliothek[2]

Meine Erfahrungen mit Katzen begannen im Winter 1980. Ich lebte in einer kleinen Wohnung in Denver und arbeitete als Computergeologe in der technischen Abteilung einer Öl- und Gasgesellschaft. Ich hatte nie in Erwägung gezogen, für ein Haustier zu sorgen, da ich meine Tage, Abende und Wochenenden mit dem Studium neuer Technologien verbrachte und selten zu Hause war.

Eines Tages brachte mir jedoch ein Freund ein Geschenk mit, ein niedliches, orangeblondes Kätzchen namens Tigger. Das Halten von Haustieren war in meiner Wohnung nicht erlaubt, doch ich fühlte mich gleich zu Tigger hingezogen und stellte bald fest, dass er meine Gegenwart sehr viel weniger benötigte, als ich mir vorgestellt hatte. Es war Winter und Tigger lernte schnell, sich unter den Kissen und Decken unseres Bettes ein warmes Plätzchen einzurichten, an dem er den größten Teil des Tages verbrachte. Oft bewegte er sich noch nicht mal dort heraus, wenn ich nach Hause kam. So entschied ich mich nach ein paar Wochen, ihn zu behalten. Da sich die Hausverwaltung um die Einrichtung der Wohnung sorgte, brachte ich Tigger sofort bei, dass bestimmte Plätze wie Sofas, Küchenschränke und Fensterbänke, für ihn tabu seien. Es gab keine Probleme. Jeden Tag lag er bei meiner Heimkehr in Bereichen, die ihm gestattet waren.

Meine Arbeitsstelle war relativ neu für mich, und meine anspruchsvolle Arbeitsplatzbeschreibung ließ viel Spielraum für Interpretation. Während ich so meine neuen Arbeits- und Verantwortungsbereiche auslotete, entwickelten sich zunehmende Spannungen zwischen meinen Mitarbeitern und mir. Die Techniker und Hilfskräfte, die mir eigentlich zuarbeiten sollten, wurden immer schwieriger, arroganter und aggressiver, bis hin zu offenem Widerstand gegen meine Anweisungen.

Eines Tages, als ich früher als gewöhnlich von der Arbeit nach Hause kam, weckte ich mit dem Schließen der Tür Tigger aus einem Nickerchen – auf dem Küchenschrank neben der Spüle. Er war offensichtlich genauso überrascht, mich in der Tür zu sehen, wie ich, ihn in einer eindeutigen Tabuzone anzutreffen. Er sprang sofort auf, kroch an seine gewöhnliche Stelle im Bett und wartete, ob ich ihn wohl schelten würde. Ich fragte mich, ob dies ein einmaliger Irrtum war oder ob er in meiner Abwesenheit einfach die ganze Wohnung in Anspruch nahm, inklusive der Tabuzonen, und meine Gewohnheiten so gut kannte, dass er immer zur richtigen Zeit am richtigen Ort war.

Normalerweise verließ ich mein Haus eilig und ohne mich umzudrehen, doch am nächsten Tag wollte ich etwas ausprobieren. Ich zog die Vorhänge ein wenig zurück und spähte, nachdem ich die Wohnung verlassen hatte, vom Balkon aus ins Zimmer. Nach wenigen Minuten erhob sich Tigger vom Bett, sprang auf den Schrank neben der Spüle und machte es sich dort bequem. Ich versuchte wochenlang, ihm das abzugewöhnen, doch sein Mangel an Respekt frustrierte mich nur zunehmend. Andere Katzenhalter klärten mich dann irgendwann auf, dass man Katzen eben nicht erziehen kann. Katzen sind eben Katzen. Sie bevorzugen höher gelegene Plätze. In unserer Gegenwart mögen sie unsere Wünsche respektieren, doch allein gelassen beanspruchen sie ihren Raum.

Ich erzähle diese Geschichte wegen dem, was Tigger mir »antat«. Seine Art des Seins frustrierte und ärgerte mich. Wenn ich ihm in die Augen sah, wusste ich, dass er wusste, welches seine Grenzen waren, doch er tat, was er wollte.

Zur gleichen Zeit wurde die Situation mit meinen Mitarbeitern immer schwieriger. An einem besonders angespannten Nachmittag kam eine Angestellte zu mir und fragte mich, warum ich sie nicht einfach ihre Arbeit machen ließe. Ich hatte ihr eine Aufgabe übertragen und überwachte jeden ihrer Schritte. An dem gleichen Nachmittag traf ich Tigger wieder an einem der verbotenen Plätze an. Das brachte das Fass zum Überlaufen.

Ich setzte mich hin und dachte darüber nach, was mir da widerfuhr. Ich erkannte plötzlich die Parallelen zwischen Tiggers Respektlosigkeit und der Aufsässigkeit meiner Mitarbeiter.

In meiner ratlosen Verzweiflung warf ich meine Arme in die Luft und sagte zu Tigger: *Dann mach doch, was du willst! Die Wohnung gehört dir.*

Und während ich mich umzog, um meine abendliche Runde zu laufen, sagte ich im Geiste meinen Mitarbeitern das Gleiche: *Ich höre jetzt auf, euch beim Arbeiten helfen zu wollen!*

Das Laufen tat mir gut und ich dachte den ganzen Abend weder über Tigger noch meine Arbeit nach. Am nächsten Morgen teilte ich meinen Mitarbeitern meine Empfindung mit. Ein Gefühl allgemeiner Erleichterung war zu spüren, und einige seufzten tief auf.

Endlich lässt du uns unsere Arbeit tun.

Tigger und meine Mitarbeiter hatten mir etwas Wesentliches über mich selbst gezeigt, ein Muster, das so subtil war, dass ich es bis dahin nicht erkannt hatte. In den sechziger Jahren sagte man in Selbsthilfekreisen: Wenn du nicht magst, was jemand dir zeigt, dann schau bei dir selbst nach. Die anderen spiegeln dir höchstwahrscheinlich ein Muster, das du selbst verkörperst, mit dem du dich jedoch so sehr identifizierst, dass du es nicht mehr erkennen kannst.

Die Spiegelung erfolgt in dem gleichen Augenblick, in dem du das Muster auslebst!

Tigger und meine Mitarbeiter zeigten mir einen Spiegel meiner Selbst, der meinem Verhalten im jeweiligen Augenblick entsprach. Sie spiegelten mir mein Kontrollbedürfnis.

Ich behaupte nicht, dass Kontrolle gut oder schlecht ist. Sie ist einfach ein Energiemuster, das auf ein erwünschtes Ergebnis abzielt, und an und für sich gutartig. Die Spiegelung zeigte mir, wie ich diese Kontrolle ausdrückte, damit ich die unmittelbaren Konsequenzen dieser Muster erfahren konnte. Und sie tat das augenblicklich, damit der Zusammenhang zwischen dem Muster und seiner Wirkung deutlich würde.

Ein Beispiel anthropologischer Studien soll den Wert des sofortigen Feedbacks veranschaulichen. In sehr zurückgezogen lebenden Stämmen Asiens stellten Forscher überraschenderweise fest, dass die Menschen dort zwischen Geschlechtsverkehr und Geburt keinen Zusammenhang sahen. Der zeitliche Abstand von neun Monaten war für sie zu groß, um die Verbindung zu erkennen.

Unsere Spiegel zeigen uns unsere wiederkehrenden Verhaltensmuster jetzt. Dadurch wird der gegenwärtige Augenblick zur Gelegenheit, denn einmal erkannt, kann das Muster in einem Augenblick geheilt werden. Im Erkennen des Spiegels finden sich Hinweise auf die Quelle des Musters, die in der Regel aus einer Kombination der drei allgemeinen Ängste besteht.

In unserem Beispiel zeigten mir meine Spiegel, dass ich das Gefühl hatte, die äußeren Faktoren meines Lebens kontrollieren zu müssen, um mich sicher zu fühlen. Meine Arbeitssituation spiegelte meine Überzeugung, dass ich jeden Schritt unseres Projektes kontrollieren müsste, um seinen Erfolg zu sichern. Warum glaubte ich, dass meine Mitarbeiter nicht in der Lage seien, die Sache genauso gut zu machen wie ich? Auf einer tieferen Ebene spiegelten mir meine Probleme meine zentrale Angst vor Vertrauen. Meine Kontrolle zeigte, dass ich dem Prozess des Lebens, so wie es sich mir zeigte, nicht vertraute und mich darin nicht sicher fühlte.

Ich ärgerte mich über Tiggers Weigerung, meinen Forderungen nachzukommen, weil es mir so viel bedeutete, in meiner Wohnung die Kontrolle zu behalten. Meine Besucher oder andere Katzenhalter empfanden sein Verhalten nicht als Problem, sie sahen es eher als ein Zeichen der »Unabhängigkeit«. Katzen sind und bleiben eben Katzen, sagten sie. Ihre Vorliebe für hoch gelegene Plätze entspricht ihrer Natur, ob sie verboten sind oder nicht.

Katzen sind wunderbare Spiegel für unsere problematischen Emotionsmuster. Wir haben bereits festgestellt, wie ein starkes Gefühl der Richtigkeit, Falschheit oder Angemessenheit zu einer emotionalen Ladung bezüglich des Ergebnisses einer Situation oder Beziehung führt. Sind wir in der Lage, dem Leben zu vertrauen? Wenn wir alles Mögliche in einer Situation getan haben, sind wir dann in der Lage, unsere Erwartung loszulassen und dem zu vertrauen, was sich ergibt?

In Bezug auf meine Mitarbeiter hatte ich Angst, dass sie nicht die richtige Leistung erbringen würden. Ich befürchtete, dass ihre Unvollkommenheit auf mich zurückfallen würde, dass ich dafür verurteilt würde. Diese negativen Denkmuster spiegelten sich in Ausdrücken wie »Achte darauf, dass das nicht zu lange dauert,« oder »Wenn das nicht gut wird, werden wir alle darunter leiden müssen.«

Ich sagte das in der Absicht, die Leute zu einer guten Leistung anzuspornen, doch durch meine negative Formulierung erschuf ich eine emotionale Ladung. Das geschah natürlich nicht absichtlich.

Mit anderen Gedanken und Worten hätte ich jedoch die gleiche Idee ohne den negativen Beigeschmack vermitteln können. Durch meinen Satz: »Achte darauf, dass das nicht zu lange dauert«, habe ich dem *zu lange dauern* Kraft gegeben, denn die Energie folgt der Aufmerksamkeit.

Wenn ich gesagt hätte: »Achte darauf, dass das rechtzeitig fertig wird,« oder »Ich bin dir dafür dankbar, dass du das rechtzeitig fertig haben wirst«, dann hätte ich die gleiche Idee vermittelt, aber auf eine ganz andere Weise. Hier liegt die Aufmerksamkeit auf der Rechtzeitigkeit, und die Schöpfung verspricht, dass wir das dann auch erfahren werden.

Wenn du bemerkst, dass du auf die Worte, Taten oder Ausdrücke eines anderen *geladen* reagierst, dann erlebst du höchstwahrscheinlich eine große Gelegenheit, dich selbst auf einer tiefen Ebene kennen zu lernen. Wenn deine Reaktion außergewöhnlich stark ist, empfehle ich dir, die Situation zu segnen. Denn vielleicht bist du dabei, den ersten von einer Reihe von bedeutenden Schritten zur Meisterung deines Lebens zu machen. Vielleicht bist du dabei, das Geheimnis des ersten Spiegels zu erfahren, des Spiegels des Augenblicks.

Das Geheimnis des zweiten Spiegels: Reflexionen der Bewertung

»Erkenne, was sich in deinem Blickfeld befindet,
und das dir Verborgene
wird offensichtlich werden.«

Aus der Nag Hammadi Bibliothek[3]

Ich erinnere mich oft an die Lehrer meiner jahrelangen Ausbildungen in Karate, Judo und Aikido. Mein Karatelehrer Charles unterwies mich zum Beispiel in den Tugenden der Konzentration und der Fokussierung. Um das zu demonstrieren bat er uns eines Abends, ihm zunächst drei Minuten

Meditationszeit zu geben, und danach gemeinsam auf jede erdenkliche Art zu versuchen, seine seitlich ausgestreckten Arme zu bewegen oder ihn selbst von der Stelle zu rühren. So sehr dieser Mann auch das Objekt unseres Respekts und unserer Bewunderung war, dachten wir doch, dass es für eine Gruppe von ungefähr fünfzehn Männern und Frauen ein Leichtes sein würde, ihn aus seiner Position zu bringen.

Charles schloss die Augen und sein zunächst tiefer, rhythmischer Atem wurde immer leichter, bis er kaum noch Luft zu holen schien. Nach drei Minuten versuchten zunächst nur zwei von uns, den tief in Meditation versunkenen Mann zu bewegen. Da sie nichts ausrichten konnten, waren wir bald alle zusammen dabei, an Charles zu ziehen und zu zerren, zu schieben und zu drücken, doch nichts bewegte sich. Wir konnten noch nicht mal seinen kleinen Finger beugen, geschweige denn ihn von der Stelle bewegen. Er schien zu einem Teil des Bodens geworden zu sein, tief verankert durch irgendeine Kraft, die er durch seine Konzentration und seinen Fokus hervorgerufen hatte.

Später erfuhren wir, dass er sich eine Kette vorgestellt hatte, die seine ausgestreckten Arme mit einem fernen, imaginären Berg verband. Solange die Kette da war, konnte nichts ihn oder seine Arme von der Stelle bewegen, *bis er es wollte.*

Wenn solche Kunststücke einfach durch Fokus vollbracht werden können, überlegte ich mir später, was geschähe dann wohl, wenn ich den gleichen Fokus auf eine Situation, eine Überzeugung oder ein Konzept in meinem Leben anwenden würde?

Und sofort kam mir mein Judolehrer John in den Sinn. Seine Botschaft für mich war sehr einfach gewesen: »Nimm das Leben, oder dich selbst, nie zu ernst!« Die Ausbildung bei ihm sollte immer genauso humorvoll wie lehrreich sein. Ich erinnere mich an einen Abend, wo er mir nach einem besonders entmutigenden Sparring eine Lehre erteilte. Obwohl ich im Kampf mit einem anderen Schüler unterlegen war, erhielt ich doch eine Auszeichnung in Form eines Gurtes als Zeichen meiner Meisterung bestimmter Hand- und Fußtechniken. Als ich anzweifelte, ob ich dieser Auszeichnung an diesem Abend würdig sei, begründete John es folgendermaßen:

»Im Wettkampf ist jeder Gegner dein Spiegel, der dir persönlich zeigt, wer du in diesem Augenblick gerade bist. Die Art, wie dein Gegner auf dich zugeht, zeigt dir seine Reaktion auf das Angebot, das er von dir wahrnimmt.«

Ich hatte die richtigen Techniken als Antwort auf das Angebot meines Gegners gewählt, und für diese Richtigkeit wurde ich ausgezeichnet. Ich war nur in der Ausführung meiner Techniken unterlegen gewesen. Später im Leben habe ich mich oft an Johns Worte erinnert und sie auf jede Person bezogen, die in mein Leben trat.

Im Herbst 1992 traten innerhalb kurzer Zeit drei Menschen in mein Leben, mit denen ich die stärksten und schmerzhaftesten Beziehungen meines Erwachsenenlebens entwickelte. Es war mir zunächst nicht klar, wie sie unabhängig voneinander und jeweils auf ihre Art mich gemeinsam eine Lektion lehrten, die eine enorme Katalysatorwirkung in meinem Leben entfaltete.

Die erste Beziehung war romantischer Art. Es war eine Frau in mein Leben getreten, die mir in ihren Zielen und Interessen so ähnlich zu sein schien, dass wir beschlossen zusammen zu leben und zu arbeiten. Die zweite war eine neue Geschäftsbeziehung, ein Partner, der mir die dringend benötigte Unterstützung in der Organisation meiner Workshops und Seminare anbot. Die dritte Beziehung war eine Mischung aus Freundschaft und Geschäft. Es war eine Vereinbarung mit einem

Mann, der auf meinem Grundstück leben wollte und im Austausch dafür sich um alles kümmerte, während ich unterwegs war, und darüber hinaus als Zimmermann bei den Umbauarbeiten half, die ich zu jener Zeit durchführte.

Schon nach kurzer Zeit boten alle drei Beziehungen mir zunehmend Gelegenheit, mich in Geduld, Bestimmtheit und Problemlösung zu üben. Sie gingen mir total auf die Nerven. Mit jedem gab es Auseinandersetzungen, Meinungsverschiedenheiten und Spannungen. Ich war zu jener Zeit jedoch so viel unterwegs, dass ich die Tendenz hatte, diese Dinge zu vernachlässigen. Ich redete mir ein, die Streitigkeiten kämen durch meinen Stress, übernahm damit die Verantwortung für die Spannungen und flüchtete mich in eine abwartende Haltung in der Hoffnung, dass es nach der nächsten Reise besser sein würde, was natürlich nicht geschah.

Eines Tages holte ich bei der Rückkehr von einer dieser Reisen wie gewohnt am Flughafen mein Gepäck ab und ging zum Geldautomaten, um Geld für die Parkgebühren und Benzin abzuheben. Zu meinem großen Schrecken informierte mich die Maschine, dass auf meinem Konto noch nicht mal mehr die zwanzig Dollar für den Heimweg seien. Ich hatte vor meiner Abfahrt einige unterschriebene Schecks für Kautionen, Baumaterial und anderes hinterlassen, doch dass das alles weg sein sollte, musste ein Irrtum sein.

Es war jedoch Sonntagnachmittag und mir blieb nichts anderes übrig, als den Parkwächter zu überzeugen, dass ich später zahlen würde und nach Hause zu fahren.

Als ich am nächsten Morgen die Bank anrief, stellte ich zu meinem ungläubigen Erstaunen fest, dass es kein »Irrtum« war, sondern dass jemand alles Geld abgehoben hatte, sodass nicht nur nichts mehr drauf war, sondern es total überzogen war und ich Strafgebühren für alle zurückgesandten Schecks bezahlen musste. Zuerst war ich schockiert und fassungslos, doch das entwickelte sich schnell zu rasender Wut. Blitzschnell überschlug ich in Gedanken all die Konsequenzen. Einen derartigen Vertrauensbruch und solch eine Geringschätzung meiner selbst sowie die Unhöflichkeit gegenüber denjenigen, deren Schecks nicht eingelöst worden waren, so etwas hätte ich von dieser Person niemals erwartet.

Am gleichen Tag erreichte auch die Geschäftsbeziehung ihren Tiefpunkt. In meiner Post war eine Aufstellung all der Kosten, die von einer Seminarreihe abgezogen worden waren, und ich fand etliche Posten darunter, die ich als ungerechtfertigt ansah. Mit den Leuten, von denen ich glaubte, dass sie in meinem Interesse arbeiteten, stritt ich mich dann per Telefon Zeile für Zeile um meinen Anteil.

Noch in derselben Woche entdeckte ich, dass der Mensch, der auf meinem Grundstück lebte, Interessen verfolgte, die nicht nur das Gegenteil unserer Abmachung waren, sondern auch staatlicherseits nicht gerne gesehen wurden. Ich konnte unmöglich weiter ignorieren, was sich da in meinen Beziehungen abspielte.

Am nächsten Tag wanderte ich durch das Tal hinter meinem Haus auf den dreitausend Meter hohen Ute Peak zu, der mir schon immer eine Quelle der Klarheit und des Geheimnisvollen war. Ich ging in stillem Gebet den Schotterweg entlang und bat um die Weisheit, die Lektion zu verstehen und das Muster zu erkennen, das so offensichtlich war, dass ich es nicht sehen konnte. Was war diesen drei Beziehungen gemeinsam? Ich erinnerte mich daran, was John mir gesagt hatte:

»Jede Person ist ein Spiegel für dich, der dir zeigt, wer du in dem jeweiligen Augenblick gerade bist. Durch aufmerksames Beobachten kannst du an der Reaktion deines Gegners erkennen, was du anbietest.«

Ich überlegte also:

Auf welche Eigenschaften haben mich diese Personen durch ihr Handeln hingewiesen?

Ich ging alle Merkmale, die mir einfielen, nacheinander durch, doch nach einer Weile ließ es sich auf vier Qualitäten reduzieren: Ehrlichkeit, Integrität, Wahrhaftigkeit und Vertrauen.

Also fragte ich mich:

Wenn jede dieser Personen mir das zeigt, was ich gerade bin, heißt das, es mangelt mir an Ehrlichkeit?

Mangelt es mir irgendwo in meiner Arbeit oder meinem Leben an Integrität, Vertrauen und Wahrhaftigkeit?

In meinem Körper wallte Empörung hoch und eine innere Stimme rief:

Nein, natürlich bin ich ehrlich! Natürlich bin ich integer! Natürlich bin ich wahrhaftig und vertrauenswürdig. Dies sind genau die Grundlagen meiner Arbeit, die ich anderen anbiete!

Im gleichen Augenblick entstand eine Erkenntnis in mir, zuerst flüchtig, doch dann wurde der Spiegel kristallklar. Diese drei Menschen, die ich so meisterhaft in mein Leben gezogen hatte, zeigten mir nicht das, was ich in jenem Moment war, sondern sie waren mir ein anderer subtiler Spiegel, vor dem niemand mich gewarnt hatte.

In ihrer Einzigartigkeit hatten alle drei mir nicht das verdeutlicht, was ich war, sondern das, was ich bewertete und verurteilte. Plötzlich wurde mir klar, dass Vertrauen, Integrität, Ehrlichkeit und Wahrheit für mich eine immense emotionale Ladung besaßen, die sich wahrscheinlich seit meiner Kindheit aufgebaut hatte. Sofort fielen mir all die Situationen meines Lebens ein, in denen Vertrauen, Integrität, Ehrlichkeit und Wahrhaftigkeit missachtet und verletzt worden waren. Unehrlichkeit in vergangenen Liebesbeziehungen, Versprechen, die nicht eingehalten wurden, es war einen lange Liste. Meine Geladenheit und meine Bewertungen hatten sich über Jahre hinweg auf einer so subtilen Ebene aufgebaut, dass ich es nicht bemerkt hatte. Doch jetzt war etwas mit so weitreichenden Konsequenzen geschehen, dass ich es nicht mehr ignorieren konnte.

An diesem Tag lernte ich das Geheimnis des zweiten Spiegels der Beziehungen, den Spiegel dessen, was bewertet wird.

Am nächsten Tag besuchte ich einen Freund, der in einem nahe gelegenen Pueblo lebt und dort einen Laden hat. Er ist ein sehr begabter Künstler und Handwerker, was sich in seinen Skulpturen, Traumfängern, seinem Schmuck und den Musikinstrumenten zeigt. Als ich kam, arbeitete er gerade an einer zwei Meter hohen Skulptur, und nach einer Weile erzählte ich ihm von den drei Leuten in meinem Leben und dem fehlenden Geld. Er antwortete darauf mit einer Geschichte.

»Mein Urgroßvater jagte in der Prärie Neumexikos Büffel«, begann er.

Hier zogen schon seit langem keine Büffel mehr durch, daher wusste ich, dass es lange her gewesen sein muss.

»Vor seinem Tod gab er mir das, was ihm von all seinen Sachen am meisten bedeutete: den Kopf des ersten Büffels, den er als Junge erlegt hatte.«

Robert (nicht sein wirklicher Name) erzählte dann davon, wie viel dieser Büffelkopf ihm bedeutet hatte, da er eines der wenigen greifbaren Dinge war, die ihn mit seinem Großvater und seiner Herkunft verbanden. Eines Tages kam eine Galeriebesitzerin aus dem nahe gelegenen Künstlerort Taos zu Besuch und fragte, ob sie den Büffelkopf als Dekoration für ihren Laden ausleihen könne. Robert willigte ein. Nachdem er ein paar Wochen lang nichts von ihr gehört hatte, fuhr er in die Stadt, um nach ihr zu sehen. Zu seinem Erstaunen war die

Galerie verschwunden, die Türen waren verschlossen und sie war weg. Ich konnte den Schmerz in Roberts Augen sehen, als er mir davon erzählte.

»Was hast du gemacht?«, fragte ich, in der Erwartung, von seiner Suche nach der Galeriebesitzerin und der Zurückeroberung seines wertvollen Stücks zu erfahren. Er sah mir in die Augen und seine Antwort war einfach und weise.

»Ich tat nichts«, sagte er, »sie lebt mit dem, was sie getan hat.«

Als ich den Pueblo verließ, dachte ich darüber nach, was diese Geschichte in Bezug auf mein Leben bedeutete. Ich erkundete meine juristischen Möglichkeiten, zumindest einen Teil meines verlorenen Geldes wiederzubekommen, doch es stellte sich schnell heraus, dass es trotz guter Erfolgsaussichten nicht nur sehr langwierig werden könnte, sondern dass es zu einer strafrechtlichen Verfolgung kommen würde, wodurch mein Anwalt oder ich auf das Schicksal der Angeklagten keinen Einfluss mehr hätten und es zu einer Inhaftierung führen könnte. Es würde endlose Gebühren, Anhörungen und Verhandlungstermine geben, und alles in allem eine Beziehung verlängern, mit der ich mich nicht mehr verbunden fühlte. So wütend ich auch war, eine Gefängnisstrafe und all der emotionale Aufwand erschien mir nicht gerechtfertigt. Ich überdachte die verschiedenen Möglichkeiten und kam zu einem Entschluss, der sich sofort richtig anfühlte.

In der ersten Begegnung mit diesen drei Menschen gab es ein verbindendes Element. Bei jedem von ihnen hatte ich das Gefühl gehabt, dass etwas nicht stimmte. Es gab dafür keinen vernünftigen Grund. Ich kannte sie ja noch gar nicht. Doch ich ignorierte dieses definitiv vorhandene Gefühl genauso wie einige ganz offenkundige Hinweise. Zum Beispiel fragte ich den Mann, der dann mein Geschäftspartner wurde, schon beim ersten Treffen nach wenigen Minuten:

»Wann sind Sie geboren?« Ich stelle diese Frage nur sehr selten, doch in diesem Moment dachte ich keine Sekunde lang darüber nach.

»Am 28. Juni 1954«, antwortete er.

Das war exakt der Tag, an dem auch ich geboren wurde. Der Mann, dem ich meine Organisation anvertrauen wollte, war nur fünf Stunden vor mir auf die Welt gekommen. Ich dachte, dass zwei Menschen, die so nahe beieinander in einem gefühlvollen Wasserzeichen geboren waren, keine Probleme in einer Partnerschaft haben könnten.

In diesem Moment geschah etwas, was ich bis heute erinnere, auch wenn ich es damals nicht beachtete. Mein zukünftiger Partner sah mir direkt in die Augen und bemerkte wahrscheinlich gar nicht die Klarheit seiner Botschaft, als er lachend sagte: »Ich bin dein böser Zwillingsbruder.«

Das hätte mir ein Hinweis sein können, wenn ich mich nicht entschieden hätte, seine Worte sofort als Scherz abzutun, obwohl ich es eigentlich nicht lustig fand. Wenige Monate später erinnerte ich mich an diese Worte, doch dann war es zu spät.

Unter Berücksichtigung aller Ereignisse kam ich zu dem Schluss, in bezug auf das Geld nichts zu unternehmen. Durch mein Nichtstun könnte sich das Momentum der Ereignisse beruhigen, das Muster sich ändern und alles wäre vorbei.

Nur eine Woche zuvor hatte ich vor einer Gruppe in Kalifornien darüber gesprochen, dass meinem Empfinden nach 1993 ein Jahr der »Wahrheit« werden würde. Damit würde alles, was der Integrität seiner eigenen Wahrheit entbehrte, unter seinem eigenen Gewicht zusammenbrechen. Ich erkannte die Gelegenheit, dieses Prinzip selbst anzuwenden, indem ich alle Beteiligten inklusive mir selbst einfach mit den Konsequenzen dessen leben ließ, was sich ereignet hatte. Es war fertig. Ich kam auch in meinem Körper und in meiner Logik zu dem gleichen Schluss, und so unternahm ich nichts und fühlte mich gut dabei.

Es ging dann sehr interessant weiter. Praktisch unmittelbar nach meinem Entschluss, nichts zu unternehmen, begannen die drei Menschen, die mir meine Bewertungen gespiegelt hatten, aus meinem Leben zu verschwinden. Ich bemühte mich in keiner Weise darum, es geschah einfach. Die Telefongespräche wurden seltener, die Briefe spärlicher und ich dachte immer weniger an sie. Ich war nicht wütend oder ablehnend ihnen gegenüber. Ich spürte auf eigentümliche Art einfach »nichts« in Bezug auf sie. Nachdem ich mich mit den Ereignissen, die zwischen uns stattgefunden hatten, ausgesöhnt und meine Bewertungen aufgegeben hatte, gab es einfach keine Ladung mehr, die die Beziehungen aufrecht erhalten hätte.

Noch interessanter war allerdings, dass innerhalb weniger Tage auch andere Menschen, die seit langer Zeit mein Leben begleitet hatten, anfingen, sich zurückzuziehen. Auch hier unternahm ich selbst nichts in dieser Richtung. Die Kommunikation wurde immer weniger und was übrig blieb, erschien mir mühsam und künstlich. Wo wir früher eine gemeinsame Grundlage hatten, gab es jetzt eine Leere, die beiden Seiten unangenehm war. Sobald ich diese Veränderungen bemerkte, wurde mir klar, dass jede dieser Beziehungen, so unterschiedlich sie auch schienen, in dem gleichen Muster wurzelte, wie die drei Beziehungen, die ich gerade hinter mir hatte: dem Muster der Bewertung und Verurteilung.

Die emotionale Ladung meiner Bewertungen von Vertrauen und Vertrauensmissbrauch waren der Klebstoff gewesen, der diese Beziehungen zusammenhielt. Indem ich einen mitfühlenden Weg gefunden hatte, jede Person mir ihren

Spiegel zeigen zu lassen, statt es ihnen heimzahlen zu wollen, begann die Anziehung schwächer zu werden und der Klebstoff sich aufzulösen. Ich bemerkte, wie sich das Echo in einer Art Domino-Effekt auf viele Ebenen ausbreitete. Der zweite Spiegel der Beziehungen funktionierte wunderbar.

Ich möchte euch einladen, eure Beziehungen mit den euch nahe stehenden Personen zu überprüfen. Von welchen ihrer Charakterzüge fühlt ihr euch besonders angezogen? Und welche Muster und Eigenschaften könnt ihr an ihnen nicht ausstehen? Wenn ihr das herausgefunden habt, könnt ihr die Frage stellen:

»Spiegelt diese Person mir in diesem Augenblick etwas von mir selbst?«

Wenn du das ehrlich verneinen kannst, dann spiegeln die Qualitäten und Handlungen, an denen du dich reibst, wahrscheinlich Charaktereigenschaften wider, die du emotional abwertest.

Ich habe meine Geschichte erzählt, um dem üblichen Gefühl des *wer hat wem was angetan* die Muster der emotionalen Ladung gegenüber zu stellen. Manche Menschen reagieren auf diese Geschichte mit Aussagen wie: »Aber sie haben dir dein Geld weggenommen. Sie haben dein Vertrauen missbraucht. Sie haben dich mittellos zurückgelassen. Sie haben dir das angetan.«

Auf einer gewissen Ebene treffen diese Beobachtungen sicherlich zu. Wenn wir das Leben von dieser Warte aus betrachten, werden wir allerdings in den Denkmustern verhaftet bleiben, die solche Erfahrungen ermöglichen. Auf einer anderen Ebene waren diese drei Menschen, einfach durch ihr Sein, großartige Lehrer für mich und haben mir eine der wirkungsvollsten Lektionen meines Lebens erteilt. Ich entscheide mich dafür, die Erfahrung unserer Leben auf die nächste Stufe zu heben.

Die Spiegel der Bewertung sind subtil und schwer zu fassen. Auch wenn wir uns ihrer bewusst werden, ergeben sie vielleicht zunächst wenig Sinn. Es ist kein unbedeutender Schritt zu erkennen, dass ein Geschehen die Reflexion einer Bewertung ist. Ich bedanke mich für die Lektionen und spreche den Menschen, die mir meine Menschlichkeit gezeigt haben, tiefsten Respekt und Dankbarkeit dafür aus, dass sie den Spiegel unfehlbar aufrechterhalten haben.

Das Geheimnis des dritten Spiegels: Reflexionen des Verlustes

»Das Reich meines Vaters
ist wie eine gewisse Frau,
die einen Krug voller Mehl trug.
Während sie ihres Weges ging,
noch ein ganzes Stück von ihrem Haus entfernt,
brach der Krug und das Mehl entleerte sich hinter ihr auf den Weg.
Sie bemerkte es nicht;
sie hatte den Schaden nicht erkannt.
Als sie ihr Haus erreichte,
setzte sie den Krug ab und fand ihn leer.«

Essener Parabel aus der Nag Hammadi Bibliothek[4]

Deine Liebe und dein Mitgefühl sind wie dieses Mehl. Du gehst durch diesen Wachtraum des Lebens und verlierst dabei Teile deines Lebens, gibst sie vielleicht arglos fort oder sie werden dir von Menschen, die Macht über dich haben, genommen. Du gehst Kompromisse ein und tauschst dabei diese Teile gegen dein Überleben dieser Erfahrungen. Wenn du dann in deinem Leben einen Punkt erreichst, an dem du dich wahrhaftig dafür entscheidest, zu lieben, dich mitzuteilen und zu geben, stellst du vielleicht fest, dass nichts mehr übrig ist. Du merkst, dass du dich selbst Schritt für Schritt an genau die Erfahrung verloren hast, die dich eigentlich zum Miteinanderteilen einlädt. Deine Überlebensmuster und die Masken in deinen Beziehungen zu erkennen, kann deinen Weg der Entscheidung beschleunigen. Diese für dich wichtigen Teile zu dir zurückzurufen ist ein wesentlicher Schritt zur Meisterung deines Lebens.

Selbst für kalifornische Verhältnisse war es eine warme Julinacht. Ich hatte ein Seminarhaus in dem Städtchen McCloud in der Nähe von Mt.Shasta für meine Gruppe gemietet, und in der Lobby schauten wir uns an diesem Abend gemeinsam eine Videodokumentation über die heilige Geometrie alter heiliger Stätten an. Während das Video lief, erschienen zwei Frauen in der Eingangstür. Sie waren mit einer der Frauen, die in dem Seminarhaus arbeiteten, befreundet, und wollten nach einem langen Reisetag hier übernachten. Als sie hereinkamen, lief gerade der spannendste Teil des Videos und angesichts all der gebannt zuschauenden Menschen fragte eine der Frauen, ob sie mitschauen könne. Ich war einverstanden. Sie setzte sich auf den Boden und fügte sich ganz zwanglos ein.

Als das Licht anging, konnte ich die junge Frau zum ersten Mal richtig sehen. Sie erschien mir merkwürdig vertraut, wodurch mir ihre Gegenwart sofort angenehm war. Ich fühlte mich zu ihr hingezogen, und scheinbar ging es ihr ähnlich, denn nachdem die anderen sich zur Nacht zurückgezogen hatten, beschlossen wir, noch auf einen Nachtspaziergang durch die Straßen von McCloud zu machen. Wer jemals in McCloud war, weiß, dass das kein langer Weg ist. Nach wenigen Minuten standen wir wieder vor unserem Domizil. Da uns beiden noch nicht danach zumute war, den Abend zu beenden, drehten wir noch viele Male die »McCloud-Runde« und machten uns mit dem Bahnhof, der Eisdiele und der Sägemühle vertraut, während wir Reise- und Familiengeschichten austauschten. Chris (nicht ihr wahrer Name) erzählte davon, dass sie am nächsten Tag, sobald ihr alter Volvo repariert sei, wieder zurück an die Ostküste fahren wolle. Irgendwann sagten wir uns Gute Nacht, und ich ging davon aus, dass ich sie nie wieder sehen würde.

Am nächsten Tag fuhr ich durch McCloud und suchte eine Tierhandlung, da ich mich entschieden hatte, das Kätzchen Merlin mitzunehmen, und noch einige Dinge für die Fahrt mit ihm brauchte. Als ich an einer roten Ampel wartete, sah ich Chris auf dem Gehweg stehen. Sie entdeckte mich im gleichen Augenblick und lief zu meinem offenen Wagenfenster. Während die Fahrer hinter mir ungeduldig hupten, fragte ich sie, ob sie mit mir Mittagessen wolle, und sie sprang ins Auto. Wir waren beide ein bisschen überrascht darüber, so schnell wieder zusammen zu sein. Wir kauften die Sachen für Merlin und gingen dann in ein kleines Cafe, wo wir die ersten Mittagsgäste waren. Wir redeten über die Erfahrungen unseres Lebens, über Ehe und Scheidung, Reisen in ferne Länder und die Suche nach Gott, und ich konnte beobachten, wie sich das Cafe mit Gästen füllte und wieder leerte. Unser Mittagessen dauerte drei Stunden. Wir gingen, noch immer redend, zu ihrem reparierten Volvo, der ganz in der Nähe stand, küssten uns auf die Wangen, verabschiedeten uns und sie fuhr davon. Ich ging wieder davon aus, sie nie mehr zu sehen. Ich schaute ihrem davonfahrenden Wagen nach, als in mir etwas Unerwartetes geschah.

Ein Gefühl großer Leere breitete sich in meiner Brust und meinem Bauch aus. Wellen der Emotion durchfluteten meinen Körper. Während mir die Tränen über die Wangen liefen, stellte ich etwas Höchsterstaunliches fest: Ich vermisste diese Frau! Wenn ich es nicht besser gewusst hätte, müsste ich annehmen, ich sei in sie verliebt. Ich wusste jedoch, dass eine romantische Form der Liebe hier wahrscheinlich nicht stattfand. Wir hatten vielleicht fünf Stunden miteinander verbracht. Was auch immer es war, jedenfalls lief etwas sehr Reales in mir ab, daran gab es keinen Zweifel.

Ich ging zu meinem Wagen, setzte mich hinein und starrte im Nachmittagssonnenschein dorthin, wo vor wenigen Momenten ihr Auto verschwunden war. Ob sie genauso empfand wie ich? Würde sie wenden und zurückkommen, oder fand die ganze Geschichte nur in meinem Kopf statt? Ich saß da eine Weile lang mit diesem Schwall an Gedanken und Gefühlen. Dann fuhr ich zurück, um Merlin abzuholen und nach Neu Mexiko zu fahren. Ich sah Chris nie wieder. Was war mir da widerfahren?

Am Anfang meiner Laufbahn in der Raumfahrtindustrie arbeitete ich in einem Team mit Softwareingenieuren. Da wir in einem ziemlich kleinen Büro miteinander saßen, lernten wir uns und unsere jeweiligen privaten und familiären Situationen schnell gut kennen.

Einer der Ingenieure, mit denen ich zusammenarbeitete, hatte ein Phänomen entwickelt, das sich in seinem Leben sehr zerstörerisch auswirkte. Er »verliebte« sich praktisch täglich in jemanden, den er in der Mittagspause kennen gelernt hatte. Das konnte die Kellnerin beim Mittagessen sein, oder die Frau am Bankschalter, eine Verkäuferin oder die Kassiererin im Supermarkt. Er verliebte sich manchmal auch mehrmals an einem Tag. Das Problem bestand darin, dass er mit einer liebenswerten Frau glücklich verheiratet war und ein wunderbares Kind mit ihr hatte. Nichtsdestotrotz waren seine Liebesgefühle für diese Frauen, nachdem er ihnen begegnet war, so stark, dass er sich nicht mehr auf seine Arbeit konzentrieren konnte, den ganzen Nachmittag an sie dachte, sie anrief und zum Kaffee einlud, und, falls die Einladung angenommen wurde, sich dann in die Kellnerin verliebte, die ihnen den Kaffee servierte.

Er konnte dem Drang nicht widerstehen, mit diesen Menschen Kontakt aufzunehmen, um zu erforschen, was seine Liebesgefühle ihm mitzuteilen schienen. Was war mit diesem Mann los?

Hattest du je ähnliche Erfahrungen, wenn auch vielleicht nicht unbedingt in diesem Ausmaß? Ist es dir je passiert, dass du in einer wunderbaren Beziehung gelebt hast, oder vielleicht allein und damit wirklich zufrieden warst, und du stehst auf einer belebten Straße, auf dem Flughafen oder in einem Kaufhaus, und plötzlich passiert es: Ein völlig fremder Mensch geht an dir vorbei, eure Augen begegnen sich und es macht »klick«. Vielleicht empfindest du ein Gefühl der Vertrautheit, vielleicht ein überwältigendes Bedürfnis, diesen Menschen kennen zu lernen, mit ihm oder ihr zu sprechen, oder einfach einander nahe zu sein. Aus meinen Seminaren weiß ich, dass das gar nicht so selten vorkommt.

Meistens geht es damit weiter, dass einer von beiden das Ereignis abwertet. Für den Bruchteil einer Sekunde gab es jedoch diesen Blickwechsel, in dem beide einander etwas mitgeteilt haben, wahrscheinlich ohne sich dessen bewusst zu sein. Dann erschafft der vernünftige Verstand irgendeine Ablenkung, um den Kontakt abzubrechen, ein vorbeifahrendes Auto, ein Niesen oder ein Kopfschütteln. Die Aufmerksamkeit wendet sich ab und der Augenblick ist vorbei.

Wenn du aufmerksamer auf die Muster des Lebens achtest, bemerkst du vielleicht, dass dir diese Erfahrung sehr häufig, vielleicht sogar täglich widerfährt, allerdings hoffentlich nicht so intensiv wie bei meinem Arbeitskollegen. All diese beispielhaften Situationen stellen Gelegenheiten dar, in denen du dich selbst besser kennen lernen kannst, wenn du die Weisheit besitzt, das zu erkennen. Es geht um das Geheimnis des dritten Spiegels. Um bis zu diesem Zeitpunkt in deinem Leben zu überleben, musstest du große Teile deiner selbst aufgeben, einfach damit es weitergehen konnte. Du hast diese Teile angesichts der Herausforderungen des Lebens arglos weggegeben, verloren, oder sie wurden dir genommen. Du lerntest, dass es leichter ist, nachzugeben oder dich zu verändern, als dein Leben direkt auf die Widrigkeiten zuzusteuern. Die Kompromisse, die dabei herauskamen, wurden in gesellschaftlich akzeptierte oder zumindest geduldete Verhaltensweisen gepackt. Wenn Kinder beispielsweise gezwungen sind, geschäftliche oder familiäre Erwachsenenrollen zu übernehmen, wenn Kulturen so nah aufeinander gedrängt leben, dass sie ihre Wurzeln verlieren, oder wenn die Gefühle betäubt werden, um traumatische Kindheits- und Jugenderfahrungen zu überleben, dann geben wir Teile unserer Selbst ab.

Wir tun das, um zu überleben. Vielleicht hast du als Kind gelernt, dass dein Leben viel einfacher verläuft, wenn du still bist, als wenn du eine Meinung äußerst, die von Eltern oder Freunden verachtet wird. Wenn du in deiner Familie das Ziel von Missbrauch und Trauma warst, dann war es vielleicht sicherer, nachzugeben und zu vergessen, als Widerstand zu leisten. Unter bestimmten Umständen gilt es sogar als gesellschaftlich akzeptabel, einen anderen Menschen zu töten. Wir sind darauf konditioniert, unsere Macht abzugeben und uns Konflikten, Krankheiten und überwältigenden Gefühlen gegenüber hilflos zu fühlen.

In jedem dieser Beispiele geht es mir mehr um das Verhaltensmuster des Verlustes oder Abgebens eines Teils von dir als darum, ob das jeweilige Empfinden richtig, falsch oder angemessen ist.

Dieses Verhalten ist ein Weg und wie jeder Weg hat er Konsequenzen. Jedes verlorene Teil hinterlässt eine Leere in dir, die wieder gefüllt werden will. Diese Leere kann auch als fehlende Ladung betrachtet werden. Daraus ergibt sich der Schlüssel zum Verständnis der oben genannten Beispiele:

Wenn du jemandem begegnest, dessen Ladung die Teile ergänzt, die du verloren oder abgegeben hast, dann empfindest du die Ladung dieser Person als sehr angenehm.

Bewusst oder unbewusst sind wir ständig auf der Suche nach diesem Gefühl. Die komplementäre Ladung anderer bewirkt, dass wir sie so lange brauchen, um uns »ganz« zu fühlen, bis wir uns der inaktiven Teile unserer Selbst in uns selbst erinnern. Du spürst in einer anderen Person die Muster, an die du dich in dir selbst nicht mehr erinnerst und meinst, du empfändest Liebe. Mit dieser Person kannst du deine inaktiven Fähigkeiten, Eigenschaften und Charaktermerkmale wieder zum Leben erwecken. Der Mensch neben dir, deine Freunde oder Familienmitglieder erfahren dieses Liebesgefühl nicht auf die gleiche Weise, denn andere haben sich auf andere Art ihrer selbst entäußert.

Der Schlüssel liegt darin, diese Gefühle als das zu erkennen, was sie sind und nicht als das, was deine Konditionierung daraus machen will. Wenn du es nicht besser weißt, dann glaubst du vielleicht, dass du verliebt bist, und vielleicht bist du es auch. Woraus besteht diese unerklärliche Anziehung, das Feuer, nachdem wir miteinander suchen, durch das wir uns lebendig und vollständig fühlen? *Dieses Feuer ist die Ladung, die uns ergänzt.* Diese Gefühle tauchen auf, wenn wir jemandem begegnen, der die komplementären Teile besitzt, die unsere Leere füllte. Wenn wir so jemanden finden, nennen wir das dabei entstehende Gefühl romantische Liebe. Manchmal nennen wir den anderen auch »unsere bessere Hälfte«. Vor diesem Hintergrund können wir besser verstehen, was in unseren Beispielen geschah.

Ohne sich dessen bewusst zu sein, suchte mein Kollege wahrscheinlich in den Frauen genau die Teile, die er in seinem Leben verloren oder weggegeben hatte, oder die ihm genommen wurden. Die Teile, die er behalten hatte, ermöglichten es ihm, der Ingenieur, Ehemann, Vater und Freund zu sein, der er zurzeit war. Doch die anderen Teile besaßen eine solche Dringlichkeit, dass er mindestens eines davon in beinahe jeder Frau fand, der er begegnete.

Da er seine Gefühle nicht verstand, drängte es ihn, seinen Gefühlen entsprechend auf die einzige Art zu handeln, die er kannte. Er war ehrlich davon überzeugt, dass jede dieser Begegnungen die Möglichkeit des Glücks enthielt, einfach weil er sich in der Gegenwart dieser Menschen so wohl fühlte. Unabhängig davon liebte er seine Frau und seinen Sohn sehr. Als ich ihn einmal fragte, ob er daran dächte, sie zu verlassen, schaute er mich entgeistert an. Er hatte keinerlei Absichten, seine Ehe zu beenden, und doch waren seine Gefühle so stark, dass sie schließlich seine Ehe ernsthaft gefährdeten.

Als Chris in Mt.Shasta von mir fortfuhr, reagierte ich körperlich und tief emotional. Als ihre Rücklichter verschwanden, fühlte es sich an, als ob mir etwas aus dem Leib gerissen würde. Als ich in mich ging, um zu verstehen, was da ablief, wurde mir klar, dass ich in Chris einen Teil von mir erkannt hatte, den ich Jahre zuvor weggegeben hatte. Chris hatte mir meine verlorene Unbefangenheit und Spontaneität gespiegelt.

Auf dem Hinweg nach Mt.Shasta hatte ich genau über dieses Thema nachgedacht. Ich liebte ihre Unbefangenheit und das Staunen, mit dem sie das Leben in sich und um sich herum betrachtete. Durch meine jahrelange akademische Laufbahn, meine berufliche Karriere und meine gescheiterte Ehe hatte ich mit Sicherheit einen Teil meiner Unbefangenheit und Spontaneität verloren.

Wahrscheinlich ist so was weit verbreitet, vielleicht geschieht es sogar täglich. Wenn ich zum Beispiel in den Jahren, bevor ich Geologe wurde, die Bundesstraße 70 von Denver aus entlang fuhr, war ich jedes Mal voller Bewunderung für die Schönheit der Straßeneinschnitte. Ich hatte nicht geahnt, dass Felsen solche brillanten Farben haben können: leuchtendes Rot, schimmerndes Rosa und tiefe Grüntöne, die in Blau und Grau übergingen. Nach meinem Studium fuhr ich immer noch dieselbe Straße entlang, durch die gleichen Straßeneinschnitte, aber jetzt sah ich geologische Beispiele für Abdachungswinkel, Ablagerungen aus der Kreidezeit und metamorphische Prozesse statt der leuchtenden Farben und schönen Bänderungen. Ich hatte einen Teil meiner Unbefangenheit gegen die Weisheit meiner Kenntnisse eingetauscht.

Indem wir Teile von uns um unseres Überlebens willen abgegeben haben, ließen wir uns auf die begrenzten Ausdrucksmöglichkeiten des Übriggebliebenen ein. Für manche ist diese Begrenzung stärker als für andere.

Während meiner Zeit in der Raumfahrtindustrie erhielt ich eines Nachmittags eine unerwartete Einladung zu einer informellen Präsentation von ranghohen Vertretern des Militärs und der Wirtschaft. Nach der Präsentation wurde einer der Generaldirektoren gefragt, wie man denn durch die militärischen Ränge, durch wirtschaftliche Hierarchien und durch die Bürokratie des Pentagon zu der machtvollen Position des Direktors eines großen internationalen Unternehmens aufsteigen könne. Ich lauschte aufmerksam, als dieser Mann sehr ehrlich und bewusst antwortete:

»Um dorthin zu gelangen, wo ich heute bin«, sagte er, »musste ich mich um der Reise willen selbst aufgeben. Jedes Mal, wenn ich einen Rang höher stieg, habe ich ein weiteres Stück meines Lebens verloren. Eines Tages erkannte ich, dass ich oben angelangt war, und schaute auf mein Leben zurück. Ich entdeckte, dass ich so viel von mir um der Reise willen aufgegeben hatte, dass nichts mehr übrig war. Ich gehöre dem Militär und dem Unternehmen. Ich habe das aufgegeben, was ich am meisten geliebt habe, meine Frau, meine Kinder, meine Freunde und meine Gesundheit. Ich habe diese Dinge gegen Macht, Reichtum und Kontrolle eingetauscht.«

Ich war von seiner Ehrlichkeit beeindruckt. Dieser Mann hatte sich selbst in diesem Prozess verloren, doch er hatte es bewusst getan. Seine machtvolle Position war es ihm wert gewesen. Wir alle tun im Laufe unseres Lebens wohl Ähnliches, wenn auch mit unterschiedlichen Gründen. Den meisten Menschen geht es weniger um Macht als ums Überleben.

Wenn dir jemand auf der Straße begegnet und du dieses Gefühl der Vertrautheit verspürst, lass dich doch mal ganz auf diesen Moment ein. Beiden Seiten widerfährt da etwas sehr Bedeutendes. Ihr seid gerade jemandem begegnet, der einen Teil von euch zeigt, nach dem ihr sucht. Kannst du es direkt erkennen? Wenn es sich passend anfühlt, sprich mit der Person. Unterhaltet euch über irgendwas, nur damit ihr Blickkontakt habt. Und frage dich beim Sprechen:

Was sehe ich in dieser Person, was ich verlor, vergaß oder was ist mir genommen worden?

Die Antwort wird sich unmittelbar einstellen. Es kann einfach das Erkennen eines Gefühls sein oder sich wie eine vertraute Stimme anhören, die du seit deiner Kindheit kennst. Die Antworten kommen oft als einzelne Wörter oder kurze Sätze. Dein Körper weiß, was für dich wichtig ist. Vielleicht erkennst du einfach die Schönheit dieser Person, eine Schönheit, die du in dir selbst zurzeit nicht siehst. Vielleicht ist es ihre Unbefangenheit, die Eleganz, mit der sie den Gang entlang geht, das Selbstvertrauen, mit dem sie etwas erledigt, oder einfach ihre lebendige Ausstrahlung. Spüre das Gefühl, während ihr Blickkontakt habt, und erkenne, was geschieht. Wahrscheinlich steht dir jemand gegenüber, der in der Lage ist, dir Teile deiner selbst zu zeigen, die du vergessen hast.

Wenn sie den Spiegel nicht verstehen, mögen einige Menschen diese Gefühle der Anziehung unangenehm oder unpassend finden. Vielleicht glaubst du, du seiest verliebt, und empfindest alle möglichen Schuldgefühle, weil es unangebracht ist. Wenn du verstehst, was deine Gefühle dir mitteilen, bist du keiner unwiderstehlichen und unerklärlichen Lockung ausgeliefert, sondern kannst dich bewusst verhalten. Wenn es allerdings um jemanden geht, mit dem du regelmäßig Kontakt hast, wie zum Beispiel einen Arbeitskollegen, dann kann eine derartige Anziehung zum Problem werden und die Karriere, Familie oder deine persönliche Integrität gefährden.

Wenn dir so etwas häufiger widerfährt, schlage ich dir vor, Folgendes zu versuchen. Wenn du das Gefühl hast, dass die andere Person für ein Gespräch über deine Gefühle offen ist, kannst du die Sache folgendermaßen angehen. Erkläre der Person deine Gefühle, indem du einfach die Wahrheit sagst:

Ich fühle mich zu dir hingezogen.

Und fahre dann fort:

Als ich mich fragte, warum, habe ich entdeckt, dass ich in dir etwas von mir selbst wiederfinde, was ich vor langer Zeit verloren habe. Zu diesem Teil von dir fühle ich mich hingezogen.

Ich habe dieses Vorgehen selbst ausprobiert und anderen empfohlen und dabei festgestellt, dass einfach durch das Aussprechen dieser ehrlichen Worte etwas Magisches passiert. Die starke Ladung der Anziehungskraft löst sich auf und eröffnet die Möglichkeit einer neuen, ganz anderen Art von Ladung. Wenn ihr die Gefühle anerkannt habt, könnt ihr vielleicht gemeinsam schauen, wie die Situation auf angemessene Art gelöst werden kann. Häufig entwickelt sich einfach durch das Aussprechen der drei oben genannten Sätze oder etwas Entsprechendem in deinen eigenen Worten eine auf tiefem Respekt und Verständnis beruhende, stärkere Freundschaft. Geschieht dies in einer Arbeitssituation, so habt ihr gute Chancen auf eine lange, gute Zusammenarbeit. Dies ist eine starke Alternative zu einem Verhalten, das auf dem basiert, was du für Liebe hältst, die nur zu Enttäuschung und möglicherweise zu Spannungen am Arbeitsplatz führt.

In den Seminaren bin ich danach gefragt worden, was diese Spiegel in Bezug auf die generelle Anziehung zwischen Männern und Frauen bedeuten. Das führt zu dem vielleicht bestgehüteten Geheimnis des dritten Spiegels. In dem essentiellen Sein deiner Seele bist du sowohl männlich als auch weiblich und beides zusammen. Ohne Körper bist du geschlechtslos. Stell dir nun die Konsequenzen deines Ausdrucks in einem Körper in dieser irdischen Existenz vor. Um auf die irdische Polaritätsebene hinabzusteigen, musst du dich zwischen den beiden Polaritäten entscheiden. Du musst entscheiden, dich entweder männlich oder weiblich auszudrücken, und musst den anderen Teil zurückstellen, um dieses Leben überhaupt beginnen zu können! Noch bevor du den Mutterleib verlässt, hast du schon fünfzig Prozent deiner Identität aufgegeben und kannst sie in deinem Leben nicht voll verwirklichen.

Deswegen strebst du in der Regel nach der Ergänzung dessen, was du abgegeben hast, nach deiner anderen Hälfte. Deswegen fühlst du dich manchmal aus unerklärlichen Gründen zu einer Person des anderen Geschlechts hingezogen. Rational magst du dir die Anziehungskraft mit der Schönheit oder sexueller Chemie erklären, doch wahrscheinlich fühlst du dich einfach wieder ganz, wenn du dein Komplementär berührst oder in den Armen hältst.

Idealerweise erweckt die Beziehung den inaktiven Teil von dir wieder zum Leben und damit ist die Ladung für dich ausgeglichen. Dann musst du eine große Entscheidung treffen, nämlich ob du die Beziehung fortsetzen willst. Ich nenne das eine große Entscheidung, weil du erst, wenn die Ladung ausgeglichen ist, wirklich wählen kannst, ohne dich von der magnetischen Kraft gedrängt zu fühlen.

Was ist mit gleichgeschlechtlichen Beziehungen? Auf Grund der vorliegenden Informationen kannst du dir diese Frage selbst beantworten. Im Allgemeinen suchen wir die Ergänzung dessen, was wir verloren haben oder was uns genommen wurde. Stell dir beispielsweise vor, eine Seele entscheidet sich, die Erde in einem männlichen Körper zu erleben. Um der Erfahrung willen wird der weibliche Aspekt dieser Seele schon vor der Geburt unterbetont. Die Seele polarisiert sich in eine männliche Ausdrucksform und kennt zunächst mal nur Männlichkeit. Wenn jetzt im Laufe der Erfahrungen ihres Lebens der Seele ihre Männlichkeit verloren geht, sie sie abgibt oder sie ihr genommen wird, was bleibt ihr dann übrig? Das Weibliche wurde vor der Geburt unterdrückt und das Männliche hinterher. Die polarisierte Seele wird sich dazu hingezogen fühlen, die Polarität, mit der sie hierher gekommen ist, wieder zu stärken, um zumindest fünfzig Prozent ihrer Identität zurückzugewinnen. In seinem Streben nach Ganzheit wird der Mann die Gesellschaft anderer Männer suchen, die ihm das Verlorene spiegeln. Diese Spiegelung mag Tage, Jahre oder ein Leben lang dauern.

In der Vergangenheit war die Bezeichnung und Zuordnung von Beziehungen von großer gesellschaftlicher Bedeutung. Das führte unter Umständen zu Urteilen, zu Familienausschluss und Schuldgefühlen wegen des doch eigentlich sehr natürlichen Prozesses, das zu suchen, was man verloren hat. Wenn wir uns in anderen spiegeln, entdecken wir Vollständigkeit. Wir streben kollektiv nach Ganzheit und erschaffen individuell verschiedene und einzigartige Wege dorthin.

Diejenigen, die sich trauen, zu fühlen, entdecken den dritten Spiegel wahrscheinlich jeden Tag, ob in Beamten oder Lehrern, in alten Menschen, die junge Menschen beobachten oder in Eltern, die ihren Kindern zuschauen, überall gibt es Katalysatoren für dieses Gefühl.

Es ist natürlich.

Es ist menschlich.

Ein Verständnis dessen, was deine Gefühle gegenüber anderen dir mitteilen, ist ein wichtiger Schritt auf dem Weg.

Das Geheimnis des vierten Spiegels: Reflexionen deiner großen vergessenen Liebe

»Das, was ihr habt, wird euch retten,
wenn ihr es aus euch hervorbringt.«

Schriftrollen vom Toten Meer[5]

Im Jahre 1992 rief mich eines Abends ein Mann an und fragte, ob ich bereit wäre, ihm durch die seiner Meinung nach größte Herausforderung seines Erwachsenenlebens zu helfen. In ihm war ein »aggressiver« Krebs diagnostiziert worden und nach

Meinung der Ärzte hatte er nur noch geringe Chancen auf ein langes Leben. Ich erklärte Charles (nicht sein wirklicher Name), dass ich keinerlei medizinische Ausbildung besäße und ihm höchstens zu Einsichten über emotionale Muster verhelfen könne, die dem Krebs vielleicht zu Grunde liegen. Er war einverstanden und wir verabredeten uns für zwei Tage später.

Als Charles in mein Büro kam, lief eine Welle von Emotionen durch meinen Körper. Er fühlte sich für mich nicht »wohl« an, doch er schien auch nicht jemand zu sein, der das Leben aufgegeben hatte. Nach einer herzlichen Umarmung und Begrüßung bat ich ihn, mir von sich und seinem Leben zu erzählen. Er überflutete mich mit einer detaillierten Beschreibung seiner Krankheit, der medizinischen Diagnosen, Prognosen und Statistiken. Mit brechender Stimme und zittrigen Händen berichtete er mir, was »sie« ihm erzählt hatten. Ich hörte eine Weile zu, da er das Bedürfnis zu haben schien, diese Dinge mitzuteilen, doch an einer geeigneten Stelle unterbrach ich ihn schließlich.

»Sie beschreiben mir, wie andere Sie aus ihrer Perspektive sehen«, sagte ich zu ihm. »Bitte erzählen Sie mir doch von Ihrem Leben. Wer sind Sie? Wie fühlen Sie sich?«

Charles hörte auf, zu weinen und starrte mich an. »Wie meinen Sie das? Was glauben Sie, wie ich mich fühle?«

»Das ist eine berechtigte Frage«, antwortete ich. »Doch ich möchte Sie verstehen. Dafür muss ich von Ihnen hören, wie Sie sich selbst wahrnehmen.« Charles nickte und begann, mir die Schmerzen in seiner Brust und in seinem Unterbauch zu beschreiben, seine Fieberschübe und die Steifheit seiner Muskeln.

»Jetzt beschreiben Sie mir Körperempfindungen. Bitte erzählen Sie mir, so gut Sie können, von Ihren Gefühlen. Und lassen Sie mich bitte Ihre Augen sehen.« Er wendete mir den Kopf zu und sah mich mit einem Blick mühsam beherrschter Verzweiflung an. Die Energie im Raum veränderte sich deutlich, als Charles sich in seinem Korbstuhl zurücklehnte und an den Fransen des Kissens unter ihm herumfummelte.

»Ich fürchte mich,« sagte er. »Ich fühle mich einsam und verloren. Meine Familie weiß nicht, wie sie sich mir gegenüber verhalten soll oder was sie sagen könnten. Mein Chef hat mich beurlaubt, damit ich die anderen Angestellten nicht störe. Meine Freunde sind ängstlich und trauen sich nicht, mich anzurufen. Ich bin allein, keiner ist da.«

»Gut«, sagte ich, »Sie machen das sehr gut. Jetzt erzählen Sie mir doch bitte von Ihrem Leben.«

Charles begann, mir die Geschichte eines Mannes zu erzählen, der den größten Teil seines Lebens unter Schmerzen verbracht hat. Es begann mit der leider allzu vertrauten Geschichte des Verlassenwerdens in der Kindheit. Als Charles sechs Jahre alt war, hatte sein Vater nach heftigen, wochenlangen Streitereien mit seiner Frau, die Familie einfach verlassen. Er war eines Morgens zur Arbeit gegangen und nicht zurückgekommen. Das Kind verstand die ehelichen Auseinandersetzungen nicht und so hatte Charles sich irgendwie für das Verschwinden seines Vaters verantwortlich gefühlt, meinte, ihn irgendwie aus dem Haus getrieben zu haben.

Im Laufe der folgenden Jahre spürte er jedes Mal, wenn er seine Mutter über den Verlust ihres Mannes weinen sah, nicht nur seinen eigenen Schmerz, sondern auch die Schuld für den ihren. Es entstand eine Distanz zwischen ihm und seiner Mutter. Er freundete sich mit Jungen aus der Nachbarschaft an, die einen ähnlichen Hintergrund hatten, und entdeckte mit ihnen zusammen Zigaretten, Alkohol, Sex und das Überleben einer rauen Kindheit.

Binnen kurzem betäubte er seinen Schmerz mit allem, was er durch seine Freunde kriegen konnte. Er experimentierte während seiner Schulzeit mit allen möglichen Chemikalien und Alkohol. Als er zum Militär kam, wusste er schon nicht mehr, warum er jeden Tag trank. Das Trinken war zur Gewohnheit geworden, zu einer mächtigen Kraft in seinem sinnleeren Leben. Während des Militärs war er zwar eine Zeit lang »trocken«, doch es war nie ein Problem für ihn, sich etwas zu besorgen, was ihm durch den Tag half.

In dieser Zeit hatte er verschiedene romantische Beziehungen. Meistens verließen ihn die Frauen genauso plötzlich und ohne Erklärung, wie es sein Vater getan hatte. Ich fragte Charles, wie er damit fertig geworden sei. Er sagte, er sei jedes Mal total niedergeschmettert gewesen. Es hätte sich angefühlt, als ob ihm jemand das Herz aus der Brust reißen würde.

Jetzt war er Anfang fünfzig und die Ärzte sahen die Ursache für den Krebs, der Charles' Leben Stück für Stück in Anspruch nahm, in dem jahrelangen Alkohol-, Nikotin- und Drogenkonsum, der seine Spuren im Atmungs- und Immunsystem hinterlassen habe. Als letzte Zuflucht hatte Charles ein paar Selbsthilfebücher gelesen und fragte jetzt »Warum?«

Was geschah ihm da? Was hatte er in den Entscheidungen seines Lebens ausgedrückt und warum wurde ihm das Leben jetzt genommen?

Ich erzähle diese Geschichte, weil sie auf so wunderbare Weise einen Weg verdeutlicht, den heutzutage viele, bewusst oder unbewusst, gewählt haben. Die alten Kalender und mystischen Texte sprechen von diesem Leben als der Zeit der Vollendung eines Zyklus. Das Ende dieses großen Erfahrungszyklus ist nicht getrennt von Charles' Körper. Um diesen Erfahrungszyklus zu vollenden, fordert Charles' Leben ihn dazu auf, sich mit seinen größten Ängsten auseinander zu setzen. Wenn er mit sich selbst emotional ins Reine kommt, wird Charles ein »Programm« erschaffen, mit dem sein physischer Körper heilen und überleben kann. Wenn wir den alten Texten Glauben schenken, dann ist es gut möglich, dass Charles' Art der Emotion die Qualität seines physischen Lebensausdrucks bestimmte.

Genau wie bei Charles birgt die größte Angst für die meisten Menschen so viel Schmerz, dass sie sie sehr geschickt maskiert haben. Jede Angst wird hinter einem gesellschaftlich akzeptablen Verhaltensmuster verborgen, sodass sie öffentlich gelebt werden kann. Wenn die Maske unserer größten Angst von unserer Gemeinschaft, Familie und Gesellschaft akzeptiert wird, dann gibt das gemeinsame Verdrängen und Betäuben Sicherheit. Zur Erläuterung dieses Konzeptes wollen wir uns Charles' Muster betrachten, um ein Gefühl dafür zu bekommen, was ihm sein Leben mitteilte.

Charles hatte seine Geschichte mit der Beschreibung seiner Verzweiflung über den Weggang seines Vaters begonnen. Er hatte wörtlich gesagt: »Mein Vater hat mich verlassen. Er hat mich allein gelassen.«

Warum war es so schrecklich für Charles, dass sein Vater ging? Es hatte nur Spannungen und Streit gegeben. Warum war er also nicht erleichtert? Ohne sich dessen bewusst zu sein, hatte Charles mir wahrscheinlich gerade die größte Angst seines Lebens mitgeteilt: Es war die erste der drei allgemeinen Ängste, die Angst vor Verlassenheit. Sein Schmerz über den Weggang seines Vaters hatte wahrscheinlich gar nicht so viel mit der Tatsache zu tun, dass sein irdischer Vater ihn und seine Mutter verließ. Das Ereignis war der Katalysator, der das Gefühl der Verlassenheit auslöste, mit dem Charles schon auf diese Welt gekommen ist, die Ladung der Getrenntheit. Wenn ihn in folgenden Beziehungen jemand verließ, erinnerte es ihn immer an seine ursprünglichen Gefühle der Getrenntheit. Das Ende seiner romantischen Beziehungen fühlte sich besonders schrecklich an, weil er hier mehr Nähe und Vertrauen zugelassen hatte. Schaut euch die Worte an, mit denen er mir von seinem Schmerz über den Weggang seines Vaters erzählte. Was meinte er wirklich, als er sagte:

»Mein Vater hat mich verlassen. Er hat mich allein gelassen.«

Im weiteren Verlauf des Gesprächs gab Charles zu, dass diese Worte auch seine Gefühle gegenüber seinem himmlischen Vater beschrieben. »Wie könnte ein Schöpfer, der mich liebt, so viel Schmerz in meinem Leben zulassen?«, fragte er.

»Wie könnte ein Schöpfer, der mich nicht vergessen hat, diesen Krebs in meinem Körper zulassen, der mich nach und nach auffrisst?«

»Genau«, sagte ich.

»Das ist genau die Reaktion. Das ist genau die Sprache. In diesem Moment haben Sie für sich die Gelegenheit erschaffen, den Teil von Ihnen selbst wieder zu entdecken, an den Sie sich wahrscheinlich am wenigsten erinnern, den Teil von Ihnen, an dem Ihnen am meisten liegt. Dies ist der Teil von Ihnen, der nur für Sie selbst, ihre große vergessene Liebe darstellt.«

Charles hatte ganze Arbeit geleistet. Er hatte sich auf diese Chance mit mir eingelassen, auch wenn er mich gerade eine halbe Stunde lang kannte, hatte er sich dafür entschieden, mir zu vertrauen und mich dadurch seine Ängste spüren lassen. Indem er mir unbefangen von seiner großen vergessenen Liebe erzählte, entdeckte er das Geheimnis des vierten Spiegels der Beziehungen. Ich bat ihn nun, sich zurückzulehnen, zuzuhören und seine Möglichkeiten zu erwägen.

Die Gabe der Sucht

In jedem von uns liegt der verborgene Samen unserer Wahrheit. Jeder dieser Samen enthält die Erinnerung an das, was wir sind, unsere Beziehung mit den Schöpfungskräften und unsere Rolle in dieser Welt. In jedem unserer Leben existiert auch die Wahrnehmung dessen, was dieser Same für uns bedeutet. Aus der Differenz zwischen der Wahrheit des ursprünglichen Samens und der Wahrnehmung unserer gegenwärtigen Realität ergibt sich die Verzerrung. Das entspricht folgender Gleichung:

(Ursprünglicher Same)
– (Gegenwärtige Wahrnehmung)
= Verzerrung

In dem Leben einiger Menschen ist die gegenwärtige Wahrnehmung so schmerzhaft geworden, dass die Verzerrung unerträglich geworden ist. So erschaffen diese mächtigen Wesen geschickt Verhaltensmuster, mit deren Hilfe sie die Verzerrung überleben können. Sie erschaffen meisterhaft Ablenkungen, sodass sie mit geringstmöglichem Schmerz durchs Leben kommen. In Wirklichkeit betäubt das Verhaltensmuster, mit dem sie es hinkriegen, jedoch immer wieder ihren Schmerz. Heutzutage bezeichnen wir diese sich wiederholenden Verhaltensmuster als Sucht.

Definition: Im Rahmen dieser Erläuterung definiere ich Sucht als ein sich wiederholendes Verhaltensmuster, dem du den Rest deines Lebens anpasst.

Wenn ich in Seminaren den Begriff der Sucht erwähne, denken die meisten sofort an Drogen, Chemikalien und Alkohol. Dies sind sicherlich weit verbreitete Verhaltensmuster, und viele Menschen richten ihr Leben so ein, dass sie diesen Süchten nachgehen können, doch es gibt noch andere, weniger offensichtliche, die vielleicht als gesellschaftlich akzeptables Verhalten oder als Lebensstil durchgehen. Nachstehend folgt ein Auszug aus einer Auflistung von Süchten aus einem meiner Seminare:

Beziehungen	Nikotin	Geld verdienen
Macht	Kontrolle	Sex
Geld ausgeben	Im Mangel leben	Leiden

Jeder dieser Begriffe beschreibt wertfrei ein Verhaltensmuster, um dessenwillen Menschen die Prioritäten ihres Lebens verändern. Die Ausdrucksform der Sucht ist dabei wahrscheinlich weniger wichtig als der Gedanke, der dahinter steckt. Bei der Sucht danach, Geld zu verdienen, kann man zum Beispiel fragen, ob dafür auch der Verlust der Familie in Kauf genommen wird. Verdient die Person das Geld aus Freude am Geldverdienen oder aus Angst, kein Geld zu haben? Das berührt natürlich nur die Spitze des Eisbergs.

Was hat dieses Suchtthema mit dem Essener Tempel der Beziehungen und dem Beispiel von Charles zu tun?

Sucht- und Zwangsverhalten liefern in ihrem Extrem die Gelegenheit, genau das Gegenteil dessen zu erfahren, wonach du dich am meisten im Leben sehnst.

Darin liegt die Schönheit und die Gabe der Sucht. Deine Sucht verschafft dir eine Gelegenheit, durch das Vertreiben dessen, woran dir im Leben am meisten liegt, nach und nach deine größten Ängste zu erfahren. Wenn es einmal in Gang ist, wird ein Sucht- oder Zwangsverhalten sich so lange fortsetzen, bis eine von zwei Möglichkeiten eintrifft:

Entweder

- du erkennst das Muster, das die Dinge, an denen dir am meisten liegt, aus deinem Leben treibt, setzt dich mit der dahinter stehenden Angst auseinander und erlöst die Ladung, die dieses Muster in deinem Leben hält,

oder

- du lässt das Muster so lange währen, bis im Laufe der Zeit nach und nach sich deine größten Ängste in deinem Leben manifestieren.

Dies ist nur eine Perspektive, die ich euch jedoch bitte, in Erwägung zu ziehen. Wenn man über Perspektiven und Verhaltensmuster spricht, gibt es selten ein *immer* oder *nie*. Es gibt nur allgemeine Tendenzen. Die reflektierte Wirklichkeit der Sucht erscheint im Allgemeinen so, dass genau die Dinge, die dir am meisten am Herzen liegen, dir nach und nach entgleiten. Im Erkennen deiner Sucht kannst du deine größten Ängste identifizieren. Wenn der mögliche Verlust von Arbeit, Familie, Beziehungen und Gesundheit für dich emotional geladen ist, dann sorgt das dafür, dass du diese Ladung erfährst.

Der Schlüssel liegt darin, die Gaben und Qualitäten des Lebens zu schätzen, ohne sich vor ihrem Verlust zu fürchten. Wir haben ohnehin nie wirklich etwas. Wir teilen Zeit, Erfahrungen, Leben und Gefühle miteinander. In jedem Augenblick des Lebens liegt eine Entscheidung. Mit jeder Entscheidung bestätigst oder leugnest du das Leben in dir. Wie entscheidest du dich?

Welche lebensbestätigenden Worte verwendest du, wenn du andere ansprichst? Mit welchen lebensbestätigenden Worten lässt du dich von anderen ansprechen? Mit welcher lebensbestätigenden Nahrung versorgst du deinen Körper? Womit ernährst du die dir Nahestehenden? Dies sind Beispiele für die Entscheidungen, die wir täglich treffen. Ich möchte dich dazu einladen, dich für das Leben zu entscheiden, und diese Entscheidung zu leben, was auch immer das für dich bedeutet!

Bei Charles war seine größte Angst (große vergessene Liebe), von seinem Vater im Himmel getrennt und verlassen worden zu sein. Die emotionale Ladung dieser vergessenen Liebe wurde so stark, dass der Schmerz über den Weggang seines Vaters schier unerträglich schien. Jedes Mal, wenn er in einer Beziehung verlassen wurde, verspürte er wieder den ursprünglichen Schmerz, der durch die komplexen Verzerrungen dessen, was ihm die jeweilige Beziehung bedeutete, noch verstärkt wurde. Um seinen Schmerz zu stillen, betäubte er mit regelmäßigem Drogen-, Alkohol- und Nikotinkonsum seine Gefühle. Jedes Mal, wenn Charles sich bewusst oder unbewusst auf diese Verhaltensmuster einließ, entschied er sich dafür, das Leben in seinem Körper zu verleugnen.

Zu dem Zeitpunkt, als Charles und ich uns begegneten, nahm seine Sucht ihm nach und nach das, woran ihm im Leben am meisten lag: das Leben selbst. Mit dem Krebs spiegelte ihm sein Körper seine Gedanken, Gefühle und Emotionen zu seinem Leben. Ich konnte ihm nur anbieten, sich seiner Entscheidungen und der ihnen innewohnenden Kraft bewusst zu werden.

Von dem Moment an konnte Charles nicht mehr behaupten, er wüsste nicht um die Beziehung zwischen dem Lebensstil, für den er sich entschied, und seiner Spiegelung in seinem Körper. Von diesem Moment an würde er sich jedes Mal, wenn ihn seine Gewohnheiten lockten, entscheiden müssen. Darin bestand seine eigentliche Arbeit, die Arbeit seines Lebens. Verschiedene Therapien könnten sicherlich hilfreich darin sein, den lebensverleugnenden Ausdruck seines Körpers zu verlangsamen und zurückzudrängen, doch seine größte Möglichkeit lag darin, den Code zu verändern, der den Krebs antrieb. Wahrscheinlich brachten die Entscheidungen seines Lebens ihn an genau diesen Punkt, wo er sich neu entscheiden konnte. Er tat es. Dieses Mal entschied er sich für das Leben.

Das Geheimnis des fünften Spiegels: Reflexionen des Vater/Mutter/Schöpferischen

»Wer seinen Vater und seine Mutter nicht so hasst wie ich,
kann nicht mein Jünger werden.
Und wer seinen Vater und seine Mutter nicht so liebt wie ich,
kann nicht mein Jünger werden.
Denn meine Mutter schenkte mir Falschheit, doch meine wahre
Mutter schenkte mir das Leben.«

Aus der Nag Hammadi Bibliothek[6]

Wiederum Anfang der neunziger Jahre kam eines Abends eine Klientin zu mir, mit der ich schon seit einigen Monaten an ihren Beziehungsthemen arbeitete. In dieser Zeit ging es um ihre Gefühle zu einem Mann, mit dem sie seit vielen Jahren zusammen war. Sie hatten zwar beschlossen, nicht zu heiraten, doch sie schienen für das, was sie ihr endloses Verhältnis nannte, keine Lösung zu finden.

An jenem Abend saß sie mir gegenüber und ich fragte sie, wie es ihr ging und was seit unserem letzten Treffen passiert sei.

»Mein Leben ist fürchterlich«, begann sie. »Es geschehen lauter merkwürdige Dinge. Letztens saßen wir vor dem Fernseher, als es plötzlich im Badezimmer laut krachte. Wir liefen hin und sahen, dass aus den Rohren unter dem Waschbecken das Wasser mit einer solchen Wucht herausschoss, dass es die Tür von dem Unterschrank aus den Angeln gesprengt hatte. Am nächsten Morgen hörten wir Lärm aus der Garage. Wir öffneten die Tür und entdeckten, dass in der Garage dampfend heißes Wasser stand. Der Heißwasserboiler war explodiert. Als wir uns ins Auto setzten, um einen neuen zu kaufen, platzte die Kühlerleitung und verspritzte das Kühlmittel über die ganze Einfahrt.«

Ich lauschte ihr aufmerksam, und als sie geendet hatte, fragte ich sie: »Was ist in Ihrem Leben zurzeit los? Wie läuft Ihr endloses Verhältnis?«

Ohne nur einen Moment lang nachzudenken erwiderte sie: »Die Spannung ist fast unerträglich. Unsere Beziehung ist wie ein Dampfkessel.« Wir schauten uns an und in ihrem Blick war sowohl Erkenntnis als auch Ungläubigkeit. »Meinen Sie etwa, dass meine Beziehung irgendwas mit dem Rohrbruch, der Boilerexplosion und dem Kühlerschaden zu tun hat?«

Meiner Ansicht nach gab es da keinen Zweifel.

Die Spiegel des Lebens reichen viel tiefer als nur in zwischenmenschliche Beziehungen. Wir leben in einer resonanten Welt. Unsere Leben spiegeln Energiemuster, die wiederum auf andere Energiemuster eingestimmt sind. Wir sind auf unser Heim, unser Auto, unsere Geräte und Büroeinrichtungen, auf unsere Haustiere und Wettererscheinungen eingestimmt. Auch das glatte oder holperige Funktionieren unserer Welt, unserer elektrischen, mechanischen und hydraulischen Wirklichkeiten, spiegelt das Energiemuster unseres Lebensausdrucks wider. Wenn eine dieser Wirklichkeiten »zusammenbricht«, sind wir vielleicht aufgefordert, die Funktion der zusammengebrochenen Komponente näher zu betrachten und daraus Hinweise auf eine unserem Leben zugrunde liegende Überzeugung zu bekommen. Wenn zum Beispiel bei deinem Auto die Bremsen versagen, kannst du dich fragen, welche Realität du in deinem Leben als »außer Kontrolle geraten« oder als »unaufhaltsam« ansiehst. In dieser Welt sind Freundschaften, Arbeitsplätze, Tiere und Beziehungen ständige Indikatoren für das, was in unserer gedanklichen und emotionalen Welt vor sich geht.

Die Tradition der Essener zeigt uns, dass die Spiegel unserer Beziehungen in ständigem Austausch mit unserer Wahrnehmung stehen. Unsere Beziehungen sind wie Fenster, durch welche wir die gedankliche und emotionale Haltung erkennen können, die wir in unserem Leben einnehmen. Wenn wir die Weisheit besitzen, diese Sprache zu erkennen, können wir in der Welt »da draußen« konkrete und manchmal freundliche Hinweise auf unsere Überzeugungen sehen. Dieser fünfte Spiegel ist so subtil, dass ich vierzig Jahre gebraucht habe, um ihn zu erkennen.

In meiner Arbeit mit einzelnen Klienten und in meinen Seminaren fordere ich die Teilnehmer dazu auf, eine Reihe von Fragebögen über die wichtigsten Personen auszufüllen, die sie großgezogen haben. Mit Stichworten und knappen Sätzen beschreiben sie die positiven und negativen Eigenschaften dieser Personen, so wie sie sich daran erinnern. Auf einem der Fragebögen geht es um die Gesundheit und allgemeine Befindlichkeit der Erzieher, von einer erwachsenen Perspektive aus betrachtet. Ich gebe den Teilnehmern reichlich Zeit dafür, denn die gewählten Begriffe werden für den Einzelnen zu genauen Indikatoren für subtile Muster und deren Rolle in ihrem jeweiligen Leben.

Wenn sie mit ihren Listen fertig sind, bitte ich sie, mir ein paar der Begriffe zuzurufen. Dabei kann dann so etwas wie die folgende Auflistung zustande kommen:

POSITIV	NEGATIV	
liebend	wütend	
nährend	kontrollierend	
verständnisvoll	krank	Krebs
		Herzbeschwerden
		Diabetes
verfügbar	abwertend	
mitfühlend	misshandelnd	

Es gibt natürlich in der Welt der Beziehungen nichts Absolutes, kein Immer oder Nie. Das kann auch gar nicht sein. Jede Person ist einzigartig in ihrer Art, wie sie das Leben sieht, interpretiert und ausdrückt. Mit diesen Übungen suchen wir nach allgemeinen Mustern. Wenn sie zutreffen, kann die Erkenntnis dieser Muster und wie sie sich in deinem Leben auswirken, tiefe Einsichten auslösen und als starker Katalysator wirken. Dies bitte ich bei den folgenden Gedanken zu berücksichtigen.

Höchstwahrscheinlich hat die Art, wie du deinen Vater und deine Mutter siehst, gar nicht so viel mit den Personen zu tun, die du in diesem Leben Mama und Papa nennst. All die Liebe, Freude, Fürsorge und Anteilnahme, aber auch all die Wut, Angst, Geringschätzung und Distanz, die dir deine Eltern entgegengebracht haben, waren nur in dem Maße möglich, wie sie dir das widerspiegelten, was du von deiner Beziehung zu dem himmlischen Vater/Mutter-Schöpferischen erwartet hast.

Wenn ich in meinen Seminaren diese Worte zum ersten Mal ausspreche, reagieren in der Regel nur wenige. Wenn ich es dann noch mal wiederhole, fängt es ihnen langsam an, zu dämmern. Es werden einzelne Ohs und Ahs laut, doch den meisten wird bei dieser Perspektive erst mal etwas schwindelig. Ich will das Konzept hier noch einmal darstellen.

Höchstwahrscheinlich war deine Wahrnehmung dessen, wie sich dein Vater und deine Mutter dir gegenüber verhalten haben, eine Spiegelung dessen, wie du annimmst, dass das Schöpferische sich dir gegenüber verhält.

Ich bitte dich, diesen Satz mehrmals langsam zu lesen, bis sich dir der tiefere Sinn erschließt. Dieses Konzept kann dir mehr Verständnis darüber verschaffen, wie du bisher dein

Leben gelebt hast, als alle rationalen Schlussfolgerungen. Bedenke nur, was das bedeutet.

Es ist durchaus möglich, dass die Art, wie du deine irdische Mutter und deinen irdischen Vater siehst, ein Spiegel deiner Erwartungen und Überzeugungen bezüglich deines himmlischen Vaters und deiner himmlischen Mutter ist, im Guten wie im Schlechten. Deine Wahrnehmung der Liebe deiner Eltern, wie sie für dich da waren oder nicht da waren, ihrer Fürsorge und ihrer Kritik, kann dir viel Aufschluss über deine Beziehung zu deinem Schöpfer geben. Wenn es auf deine Beziehungen anwendbar ist, dann funktioniert es wie folgt:

Dein Vater und deine Mutter haben dich durch ihr Leben so sehr geliebt, dass sie genau die Indikatoren dessen verkörpert haben, was du in dir als wahr annimmst. Weil sie als deine Eltern dir deine Spiegel vorhalten, sehen andere Leute sie vielleicht ganz anders. Deine Eltern spiegeln diese Muster niemandem so stark wie dir.

Zum Beispiel wird das, was du als Vernachlässigung von deinem ständig arbeitenden Vater empfindest, von seinen Mitarbeitern vielleicht als besonderer Einsatz geschätzt. Da gibt es kein richtig oder falsch. Wenn du dich vernachlässigt fühlst, so ist das dein Problem, was von dem Verhalten deines Vaters ausgelöst wird.

Die Verantwortung der Elternschaft beinhaltet die unausgesprochene Vereinbarung, dass die Eltern als Ersatz für den männlichen beziehungsweise weiblichen Aspekt des Schöpferischen als Ersatz dienen werden. Unsere irdischen Eltern halten diese Spiegel unserer heiligsten Beziehung so lange für uns aufrecht, bis wir die Spiegel selbst erkennen können. Der Augenblick der Erkenntnis beendet diese Verpflichtung unserer Eltern. Wenn wir uns gegenseitig an die in unseren Beziehungen verschlüsselten Botschaften erinnern, dann haben wir einander einen guten Dienst erwiesen. Vielleicht entsteht diese Erkenntnis relativ früh in unserem Leben, vielleicht auch erst nach dem Tod unserer Eltern. Unsere irdische Mutter und unser irdischer Vater dienen uns in dieser Weise, weil sie auf einer Ebene, die ihnen vielleicht gar nicht bewusst ist, uns so sehr lieben!

Vielleicht sind deine Eltern mit dieser Spiegelung sehr weit gegangen. Meine Erfahrungen mit Klienten und Freunden haben gezeigt, dass das, was die Eltern gezeigt haben, immer in einem Verhältnis steht zu der Fähigkeit der Person, sich an ihre eigene Kraft zu erinnern. All deine Wut und Bewertung dessen, was deine Eltern »falsch« gemacht haben, drängt dich dazu, mit deiner Wut, deinen Bewertungen und deinem Misstrauen gegenüber der Kraft, die dich hierher gebracht hat, ins Reine zu kommen. Du siehst in anderen nur das, was die Filter deiner Überzeugungen dir zu sehen erlauben. Was du von deinen Eltern als Geringschätzung empfindest, kann sehr wohl ihre Spiegelung deiner Überzeugung sein, dass dein Schöpfer dich gering schätzt. Wenn du dich ihrer Verpflichtung dir gegenüber nicht mehr erinnerst, dann beschuldigst du sie vielleicht, geringschätzig zu sein. Wenn du mit deinen Vorstellungen darüber, wie dein Schöpfer dein Verhalten sieht, ins Reine kommst, dann wird auch deine Bewertung deiner Eltern geringer.

Diese Perspektive will Gewalt und Misshandlungen in Familien weder entschuldigen noch unterstützen. Ich will mit dieser Perspektive nur zum Verständnis unserer Beziehungen beitragen. Das Verhalten deiner Eltern drängt dich naturgemäß dazu, die davon hervorgerufenen Gefühle zu heilen, Gefühle der Getrenntheit, des mangelnden Vertrauens und der Minderwertigkeit. Der Spiegel funktioniert bei allen Ausdrucksformen des Lebens, ob positiv oder negativ. Du bist mit deiner Welt in Resonanz. Wie sehr, zeigt sich darin, wie dein Verhalten deinen Worten, Handlungen und Absichten entspricht. Welche Spiegel haben dir deine Eltern vielleicht ihr ganzes Leben lang gezeigt? Wie sind sie für dich da gewesen, um dich an die wichtigste Beziehung zu erinnern, die du je erfahren wirst? Indem du die greifbaren Probleme mit deinen irdischen Eltern löst, heilst du deine oft schwer greifbare Beziehung mit deinem Schöpfer.

Ich will ein weiteres Fallbeispiel aufführen, um die Wirkung dieses Spiegels im praktischen Leben zu erläutern. John (nicht sein wirklicher Name) war Mitte vierzig und Single. Zu jener Zeit hatte er keine Ausbildung und keinen Beruf. Er jobbte manchmal als Gärtner, Maler oder Bauarbeiter. Er hatte zwar schon längerfristige Beziehungen mit Frauen gehabt, doch die Vorstellung, zu heiraten erschreckte ihn. Zu jenem Zeitpunkt verwendete er seine täglichen Einnahmen hauptsächlich darauf, um sich zu betäuben. Er behauptete, keine Probleme mit seinem »Zeitvertreib« zu haben, und bewies es sich selbst, indem er immer erst am Nachmittag anfing, zu trinken. In diesem angenehmen, vom Alkohol erzeugten Zustand brauchte er weder sich selbst noch irgendjemand anderem etwas zu beweisen. Er brauchte auch nichts zu fühlen.

Johns Beziehung zu seinem Vater konnte bestenfalls als ungünstig bezeichnet werden. Seit er sich erinnern konnte, hatte sein Vater ihn beständig daran erinnert, wie wertlos er für diese Welt sei. Sein Vater hatte immer gemeint, dass es niemand bemerken und niemand kümmern würde, wenn John einfach weg wäre. John beschrieb seinen Vater als krankhaft grausam, desinteressiert und lieblos. Dennoch standen sie miteinander in Verbindung. John verbrachte viel Zeit mit seinen Eltern, aß dort und spielte mit ihnen Golf und Tennis. Ausgesprochen oder unausgesprochen spielten seine Selbstwertprobleme bei jeder Begegnung eine Rolle.

Welche Dynamik äußert sich hier in Bezug auf den fünften Spiegel? Wenn etwas an dem fünften Spiegel wahr ist, dann spiegelt Johns Beziehung zu seinem irdischen Vater ihm, und nur ihm allein, seine Vorstellungen von seiner Beziehung zu seinem väterlichen Schöpfer. Es geht bei diesem Spiegel nicht um die Wirklichkeit der Beziehung, sondern um Johns Wahrnehmung davon.

Ohne sich dessen bewusst zu sein, liebt Johns Vater ihn so sehr, dass sein Verhalten John gegenüber ständig seine zentralen Ängste auslöst, damit John sich ihrer erinnern und sie heilen kann. Johns Vater war damit einverstanden, hier auf der Erde einen Ersatz für Johns himmlischen Vater zu spielen. John kam in dieses Leben und war geladen mit der zentralen Angst vor Minderwertigkeit. Das Verhalten seines Vaters spiegelt ihm sein Gefühl, in den Augen seines Schöpfers wertlos zu sein, irgendwie versagt zu haben.

Johns Beschreibung seiner Beziehung zu seinem Vater im Himmel spiegelt genau seine Beziehung zu seinem irdischen Vater wider. Er empfindet diese Beziehung als kaputt und heilungsbedürftig, er empfindet seinen himmlischen Vater als enttäuscht und desinteressiert. Wegen der Enttäuschung hat er das Gefühl, nicht geliebt zu werden. Um den Schmerz des Versagens zu betäuben, verabreicht John seinem Körper täglich Alkohol und Chemikalien. In den Augen seines irdischen Vaters bestätigt das nur Johns Wertlosigkeit.

Vielleicht liegt Johns Chance in seiner Entscheidung, das Geschenk des Lebens zu erkennen und seinen Wert unabhängig von den Vorstellungen seines Vaters zu entdecken. Vielleicht erreicht die Spannung zwischen ihm und seinem Vater irgendwann den Punkt, an dem John sagt:

»Moment mal. Ich bin wertvoll. Mein Leben ist wertvoll, egal, was mein Vater über mich sagt.«

An jenem Tag hätte Johns Vater seine Aufgabe erfüllt. Er hätte John an einen Punkt gebracht, an dem er den Spiegel der Erwartungen seines Vaters überwinden kann und sein Leben in Anspruch nimmt.

Auch für Johns Vater besteht die Gelegenheit, in seinem Leben Frieden zu finden, indem er John als das akzeptiert, was John in diesem Leben werden will, indem er seine Wahrnehmung auf Johns Vollständigkeit und Erfolg richtet, unabhängig von dem, was er tut.

In beiden Fällen liegt der Schlüssel in der wechselseitigen Bereitschaft, den anderen aus der Umklammerung der Erwartung zu entlassen und einfach sein zu lassen. Wenn John seinem irdischen Vater vergeben kann und ihn im Licht der Vollkommenheit sieht, dann hat er seine Beziehung mit seinem himmlischen Vater geheilt, der ihn ohnehin nie im Stich gelassen hatte. Johns Wahrnehmung bedurfte der Heilung, er selbst war immer vollständig. Es gibt in beiden Fällen Gelegenheiten, sich zu entscheiden. In jedem Fall demonstrieren John und sein Vater einander das Geheimnis des fünften Spiegels der Beziehungen.

Ich will noch einmal auf die Begriffe zurückkommen, die wir zuvor aufgelistet haben. Worte wie liebevoll, wütend, fürsorglich, kontrollierend, verständnisvoll, geringschätzig, mitfühlend und misshandelnd sind zur Beschreibung der Eltern weit verbreitet. Welches gemeinsame Muster steht dahinter? Hast du je deinen Schöpfer als wütend, kontrollierend, geringschätzig, mitfühlend, liebevoll oder abwesend erlebt? Erinnere dich an die Krankheiten, mit denen wir unsere Eltern beschrieben haben. Vielleicht lieben sie uns unbewusst so sehr, dass sie uns den Spiegel dessen vorhalten, wie wir unsere Beziehungen zu unserem Schöpfer als krank empfinden. Vielleicht zeigen sie uns die Blindheit, Taubheit, die kanzerösen Gefühle und die kontrahierenden, lebensverleugnenden Muster von Emphysemen, Arthritis und Gedächtnisschwund, damit wir uns an unsere Beziehung zu unserem Schöpfer erinnern.

Ich meine natürlich nicht, dass diese Krankheitsmuster unsere wahre Beziehung zu unserem Schöpfer spiegeln. Ich weise nur darauf hin, dass sie möglicherweise deine Wahrnehmung davon reflektieren.

Vielleicht ist der fünfte Spiegel der Schlüssel zum Verständnis des merkwürdigen Zitats am Anfang dieses Abschnitts. Seit seiner Wiederentdeckung gab es viele Diskussionen um diesen Spruch, er wurde angezweifelt, verworfen, gepriesen und beschimpft, sowohl von Wissenschaftlern als auch von der Kirche. Laut der Nag Hammadi Texte meinte Jesus, dass wir sowohl hassen als auch lieben müssten, um uns selbst zu erkennen. Indem wir unsere irdischen Eltern sowohl hassen als auch lieben, haben wir die Möglichkeit, uns an die wichtigste und wertvollste Beziehung zu erinnern, die wir in unserer Welt erfahren können, die Beziehung zwischen uns selbst und dem Vater/Mutter-Schöpferischen. Wenn wir auf unsere irdischen Eltern wegen ihres Verhaltens wütend sind, dann erfahren wir uns selbst in unserer auf unseren Schöpfer projizierten Wut. Weil unsere Eltern besser verfügbar sind, bekommen sie die volle Wucht unserer oft vergessenen Gefühle für eine oft als unerreichbar geltende Quelle zu spüren. Wenn wir unsere irdischen Eltern lieben, dann erfahren wir uns selbst in der unermesslichen Liebe, die wir für unseren Schöpfer empfinden.

Wie kann man diesen Spiegel im Leben anwenden? Was geschieht wohl, wenn du dich dafür entscheidest, diesen Spiegel anders als bislang wahrzunehmen? Was geschieht wohl, wenn du dich beispielsweise dafür entscheidest, deine kranken

Eltern im Lichte ihrer Vollkommenheit zu sehen, ohne die physische Illusion, die sie ausstrahlen, zu bewerten? Was geschieht wohl, wenn du dich dafür entscheidest, durch die Illusion hindurchzuschauen, voller Akzeptanz dafür, wie sie sich entschieden haben, ihr Leben auszudrücken?

Deine irdische Ersatzmutter und dein irdischer Ersatzvater geben dir die Möglichkeit, die bedeutendste Beziehung zu entwickeln, die das Leben dir je anbieten wird, wie lange das auch immer dauern mag. Wenn sie ihr Leben vollendet haben, wirst du alleine fortfahren, bis die Beziehung bereinigt und für dich sinnvoll ist.

Dies ist deine Chance. Ich möchte dich dazu einladen, deinen Gefühlen über die Spiegel deiner Eltern nachzuspüren. Welche allgemeinen Ängste zeigen sie dir? Wenn du deinen Vater und deine Mutter im Lichte ihrer Vollkommenheit sehen kannst, dann können sie die damit verbundene Ladung loslassen, und sich vielleicht sogar wundersamerweise wieder von Beschwerden erholen, die als »altersbedingt« bezeichnet werden. Indem du deine irdischen Eltern als vollständig und ganz betrachtest, siehst du deine Beziehung zu deinem Schöpfer als geheilt!

In Wahrheit gibt es keine Krankheit und kein Siechtum in dieser Welt. Es gibt die machtvollen Illusionen der Krankheit und des Siechtums, weil wir uns auf sie geeinigt haben.

Glaubst du an diese Möglichkeit? Glaubst du, dass jede Seele ganz ist, frisch und strahlend, und dass alles andere machtvolle kollektive Illusionen sind, auf die wir uns geeinigt haben? Wir willigen jedes Mal in diese Illusion ein, wenn wir solche Sätze sagen wie: »Sie hat Krebs und noch drei Monate zu leben.«

Vielleicht fragst du dich, warum es zu der Erkrankung von jemandem beiträgt, wenn du nur sagst, er hätte Krebs? Die

Antwort ist einfach: *Unsere Körper verstehen das Bewusstsein und verbale Spiegel des Bewusstseins als Befehle.*

Mit der Aussage »Sie hat Krebs« erlassen wir einen Befehl an die Schöpfung. Wir haben uns damit einverstanden erklärt und somit zu der Illusion der Krankheit beigetragen. Jedes Mal, wenn du jemanden als etwas anderes als vollkommen ansiehst, bist du mit seinem Ausdruck seiner Überzeugungen einverstanden.

Wenn dieser Spiegel also auf diese Art funktioniert, dann sind meine Eltern nie krank gewesen. Sie haben jedoch machtvolle Illusionen von Krankheit projiziert, vielleicht ohne sich der Entscheidungsmöglichkeit bewusst zu sein. Ihre Essenz ist nicht krank. Ihr Körper hält ihnen den Spiegel ihrer Überzeugungen vor. Ich kann mich auf ihre Illusion der Krankheit nur in dem Maße einlassen, wie ich etwas anderes als Vollkommenheit in ihrem Leben sehen will. Wenn ich zum Beispiel den Körper meines Vaters als krank betrachte, womit vergleiche ich ihn dann, um ihn als unvollkommen zu bewerten? Wenn ich meines Vaters Vollkommenheit sehe, und gleichzeitig die Vollkommenheit dessen anerkenne, was er mir in seinem Leben zeigt, dann heile ich die Illusion der Getrenntheit zwischen dem Vateraspekt meines Schöpfers und mir. Du bist aufgefordert, durch die Projektionen deiner Lieben hindurch ihre Essenz zu sehen. Dieser Spiegel bereitet dich auf die letzten Spiegel vor, in denen es darum geht, die Vollkommenheit in dem zu sehen, was wir im Leben als unvollkommen wahrnehmen.

Bei vielen Menschen löst der Verlust der Eltern ihre größten Verlassenheitsängste aus. Das drückt sich dann in Aussagen aus wie: »Meine Mutter hat mich verlassen. Jetzt stehe ich allein in der Welt.« In meinen Seminaren biete ich hierzu einen kraftvollen Prozess an, indem ich frage: *Wenn du von dei-*

nen Eltern vor ihrem Ableben noch eine Sache hören könntest, was würdest du dir wünschen? Wenn dir mit deinen Eltern noch dreißig Sekunden Zeit blieben, und alles, was noch der Klärung bedurfte, geklärt worden wäre, was wäre es, was dir einen Abschluss ermöglichen würde und dir die Freiheit gäbe, mit deinem Leben alleine fortzufahren?

Die Antworten darauf sind in ihren Formulierungen einzigartig, doch es gibt ein gemeinsames Muster. Beinahe alle von uns sagen, dass sie etwas hören möchten wie:

»Ich liebe dich, meine Tochter (mein Sohn). Ich bin stolz auf dich. Du hast es gut gemacht.«

Wir verbringen einen Großteil unseres Lebens damit, nach Bestätigung von unseren Eltern zu suchen. Die Wahrheit ist jedoch, dass sie einfach das unserem Vater/Mutter-Schöpferischen Ähnlichste sind, was wir kennen! In Wahrheit ist es die Anerkennung unseres Schöpfers, nach der wir suchen und seit Urzeiten gesucht haben. Heute hast du durch den fünften Spiegel der Beziehungen deine Erinnerung wieder zum Leben erweckt. Und vielleicht noch wichtiger ist, dass du die Wahl hast.

Das Geheimnis des sechsten Spiegels: Reflexionen deiner Reise in die Dunkelheit

»Jeder wird in dem zwiefachen Geist geboren,
den das EINE im Menschen erschaffen hat,
dem Geist des Lichts und dem Geist der Dunkelheit.«

Aus den Schriftrollen vom Toten Meer[7]

Anfang der neunziger Jahre entwickelte ich Techniken dazu, wie die Prinzipien heiliger geometrischer Muster und ihre Beziehung zu den Meridianen des menschlichen Körpers im

Umgang mit Emotionen hilfreich sein könnten. 1991 kam an einem offenen Abend für Klienten ein Mann, der sehr aufgebracht schien und dringend Rat suchte. Noch bevor er richtig saß, sprudelten schon unzusammenhängende Aussagen über sein Leben aus ihm hervor. Ich bat ihn, einmal tief durchzuatmen und mir dann langsam genau zu erzählen, was los sei.

Mit peinlicher Genauigkeit berichtete er von den Ereignissen der letzten drei Monate seines Lebens. Er war Mitte vierzig und schien, abgesehen von einer gewissen Ängstlichkeit, gut in Form zu sein. Während er seine Geschichte erzählte, lauschte ich aufmerksam seinen Worten und dem Klang seiner Stimme und beobachtete, wie seine Körperhaltung sich mit beinahe jedem neuen Gedanken veränderte. Mir war klar, dass, was auch immer seine Geschichte war, sich im Leben dieses Mannes gerade etwas Bedeutendes ereignete.

Gerald (nicht sein wirklicher Name) war als Ingenieur für eine der großen Computerfirmen im Silikonvalley tätig gewesen. Er hatte zwei hübsche Töchter und war mit einer netten Frau verheiratet. Sie waren beinahe fünfzehn Jahre lang zusammen gewesen. Seine Firma hatte ihn gerade für seine fünf Jahre Firmenzugehörigkeit ausgezeichnet, in denen er sich zu einem hochrangigen Spezialisten für Problemlösungen bei einer bestimmten Art von Software emporgearbeitet hatte. Da die Firma seine speziellen Fähigkeiten nicht nur von morgens halb neun bis nachmittags um fünf benötigte, arbeitete Gerald auch abends und am Wochenende und war viel unterwegs. Binnen kurzem verbrachte er mehr Zeit mit seinen Mitarbeitern als mit seiner Familie.

Sein Blick verriet seinen Schmerz, als er davon erzählte, wie er sich mit seiner Familie auseinander gelebt hatte. Er kam nach Hause, wenn sie schon schliefen und verließ das Haus am Morgen, bevor sie auf waren. Er fühlte sich in seinem eigenen

Haus zunehmend als Fremder. Wenn er dann mal da war, wurden die Gespräche immer mühsamer und er konnte genauso wenig seine Probleme mit ihnen besprechen wie sie mit ihm die ihrigen. Er kannte seine Familie kaum noch.

Unter seinen Mitarbeitern war eine brillante junge Programmiererin, die häufig mit Gerald zusammen tagelang in anderen Städten an gemeinsamen Aufgaben beschäftigt war. Bald schien es ihm, als ob er sie besser kannte als seine eigene Frau.

Ich bekam eine Ahnung, worauf die Geschichte hinauslaufen würde, aber mir war immer noch unklar, warum Gerald so aufgebracht war.

Er glaubte bald, in diese Frau verliebt zu sein, und entschied sich, seine Frau und Kinder zu verlassen, um mit ihr eine neue Beziehung zu beginnen. Es erschien ihm zu jener Zeit das Sinnvollste zu sein, da sie doch so viel gemeinsam hatten. Nach wenigen Wochen zog er Zuhause aus und bei ihr ein. Alles schien gut zu gehen, auch wenn die Trennung schmerzhaft für ihn war. Seine Frau willigte in die Scheidung ein und er konnte seine Töchter so oft sehen, wie er wollte.

Nach kurzer Zeit wurde seine neue Partnerin nach Los Angeles versetzt. Er bewarb sich darum, in den gleichen Betrieb zu kommen, und es wurde ihm gewährt, sodass er nach Los Angeles zog, um dort einen neuen Haushalt zu gründen. Durch seine Scheidung hatte er mehr verloren, als er geahnt hatte. Gemeinsame Freunde wurden plötzlich distanzierter und hatten keine Zeit mehr, und seine Arbeitskollegen hielten ihn für verrückt, dass er all das, was er so mühsam aufgebaut hatte, einfach zurücklassen wollte. Sogar seine Eltern waren ihm böse, weil er so eine gute Familie auseinander gebracht hatte. Gerald war verletzt, doch er versuchte, vernünftig zu sein. Er war auf dem Weg zu einer neuen Position, mit einer neuen

Frau und einem neuen Zuhause. Was konnte er sich mehr wünschen?

Ich wusste, dass wir uns dem Kernpunkt der Geschichte näherten, denn Geralds Stimme begann zu zittern. Wenige Wochen nach seinem Ortswechsel erklärte ihm seine neue Liebe, dass ihre Verbindung nicht ihren Erwartungen entsprach, dass sie die Beziehung beenden wolle und bat ihn, auszuziehen, einfach so! Gerald war völlig fertig. Wie konnte sie ihm das antun, nach allem, was er für sie getan hatte, nach dem er alles zurückgelassen hatte, alles was ihm lieb und teuer war?

Seine Leistungen an seinem neuen Arbeitsplatz begannen, abzufallen. Nach einigen Verwarnungen wurde er unbefristet freigestellt. Er fand heraus, dass auch andere Firmen ihn aus persönlichen Gründen nicht einstellen wollten, wahrscheinlich weil sie von seiner Situation gehört hatten.

Es wurde deutlich, was Gerald widerfahren war: Sein Leben war von den höchsten Höhen, mit allen Aussichten auf einen neuen Job, besseres Einkommen, neue Beziehung und neuem Zuhause, in die tiefsten Tiefen gestürzt, als nämlich all diese Träume sich in Luft auflösten. Gerald hatte alles, was er liebte, aufgegeben, nicht weil er es loslassen wollte, sondern weil er meinte, etwas Besseres gefunden zu haben. Wenn du je in einer ähnlichen Situation gewesen bist, wirst du hier einen wichtigen Schlüssel zum Verständnis deiner Geschichte finden.

Energetisch besteht ein riesiger Unterschied zwischen dem Zurücklassen dessen, was dir wichtig ist, weil du damit fertig bist, und dem Zurücklassen dessen, was dir wichtig ist, weil du etwas Besseres gefunden zu haben meinst.

In seiner Unwissenheit gab Gerald alle Freundschaften und Sicherheiten, all die Liebe, das Vertrauen und den Respekt derer, die ihm wichtig waren, für etwas auf, was ihm besser erschien. Er war mit der Beziehung zu seiner Frau und seinen Töchtern nicht fertig gewesen. Als alles, was er hatte neu anfangen wollen, nicht zu verwirklichen war, machte Gerald sich auf einen zwar schmerzhaften, doch wirkungsvollen Weg. Er hatte alles, was ihm etwas bedeutete, aufgegeben. Jetzt rollten ihm dicke Tränen über die Wangen und er fragte, »was soll ich tun?«

Ich reichte ihm ein paar Taschentücher und sagte etwas, was ihn völlig aus dem Konzept brachte:»Herzlichen Glückwunsch«, sagte ich ganz ernsthaft. »Dies ist eine Zeit großer Möglichkeiten in Ihrem Leben. Sie haben gerade eine Zeit begonnen, die in alten Traditionen die ›Dunkle Nacht der Seele‹ genannt wurde.«

Er wischte sich die Augen und fragte: »Was meinen Sie mit der Dunklen Nacht der Seele?«

Ich bot ihm eine Perspektive an, die ihn zu überraschen schien. »Es geht für Sie in dieser Zeit nicht um die Rückeroberung Ihrer Familie, Freundschaften oder Sicherheit, auch wenn das mit dabei herauskommen kann. Es geht in dieser Situation, die Sie so kunstvoll für sich erschaffen haben, um viel Tieferes als Job oder Familie. Sie haben in sich eine mächtige Kraft zum Leben erweckt, die für Sie zu einem starken Verbündeten werden kann, ein Geschenk, das Sie vielleicht zu höchsten Ebenen Ihrer persönlichen Entwicklung führt.«

Ich lade euch genauso wie seinerzeit Gerald ein, die Möglichkeiten des Folgenden zu bedenken. Fast jeder, mit wenigen Ausnahmen, erfährt irgendwann in seinem Leben eine Dunkle Nacht der Seele. Die Erfahrung braucht nicht so schmerzhaft zu sein, wie es der ominöse Name vermuten lässt. Der Schmerz entsteht aus der Unerfahrenheit und dem Widerstand gegen das, worum es in der Erfahrung geht, und gegen die Möglichkeiten, die sich daraus ergeben könnten.

Definition: Deine Dunkle Nacht der Seele ist sowohl eine Zeit als auch eine Erfahrung in deinem Leben, die dich in eine Situation bringt, die dir das präsentiert, was dir als deine schlimmste Angst erscheint. In der Erfahrung der Dunklen Nacht der Seele erlebst du den sechsten Spiegel der Beziehungen: Deine Reise in die Dunkelheit.

Du kannst in die Dunkle Nacht der Seele nur eintreten, wenn du all die emotionalen Werkzeuge eingesammelt hast, die du brauchst, um diese Erfahrung unbeschadet durchleben zu können.

Deine persönliche Entwicklung dient als Auslöser, sie signalisiert der Schöpfung, dass du bereit bist, deine Meisterung dessen, was das Leben dir bietet, zu demonstrieren. Du kannst einen Becher nur mit Wasser füllen, wenn du den Hahn aufdrehst. Deine gefüllte emotionale Werkzeugkiste ist der Hahn, der dem Wasser der Erfahrung ermöglicht, zu fließen. Es geschieht erst, wenn du dich/ihn öffnest und entsprechend kannst du dir sicher sein, dass, wenn es geschieht, du dich dafür geöffnet hast. Deine Mutter wusste das, als sie dir sagte: »Gott lädt niemandem mehr auf, als er tragen kann.«

Aus dieser Perspektive sehe ich Einzelne und manchmal auch Gruppen von Menschen durch Erfahrungen gehen, die ihnen als das Schlimmste erscheinen, was sie sich vorstellen können, und weiß, dass sie ausnahmslos wunderbare, mächtige Wesen sind. Ich weiß, dass jeder von ihnen sich seiner Kraft erinnert und eine Gelegenheit erfährt und keine Prüfung.

Ich bin von dieser Perspektive überzeugt und habe sie in meinem Leben und im Leben anderer bestätigt gefunden. Wenn sie dir sinnvoll erscheint, dann musst du jede Bewertung irgendeines menschlichen Zustandes neu überprüfen. Vielleicht sind die »schrecklichen Zustände«, die uns individuell und gesellschaftlich plagen, eigentlich Gelegenheiten zur Demonstration unserer Meisterschaft. Das ist der wichtige Kontext, ohne den AIDS, Krebs, Hantaviren und jede Art von gesundheitlicher Krise als Ereignisse erscheinen, die zufällig jemanden treffen, der eben gerade Pech hat. Ich glaube, dass wir mehr sind. Wie könnten derart mächtige und großartige Wesen in ihrem Leben zufällig Pech haben?

Der Kontext: Wir leben in der Vervollständigung eines großen Erfahrungszyklus, der vor etwa zweihunderttausend Jahren begonnen hat. Jeder einzelne Mensch muss sich über das Leben, und welche Bedeutung es für ihn hat, klar werden. Du musst dir darüber klar werden, was das Leben und das Geschenk des Lebens dir bedeutet!

Möglicherweise haben wir als mächtige Wesen, die zu Massen mächtiger Wesen werden, uns damit einverstanden erklärt, dass extreme Katalysatoren uns mit zunehmender Geschwindigkeit zu einer inneren Haltung drängen, in der wir das Leben annehmen müssen oder es verlieren. Möglicherweise sind wir mit »kollektiven Dunklen Nächten der Seele« wie Epidemien und Hungersnöten einverstanden gewesen, um uns daran zu erinnern, dass wir in jedem Augenblick das Leben in unseren Körpern bestätigen oder verleugnen können.

Ich befürworte auf keinen Fall irgendein soziales, politisches oder ökonomisches Verhalten, welches derartige Bedingungen fördert oder verstärkt. Doch jenseits des Offensichtlichen haben wir uns vielleicht mit jeglicher Art von Lebensbedingung einverstanden erklärt, um uns selbst zu erkennen und auch unter schwierigen Bedingungen unsere Kraft wieder in Anspruch zu nehmen.

Als ich Gerald dies erklärt hatte, fragte er: »Meinen Sie etwa, dass ich meine Familie, meinen Job, meine neue Beziehung und alles verloren habe, weil ich es nicht verlieren wollte?«

Ich suchte in mir nach geeigneten Worten, um Klarheit zu vermitteln:

»Ich meine, dass der Verlust dessen, was Ihnen im Leben am wichtigsten war, bedeutet, dass es für Sie emotionale Ladung besaß, es nicht zu verlieren. Statt jeden Tag das, was das Leben Ihnen anbot, zu schätzen und sich vielfältig ausdrücken zu lassen, lebten Sie, bewusst oder unbewusst, in einem zusammengezogenen Zustand der Angst, nämlich der Angst davor, diese Menschen und Erfahrungen nicht in Ihrem Leben zu haben. Etwas allgemeiner könnte man sagen, dass Sie in der Angst gelebt haben, allein und getrennt zu sein.«

Und ich fuhr fort: »Das ist etwas ganz anderes als mit denen, die Sie lieben, Zeit zu verbringen. Sie haben nie etwas besessen. Sie haben einfach Zeit mit Ihren Lieben verbracht und Erfahrungen mit ihnen geteilt. Als Sie in Ihrem Leben Raum für eine neue Liebe schafften, haben Sie eine neue Kette der Ereignisse in Gang gesetzt. Sie haben Ihrer neuen Liebe vertrauensvoll erlaubt, Sie bis an die Grenzen dessen zu bringen, wofür Sie sich gehalten haben. Und in Ihrem Fall ging es nicht nur bis an die Grenze, sondern Sie wurden sogar darüber hinausgestoßen und dann mit der Suche nach einem Ausweg allein gelassen. Auf einer unbewussten Ebene hat diese Frau das aus Liebe getan. Sie liebt Sie so sehr, dass sie sich darauf eingelassen hat, Ihnen bei der Rückeroberung Ihrer Kraft zu helfen.

Dies ist Ihre Gelegenheit, Ihre gewonnene Meisterschaft zu demonstrieren. Es geht nicht um die Frau, die Sie verlassen hat, die Firmen, die Sie nicht einstellen wollen oder die Rückeroberung Ihrer Familie und Freunde. Es geht um Sie, Gerald. Es geht für Sie darum, Ihre zentrale Angst vor Verlassenheit umzuformulieren. Das wäre nicht geschehen, wenn Sie nicht im Verlauf Ihres Lebens alle Werkzeuge entwickelt hätten, die Sie brauchen, um einen Ausweg zu finden. So zeigt mir Ihr Verlust, dass Sie ein Wesen von großer Kraft sind, das sich diese Kraft selbst demonstrieren will.«

Ich bin davon überzeugt, dass wir auf diese Weise funktionieren. Ich bin davon überzeugt, dass wir uns selbst und einander so sehr lieben, dass wir auch die extremen Ausdrucksformen des Lebens, sogar den Verlust des Lebens, dazu verwenden, um uns an die Schönheit des Lebens zu erinnern.

Die größte Angst sieht für jeden anders aus. Was einigen als das Schlimmste erscheint, was sie sich vorstellen können, ist für andere keine besondere Angelegenheit. Gerald zum Beispiel gab zu, dass seine größte Angst war, allein in der Welt zu stehen. Am gleichen Abend hatte ich etwas früher mit einer Frau gesprochen, für die Alleinsein das höchste Glück bedeutete. Jemand wie Gerald, der Angst vor dem Alleinsein hat, ist ein Meister im Erschaffen von Beziehungen, die nie funktionieren. Wenn es auseinander geht, mag er den Eindruck haben, die Beziehung habe nicht funktioniert. In Wirklichkeit hat die Beziehung ihm jedoch erfolgreich seine größte Angst gezeigt.

In der Dunklen Nacht der Seele wirst du aufgefordert, aus deinen tiefsten Erfahrungen jedes verfügbare Quäntchen Weisheit hervorzuholen, um die Kraft, die du der Angst gegeben hast, zu bannen. Die Dunkle Nacht der Seele erreicht uns, wenn wir sie am wenigsten erwarten und in der Regel ohne Vorwarnung. Die meisten Menschen kommen irgendwann dahin, einen Verlust dessen zu erfahren, was sie auf keinen Fall verlieren wollen. Ob es sich um Beziehungen, Gesundheit, finanzielle Sicherheit oder eine andere Kombination von Dingen handelt, deine Ladung stellt sicher, dass du eine Gelegenheit erfahren wirst, dich in der Abwesenheit dieser Dinge zu erfahren, um die Ladung auszugleichen. Das ist die Kraft der dunklen Nacht der Seele. Wenn wir wüssten, dass sie kommt, würden wir uns natürlich abwenden. Wer würde schon eines Morgens aufstehen, Kaffee trinken, den Hund füttern, seiner Familie einen schönen Tag wünschen und sagen: Jetzt bin ich bereit für meine Dunkle Nacht der Seele?

Uns in unserer größten Dunkelheit kennen zu lernen ist unsere Gelegenheit, den Teil von uns zu heilen, den wir am wenigsten zu erfahren wünschen. Um unser Gleichgewicht zu finden, müssen wir unsere Extreme kennen. Oder besser gesagt: Wir müssen uns in unserer Reaktion auf unsere Extreme kennen. Wir müssen wissen, wie wir auf die dunkelste Dunkelheit und auf das hellste Licht reagieren, und beide annehmen, um die Bewertung unserer Erfahrung zu heilen und die Kraft unserer wahrsten Natur zu finden. Unsere Dunkle Nacht der Seele ist ein Beispiel für unsere Reise zu uns selbst, uns selbst in jeder Hinsicht kennen zu lernen, eine Reise in die Dunkelheit und ins Licht.

Es geht darum, mit allen Ausdrucksformen und Erfahrungen des Lebens deinen Frieden zu finden. Um das Geschenk deiner selbst in Ganzheit und Vollständigkeit zu geben, musst du dich im Kontext aller Möglichkeiten und Extreme kennen. In all deinem Glück, all deinem Leid, all deiner Wut, Eifersucht und Bewertung. All diese wertvollen Empfindungen sind deine Geschenke der Dunkelheit und des Lichts, um dir zu helfen, dich selbst zu erkennen. Kahlil Gibran sagt es so wunderbar in seinem Buch »Der Prophet«:

»Niemand kann euch etwas eröffnen, das nicht schon im Dämmern eures Wissens schlummert... Und wie jeder von euch allein in Gottes Wissen steht, so muss jeder von euch allein in seinem Wissen von Gott und seinem Verständnis der Erde sein.«[8]

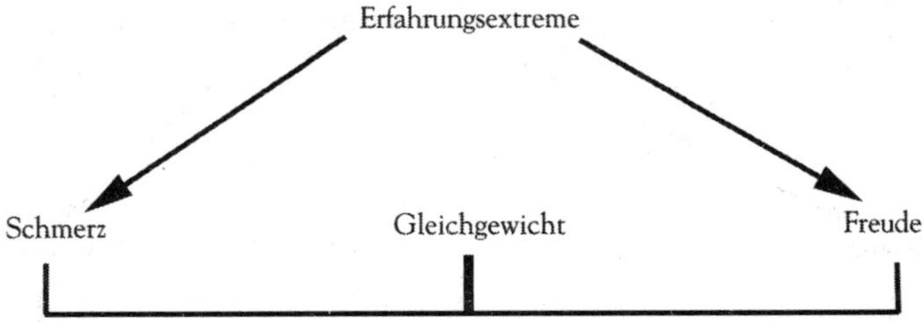

Deine einzigartige Erfahrung erlaubt dir, die Grenzen dessen, wofür du dich hältst, ständig zu erweitern und dich der Wirklichkeit dessen, woraus du wahrhaft bestehst, zu nähern. Diese Extreme helfen dir, dein Gleichgewicht zu erkennen und jeweils neu zu definieren, wenn sich das Gewicht in den Waagschalen verändert.

Ich will das an einem hypothetischen Beispiel erläutern: Angenommen, im Alter von vierzehn Jahren ist es deine bis dahin wunderbarste Erfahrung, dass du zu einem wichtigen Schultanz eingeladen wurdest. Durch die Einladung fühlst du dich angesehen und geschätzt und das fühlt sich gut an. Gleichzeitig mag der größte Schmerz in deinem Leben der Tod eines Haustiers sein, das bis dahin dein Leben begleitet hat. Deine Erfahrungsextreme lassen sich dann so darstellen.

Die Grenzen dessen, wie du dich selbst in dem Kontext von Freude und Leid wahrnimmst, werden durch die bis dahin erfahrenen Extreme derartiger Erfahrungen definiert. Die Erfahrungsgrenzen einer anderen Person nützen dir nichts, sie müssen selbst erfahren werden, damit man sie kennt. Wenn wir unser Beispiel noch einen Schritt weiter entwickeln, dann hast du vielleicht später in dem gleichen Jahr durch einen Unfall deine ganze Familie verloren. Vor diesem Hintergrund verblasst der Schmerz um das Haustier.

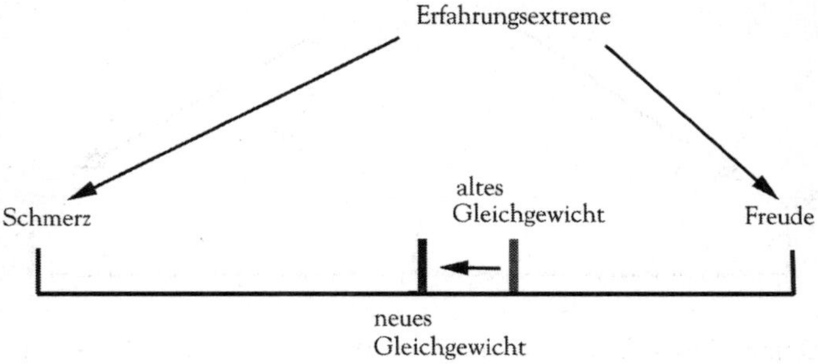

Im Kontext jedes neuen Verlustes musst du deinen Schmerz neu formulieren, musst du dein persönliches Wissen um Schmerz um ein neues Extrem erweitern. Der Verlust deiner Familie hätte natürlich eine viel größere Wirkung auf dich als der sicherlich auch schmerzhafte Verlust deines Haustiers. Weil dieses neue Extrem deine Wahrnehmung von Schmerz verschoben hat, verschiebt sich auch dein Gleichgewicht. Niemand hätte dir vermitteln können, wie sich dieser Verlust anfühlt. Es musste erfahren werden.

Dies mag ein extremes Beispiel sein, doch du beginnst vielleicht zu verstehen, wie du dich durch jede Erfahrung aus einer etwas veränderten Perspektive des Schmerzes und der Freude, des Lichts und der Dunkelheit betrachtest, und damit die Grenzen deiner Erfahrungen neu definierst. So schwer es auch erscheinen mag, du hattest immer die Fähigkeit, durch den Schmerz hindurch zu erkennen, was das Leid dir sagen will. Dein Leben ist ein Geschenk, durch das du dich selbst aus vielen verschiedenen Perspektiven betrachten und in allen Möglichkeiten wiederfinden kannst.

Ich bin davon überzeugt, dass wir so funktionieren. Der sechste Spiegel des Geheimnisses der Beziehungen braucht nicht wehzutun. Das Leid ist der Spiegel dessen, mit welcher emotionalen Ladung unsere Angst vor dem jeweiligen Verlust versehen ist.

Ich segne jeden von uns, unabhängig von dem Weg, den wir gewählt haben, um uns unserer selbst und unserer Beziehung zu dem EINEN zu erinnern. Wenn ich in einem dieser Beispiele dich beschrieben habe, dann segne ich dich und deine Selbsterkenntnis. Ich ehre dein Geschenk deiner Dunklen Nacht der Seele.

Das Geheimnis des siebten Spiegels: deine mitfühlendste Tat

»Zeige mir den Stein, den die Baumeister verachtet haben. Das ist der Eckstein.«

Aus der Nag Hammadi Bibliothek[9]

Durch Sparmaßnahmen der Firma, für die ich Ende der achziger Jahre arbeitete, kam es dazu, dass ich mir das Büro mit einer Frau teilte, die eine ganz andere Arbeit verrichtete als ich. Wir freundeten uns schnell an. Eines Tages hörte sie nach unserer Rückkehr vom Mittagessen ihren Anrufbeantworter ab, und ich sah, wie sie erbleichte und sich mit gläsernem Blick abrupt hinsetzte. Ich wartete einen Moment und fragte sie dann, was geschehen sei. Sie sah mich an und erzählte mir eine Geschichte, die genauso traurig wie beeindruckend war.

Gute Freunde von ihr hatten eine Tochter, deren Schönheit und vielfältigen Begabungen sie seit ihrer frühen Kindheit förderten. Nach dem Gymnasium entschied das Mädchen sich für eine Karriere als Model, weil sie meinte, ihre Talente dort am besten einsetzen zu können. Ihre Familie unterstützte sie in ihrer Entscheidung und viele Agenturen reagierten auf ihre

Bewerbung sehr interessiert. Sie bekam Angebote für Reisen und Ausbildungen und mehr Bestätigung, als sie sich hätte träumen lassen. Alles schien bestens zu laufen.

Sie ging dann nach New York zu einer der Agenturen und absolvierte eine Reihe von Modeschauen. Ihr wurde versichert, dass dies der Anfang einer vielversprechenden Model-Karriere sei. Diejenigen, die sie kannten, begannen jedoch eine subtile Veränderung wahrzunehmen. In ihre Begeisterung mischten sich Bedenken. Die Agenturen suchten nach einem bestimmten »Look« bei ihren Frauen. Sie war zwar von einzigartiger Schönheit, doch es entsprach nicht genau dem, was gefragt war. Unter dem Eindruck dieser Anforderungen und mit Unterstützung ihrer Familie begann sie mit einer Reihe von chirurgischen Eingriffen, durch welche ihr Körper mehr den Erwartungen der Agenturen entsprechen sollte.

Sie begann mit dem Offensichtlichen, einer Vergrößerung und Anhebung der Brüste und ein paar kleinen Korrekturen an den Oberschenkeln und am Bauch. Das brachte sie ihrem Ziel zwar näher, doch es stimmte noch nicht ganz. So fuhr sie mit drastischeren Maßnahmen fort. Sie ließ sich den Kiefer brechen und neu modellieren, um einen kleinen Überbiss, den sie seit ihrer Kindheit hatte, zu korrigieren. Da sie sechs Wochen lang nichts kauen konnte, verlor sie an Gewicht. Meine Kollegin zeigte mir Photos von vor und nach der Operation. Ich erkannte kaum einen Unterschied, doch ich sagte mir, wenn diese junge Frau das brauchte, um mit sich selbst ins Reine zu kommen, meinetwegen.

Durch den Gewichtsverlust hatte der Bauch dieser wunderschönen jungen Frau nicht mehr genau die gleiche Form wie vor der Operation, einfach weil ihr Oberkörper weniger Masse und Muskeltonus hatte. In ihrer *Wahrnehmung* war es jedoch ein Problem, das chirurgisch gelöst werden konnte. Durch die Entfernung ihrer untersten freien Rippen wurde die Proportion von Brust, Taille und Hüften betont. Gleichzeitig hatten ihre Kolleginnen ihren Gewichtsverlust bewundert, sodass sie noch mehr abnehmen wollte.

Wer schon mal mit Gewichtszu- und abnahme experimentiert hat, kennt vielleicht die gleiche Erfahrung, die auch ich während meiner Schulzeit machte, als ich kurze Zeit im Ringen trainierte. Wenn ich versuchte, ab- oder zuzunehmen, um vor Wettkämpfen in die angestrebte Gewichtsklasse zu kommen, dann ging das am Anfang zwar langsam, doch nach einer Weile schien mein Körper fast von alleine ab- oder zuzunehmen.

Dieser jungen Frau erging es ähnlich. Sie hatte ihren Kiefer neu gerichtet, ihre Haare verändert, ihre Brüste vergrößert, abgenommen und sich sogar Rippen entfernen lassen und war mit ihrem Aussehen immer noch nicht zufrieden. Sie begann mit einer Abmagerungskur, die nicht mehr aufhörte. Nach kurzer Zeit bemerkte sie, dass sie die Kontrolle über den Gewichtsverlust verloren hatte. Sie wog täglich weniger. Als ihre Familie bemerkte, was los war, und sie ins Krankenhaus brachte, war es bereits zu spät. Durch eine Reihe von Komplikationen war die junge Frau an diesem Morgen verstorben.

Vielleicht kennst du Menschen, die auf einem ähnlichen, wenn auch hoffentlich weniger extremen Weg sind. Die junge Frau in unserem Beispiel hatte eine innere Vorstellung von Vollkommenheit, die ihr als Grundlage dazu diente, sich zu vergleichen. Ihre Überzeugung sagte ihr, dass sie, so wie sie war, unvollkommen sei. Durch die Errungenschaften der modernen medizinischen Technologie konnten diese Unvollkommenheiten jedoch überwunden werden.

Dieser Frau widerfuhr etwas viel Tieferes, als dass sie versuchte, ihre angenommenen Mängel auszubessern. Es geht hierbei nicht darum, die angewandten Technologien und Prozeduren zu verurteilen. Sie sind für sich genommen ungefährlich. Sie wollen nur weise angewendet werden.

Die wichtige Frage hierbei lautet, warum diese junge Frau meinte, dass diese Extreme für ihren Erfolg entscheidend seien. Und warum ihre Freunde und Familie sie darin unterstützten. Warum drängte es sie, etwas anderes zu werden, als was sie von Geburt aus war? Welche Angst drängte sie, ihre äußere Erscheinung den Erwartungen anderer anzupassen? Oder noch wichtiger, ihren eigenen Erwartungen anzupassen? Du kannst dich selbst fragen: *Was ist mein Vergleichsmaßstab?*

An was misst du deinen Erfolg oder dein Versagen im Leben?

Ich habe ein extremes Beispiel gewählt, doch in geringerem Ausmaß geschieht es häufig, dass wir ein unrealistisches Ideal als Maßstab für unsere Fähigkeiten und Errungenschaften für unser Leben wählen.

Nach dieser Geschichte bitte ich in meinen Seminaren die Teilnehmer, einen einfachen Fragebogen auszufüllen, in welchem sie sich in verschiedenen Bereichen wie Bildung, Sportlichkeit, Partnerschaft, Beruf vier verschiedenen Kategorien zuordnen sollen: sehr erfolgreich, einigermaßen erfolgreich, durchschnittlich, erfolglos. Ich gebe ihnen dafür wenig Zeit, denn es geht nicht so sehr um die Beantwortung der Fragen, sondern um die dahinter stehende Überzeugung. Jede Antwort, die etwas anderes als Vollkommenheit sieht, ist nämlich in Wirklichkeit eine Geringschätzung der eigenen Person. Du kannst dich selbst nur als Erfolg oder Misserfolg einstufen, lich mit etwas außerhalb der jeweiligen Erfahrung

.

ost sind meist unsere strengsten Richter. Deswegen entspricht der siebte Spiegel unserer mitfühlendsten Tat. Durch den Spiegel unserer Selbst sind wir aufgefordert, in jeglicher Ausdrucksform des Lebens mitfühlend Vollkommenheit zuzulassen, egal wie andere die Erfahrung sehen. Warum finden es denn so viele Menschen viel leichter, anderen gegenüber mitfühlend zu sein als sich selbst gegenüber?

Unsere Definition des Mitgefühls aus dem dritten Kapitel besagt, dass Mitgefühl aus spezifischen Gedanken, Gefühlen und Emotionen entsteht. Das Denken ohne Anhaftung an das Ergebnis ist in einer Welt, die als das Produkt von Ursache und Wirkung gesehen wird, wahrscheinlich die größte Herausforderung. Ohne Anhaftung an das Ergebnis wird jede Erfahrung zu einer Ausdrucksmöglichkeit, nicht mehr und nicht weniger. Wie sähe dein Leben aus, wenn du jeden Lebensausdruck vollkommen sein lassen könntest, unabhängig von dem Ergebnis? Wenn wir in einer Situation unser Leben nach bestem Bemühen zum Ausdruck gebracht haben, wie können wir dann erfolgreich oder erfolglos sein, ohne uns zu vergleichen? Unsere Gedanken über uns selbst, über unsere Leistung, unser Aussehen oder unser Verhalten, bestimmen die Richtung unserer emotionalen Energie. Die mitfühlendste Tat, zu der du vielleicht je aufgefordert werden wirst, ist es, Mitgefühl mit dir selbst, deinen Entscheidungen im Leben und deinem Lebensausdruck zu haben.

• Wenn du dich selbst als irgendetwas anderes als vollkommen siehst, dann zeigt das deine tiefsten Zweifel (allgemeine Angst vor Vertrauen) an der Vollkommenheit deiner Erfahrung.

- Wenn deine aktiven Veränderungen aus irgendetwas anderem als der Liebe und dem Respekt vor dem Geschenk des Lebens stammen, dann zeigt das deine größten Selbstzweifel (allgemeine Angst vor Minderwertigkeit), deine Zweifel an der Vollkommenheit dessen, als der oder die du hierher gekommen bist.

Wenn du die Kodierungen des Mitgefühls auf dein Selbstgefühl anwendest, dann musst du dir folgende Fragen stellen.
Wenn du:

anerkennst, dass es eine einzige Quelle gibt für alles, was ist oder sein wird und dass jedes Ereignis des Lebens ausnahmslos Teil des EINEN ist;
vertraust, dass es in dem Leben, so wie es dir gezeigt wird, einen göttlichen Zeitplan gibt und keine Zufälle;
glaubst, dass jede Erfahrung ausnahmslos eine Gelegenheit für dich ist, deine Meisterung des Lebens zu demonstrieren;
glaubst, dass dein Leben dir deine Suche nach dir selbst spiegelt, dich in allen Extremen kennen zu lernen, um dein Gleichgewicht zu finden;
wahrhaftig glaubst, dass deine Lebensessenz ewig ist und dass dein Körper auch Ewigkeit erfahren kann;

dann:

Stellt sich die Frage, wie du deine Entscheidungen als gut oder schlecht, richtig oder falsch, als irgendetwas anderes als eine Ausdrucksform des EINEN bewerten kannst? Wie kann der Körper, der dir gegeben wurde, irgendetwas anderes als vollkommen sein?

WENN
du glaubst, dass du in diese Welt gekommen bist, um dich selbst in jeglicher Hinsicht zu erkennen

UND
die Erfahrung deiner Extreme dir erlaubt, dein Gleichgewicht zu finden,
UND
du jede Bindung und Verpflichtung im Leben aufmerksam, präsent und in der Absicht wählst, das Beste zu tun,
dessen du im jeweiligen Moment fähig bist,
DANN
kannst du doch kaum in irgendeiner Kategorie weniger als vollkommen sein.

Du bist nicht deine Erfahrung. Du bist das energetische Ergebnis dessen, was dir deine Erfahrung gezeigt hat und du bestimmst, wie du deine Erfahrung interpretierst. Deine Entscheidungen im Leben bieten dir einfach Gelegenheiten zur Erfahrung. Erfahrung ist weder erfolgreich noch erfolglos, weder gut noch schlecht, bis du deine Leistung mit jemandem oder etwas vergleichst. Wer könnte denn in Anbetracht deiner Einzigartigkeit dein Maßstab sein?

Hast du auch schon gehört, wie Menschen in der Öffentlichkeit, in einem Kaufhaus oder Restaurant, andere Passanten mit Bemerkungen wie: »Der sollte sich was schämen!«, oder: »Die könnte auch mal was für sich tun!«, kommentieren?

Ich erinnere mich an ein Ereignis im Flughafen von Dallas/Fort Worth, als ich auf eine Zubringerbahn wartete, die mich von einem Teil des riesigen Komplexes zu einem anderen bringen sollte. Neben mir stand ein älteres Ehepaar und der Mann war offensichtlich etwas schwerhörig. Kurz bevor die Bahn kam, stieg eine sehr umfangreiche Frau aus dem Fahrstuhl. Der ältere Mann sah sie an und bemerkte zu seiner Frau:

»Ist das nicht furchtbar? Warum tut die nicht mal was gegen ihr Gewicht?«

Wegen seiner Schwerhörigkeit oder wegen der Akustik in dem Raum oder vielleicht auch, weil es keine Zufälle gibt, hatte er lauter gesprochen, als es seine Absicht war, und alle hatten es gehört, inklusive der Frau, die wohl beinahe zweihundert Kilo wog. Ich wusste, dass sie ihn gehört hatte, weil sie keinen Ton sagte.

Sie schaute in seine Richtung und damit auch in meine. Ich nahm die Gelegenheit wahr und sah ihr in die Augen. Mit ihrem Umfang war es für sie wahrscheinlich eine schwierige und komplizierte Angelegenheit, zu verreisen, und besonders bei der Hitze, die in Dallas im August herrscht.

Tränen standen in ihren Augen und zeigten, dass sie unter dem Kommentar litt, den sie gerade gehört hatte. Sie ärgerte sich nicht und schien nicht überrascht. Sie hatte sicher schon öfter derartiges gehört. Beim Blick in ihre Augen spürte ich die Vollkommenheit ihrer Seele in der Illusion dieses riesigen Körpers. Wie mutig von dieser Frau, sich dem kritischen Blick der Öffentlichkeit auszusetzen. Was war ihr wohl widerfahren, dass ihr Körper meinte, sich mit einer so dicken Schicht schützen zu müssen?

Als wir in die Bahn stiegen, nickte ich dem älteren Ehepaar freundlich zu. Ich spürte keine böse Absicht in dem Mann, der sich weiterhin mit seiner Frau unterhielt. Wahrscheinlich sprachen sie ständig über die Unterschiede zwischen sich selbst und anderen auf diese Art. Er hatte sicher nicht die Absicht, die Frau zu verletzen und war sich auch gar nicht bewusst, dass seine Worte nicht nur von seiner Frau vernommen worden waren.

Alle vier hatten wir gerade eine bedeutende Erfahrung durchlebt.

uns hatte gerade die Gelegenheit gehabt, sich zu e ich genug, um die Möglichkeit der Vollkom- den »Unvollkommenheiten« des Lebens zuzulas- hepaar in Bezug auf die Frau, die Frau in Bezug auf das Ehepaar und ich selbst in Bezug auf alle drei. Aus verschiedenen Perspektiven hatte jeder von uns gerade das siebte und bedeutendste Geheimnis der Beziehungen erfahren: Die Gelegenheit zu unserer mitfühlendsten Tat.

Ich möchte dich dazu einladen, dir die gleiche Frage zu stellen: Reicht deine Liebe aus, um in allem, was das Leben dir zeigt, die Möglichkeit der Vollkommenheit zuzulassen? Kannst du in der Asymmetrie des Lebens Vollkommenheit sehen? Ich möchte dich dazu einladen, dich damit einverstanden zu erklären.

Jenseits der Tempel

Sicherlich gibt es weitere und vielleicht auch noch subtilere Spiegel in unseren Beziehungen, doch nach allem was ich weiß, enthalten die hier dargestellten die wesentlichen Schlüssel. Wenn du die Möglichkeiten erst einmal erkannt hast, dann werden sie zu einem Teil von dir. Wenn du sie einmal gesehen hast, kannst du sie nicht wieder ungesehen machen. Jetzt wirst du aufgefordert werden, die Bedeutung der Worte mit Leben zu erfüllen.

Jedes Mal wenn du einen Beziehungsspiegel erkennst, hast du die energetische Chance zu einer Öffnung. Die Öffnung existiert nur dadurch, dass du die Möglichkeit zulässt. Du hast außerdem damit die Gelegenheit, die Bedeutung dieses Spiegels für dein Leben zu erkennen.

Vor nicht allzu langer Zeit begegnete ich einem Freund, der gerade seine Karriere, seine Freunde und eine Beziehung verlassen hatte, um in die Wildnis der Rocky Mountains zu ziehen. Als ich ihn fragte, warum er so viel zurückgelassen hatte, um in die Einsamkeit der Hochwüste zu kommen, erzählte er mir, dass er hier seinen spirituellen Weg finden wolle. Im selben Atemzug klagte er jedoch, dass er noch nicht dazu gekommen sei, weil alles schief ging. Er hatte familiäre und geschäftliche Probleme und die Baufirmen auf seinem neuen Besitz machten Schwierigkeiten. Er war offensichtlich frustriert. Ich hörte ihm eine Weile zu und machte ihm dann ein Angebot: »Vielleicht ist dies dein spiritueller Weg«, sagte ich. »Vielleicht liegt in der Art, wie du mit jeder dieser Herausforderungen umgehst, der Weg, um dessentwillen du hierher gekommen bist.« Er schaute mich erstaunt an und murmelte nur: »Vielleicht hast du Recht.«

Meiner Ansicht nach sind wir *nur* zu spirituellem Handeln fähig. Das Leben ist ein spirituelles Unterfangen. So unterschiedlich die Wege auch sein mögen, glaube ich doch mit der ganzen Kraft meines Seins daran, dass alle Wege auf das Gleiche hinführen. Ich glaube, dass jedes Leben, jeder Tod, alles Leiden, alles Glück und alle Erfahrungen, die dazwischen liegen, uns dem gleichen Ganzen, dem gleichen EINEN näher bringen. Unsere Beziehungen sind von unserer spirituellen Evolution nicht getrennt. Unsere Beziehungen sind unsere spirituelle Evolution.

Es ist durchaus möglich, dass du ein Muster, das du einmal in einer Beziehung erkannt hast, in unterschiedlichem Ausmaß auch in anderen Beziehungen erkennst. Das Kontrollthema, das dir zu Hause große emotionale Probleme bereitet, mag beispielsweise im Umgang mit deinem Autohändler eine viel geringere Rolle spielen, doch das Muster bleibt dasselbe.

Die Schönheit des Hologramms liegt darin, dass eine Verbesserung in deinem Umgang mit dem Autohändler dich auch einer Lösung für die Beziehung mit deiner Familie näher bringt. Wenn ein Muster sich in einer Beziehung ändert, dann profitieren alle Beziehungen, die das gleiche Muster enthalten, ebenso davon.

Deine Beziehungen werden zu deinen Tempeln! Du brauchst dich nicht mehr in künstliche Strukturen zurückzuziehen, um bestimmte emotionale Muster zu isolieren und zu meistern. Heute, ein paar Jahre vor dem Ende dieses großen Evolutionszyklus, bist du den äußeren Tempeln entwachsen. Heute betrittst du den Tempel der Liebe in einer Beziehung, wenn du glaubst, verliebt zu sein. Wenn du erst mal in diesem Tempel bist, wirst du weitere Tempel entdecken, von denen du vielleicht nie etwas geahnt hast.

Vielleicht hat dir nie jemand gesagt, dass diese Tempel deine Trittsteine auf dem Weg zur Meisterung deines Lebens sind. Vielleicht hast du bereits dein Leben auf der Grundlage dieser Gedanken, Gefühle und Emotionen gelebt. Vielleicht hat dich nie jemand daran erinnert, dass du ein Eingeweihter höchsten Ranges bist, der in eine Welt der Logik und der Emotion eingetaucht ist, um sich selbst in jeder Hinsicht kennen zu lernen. Doch auch ohne zu wissen, warum, hast du mit der Meisterung deines Lebens weitergemacht. Das ist das Ausmaß deiner Kraft!

Du meisterst sich überschneidende und vermengende Emotionen, überlebst die höchsten Höhen und die tiefsten Tiefen, ohne je genau zu wissen, warum. Du bist den äußeren Tempeln und in vieler Hinsicht auch den äußeren Meistern entwachsen. Ihre Lektionen haben dich für diesen Zeitpunkt unserer Geschichte ausgebildet und vorbereitet. Wir bewegen uns in eine Zeit hinein, in der es keine Vergleichsmöglichkeiten gibt, weil die Bezugspunkte fehlen. Es gibt keine vorherigen Erfahrungen, durch die wir ein angemessenes Verhalten bestimmen könnten. Wir bewegen uns in eine Zeit hinein, in der du nichts hast, als dich selbst.

DU bist alles, was du je brauchen wirst. Deine Beziehungstempel bereiten dich auf genau diese Erfahrung vor, auf genau diesen Zeitpunkt. Alle sieben Essener Geheimnisse der Beziehungen bauen der Reihe nach auf der jeweils vorigen Erkenntnis auf, bis du durch die sieben Mysterien deine zentralen Ängste geheilt hast. Damit hast du den Weg bereitet, auf dem Mitgefühl zu einer Kraft in deinem Leben werden kann. In der Geschichte seiner Suche nach Wahrheit wurden Gurdjieff in einem entlegenen Kloster in einem unbekannten Land folgende Worte anvertraut:

»Jetzt hast du die Bedingungen gefunden, unter welchen die Sehnsucht deines Herzens zur Wirklichkeit deines Seins werden kann. Bleib, bis du eine Kraft in dir entwickelt hast, die durch nichts zerstört werden kann.«[10]

Ich glaube, dass Mitgefühl diese Kraft ist. In unseren Beziehungen werden durch die Demonstration unserer wahren Natur die Trugschlüsse der Dunkelheit, der Angst und des Hasses offen gelegt. Wenn sie geheilt sind, bleibt nur noch Mitgefühl.

Sechs

»Möge ich zu einem unerschöpflichen Schatz werden
für alle, die arm und mittellos sind,
Möge ich zu all den Dingen werden,
derer sie bedürfen,
Und mögen diese ganz in ihrer Nähe sein.«

SHANTIDEVA, ANLEITUNG ZUR LEBENSWEISE EINES BODDHISATVAS[1]

Die Hoffnung unserer Ahnen

Mitgefühl und kritische Masse

Es war im Oktober 1987. Als wir abends um halb zehn von der Schotterpiste auf die Schnellstraße abbogen, wurden die Fahrgeräusche auf dem Asphalt ruhiger. Meine Frau und ich befanden uns auf dem Heimweg, nachdem wir ein Wochenende lang mit Forschern und Meditierenden im nördlichen Neu Mexiko über die Kraft des Lebens, die menschliche Seele und die Zeitenwende diskutiert hatten. Ich legte meine Lieblingskassette von U2 ein und meine Frau kuschelte sich in ihren Sitz. Ich hatte am nächsten Morgen um halb acht eine Besprechung im Büro, auch meine Frau musste früh raus, und bis zu unserem Zuhause in Denver hatten wir noch mindestens fünf Stunden Fahrt vor uns.

Wir hatten gerade die Grenze nach Colorado passiert, als ich hinter einer Kurve die Rücklichter eines Autos sah, das am Straßenrand stand. Ich hielt an, um zu schauen, ob jemand Hilfe brauchte. Zwei menschliche Gestalten beugten sich über etwas vor dem Wagen. Ich lief schnell hin und stellte fest, dass es zwei junge Frauen waren, die ein Reh angefahren hatten. Es war plötzlich auf der Straße stehen geblieben und sie hatten nicht mehr ausweichen können.

Das Reh lag still und bewegungslos auf der Straße, doch es atmete noch. Im Licht meiner Taschenlampe sah ich, dass es ein weibliches Tier war, doch ich konnte keine Verletzungen sehen. Als wir es vorsichtig drehten, wurde deutlich, warum es sich nicht mehr bewegte: Der Unfall hatte seinen Bauch aufgerissen und seine inneren Organe durch die Öffnung gepresst. Es war klar, dass es nicht mehr lange leben würde. Wir zogen es von der Straße und lehnten es gegen einen Weidezaun, da es so leichter zu atmen schien. In der kalten Nachtluft konnten wir unseren Atem sehen, sogar den der Ricke. Sie lag bewegungslos da. Ich hatte das Gefühl, als ob sie spürte, dass wir ihr nur helfen wollten. Ein Gefühl des Friedens schien über sie gekommen zu sein und sie zeigte keine Angst. Die beiden Frauen waren Krankenschwestern, es war ihr Beruf, Leben zu retten und Leiden zu lindern, doch hier fühlten sie sich genau so hilflos wie meine Frau als ausgebildete Massagetherapeutin und ich als Ingenieur. Ich kniete mich hin und betete im Stillen: *Ich bitte darum, dass diesem Tier ein sanfter Übergang beschieden wird. Bitte lass es ohne Leiden auf seine Reise gehen.*

Plötzlich verspürte ich wieder das vertraute Gefühl aus meinen Nahtoderfahrungen. Ich spürte, dass wir an diesem kalten Oktoberabend dort am Straßenrand nicht allein waren und dass alles in Ordnung war. Ich legte meine Hand über die Augen des Rehs. Sein Atem wurde flacher und hörte mit einem letzten Seufzer ganz auf. Ich senkte meine Hand und sah an seinen offenen Augen, dass es seine Reise angetreten hatte.

Mir wurde mit einem Mal klar, dass ich noch nie genau den Moment des Übergangs erlebt hatte. Ich war natürlich auf Beerdigungen gewesen und hatte Freunde bis kurz vor ihrem Tod begleitet, doch aus irgendeinem Grund war immer etwas geschehen, weshalb ich dann im eigentlichen Moment nicht da war. Vielleicht wollten sie alleine sterben, vielleicht wollte ich nicht dabei sein. Dies war jedenfalls das erste Mal, dass ich diesen Moment erlebte.

Ich hielt das Reh in meinen Armen und warme Wellen der Emotion strömten durch meinen Körper. Die Wärme pulsierte von meiner Brust in meine Glieder und endete mit einem sanften Hitzeschub. Da wusste ich, dass es gegangen war. Die Essenz seines Lebens war beim Verlassen seines Körpers kurz durch mich hindurchgeflossen und für mich spürbar geworden. Ich hatte immer von unserer Verbundenheit gewusst, doch jetzt war es mehr als ein Wissen, denn ich hatte sie in dem Moment seines Ablebens gespürt. Sein Übergang hinterließ einen tiefen Eindruck in mir.

In jenem Augenblick wäre es für mich sehr schwer gewesen, genau zu sagen, wo die Lebenskraft des Rehs aufhörte und meine eigene begann. In diesen wenigen Sekunden waren wir dasselbe Wesen. Ich weinte, ohne zu wissen, warum. Tränen rannen über meine Wangen auf das noch warme Gesicht dieses Tieres, das ich nie kennen gelernt hatte und ich dachte: *Wie kann das Leben dieses einen Tieres, das mir bis eben noch völlig unbekannt war, hier im südlichen Colorado, auf über zweitausend Meter Höhe, einen Unterschied in meinem Leben ausmachen?* Ich spürte eine Leere in mir und obwohl ich wusste, dass sie mit vielen anderen ihrer Art irgendwo da draußen war: Ich vermisste es. Ich vermisste seine Gegenwart in meiner Welt. Durch seinen Tod schien sich etwas in meinem Leben verändert zu haben.

Ich hatte immer gewusst, dass wir ein Teil allen Lebens sind, verbunden durch die »Fäden« einer Kraft, die alles in ihrer Schöpfung miteinander verwebt. Ich hatte es immer gewusst, doch die Erfahrung dieses Übergangs ließ mich den Unterschied spüren. Wegen dieses Unterschieds erzähle ich diese Geschichte.

Das Werden: Unsere Technologie des Zweiten Wegs

Wir haben uns entschieden. Wir sind kollektive Erinnerung all dessen, was je war und je sein wird und wir haben uns entschieden: »Kein Hunger mehr, und kein Leid.«

Doch viele von uns warten noch darauf, dass der Hunger und das Leid vergeht. Wir haben einander in die Augen geschaut und gesagt: »Keine Krankheiten mehr, und kein Siechtum.«

Doch neue Krankheiten, gegen die die moderne Technik nichts ausrichten kann, erinnern uns an unsere vergangene Verletzlichkeit. Wir haben miteinander abgemacht: »Kein Töten mehr, und kein Morden.«

Doch voller Schrecken und Hilflosigkeit sind wir Zeugen zunehmender Gewalt und Feindseligkeit unter Menschen aller Religionen, Kulturen und Rassen. Wir haben uns entschieden. Das war ein erster und notwendiger Schritt in Richtung auf das, was wir uns für unsere Welt und uns selbst wünschen. Die Entscheidung allein mag jedoch nicht genügen. Sie ist ein Signal an die Schöpfung, dass eine Öffnung entstanden ist. Deine Entscheidungen haben ein energetisches Potenzial geöffnet, Räume für Möglichkeiten erschaffen. Daraus ergibt sich die Frage: *Womit füllst du diese Öffnungen, die du erschaffen hast?*

Deine Entscheidungen erschaffen im menschlichen Bewusstsein eine Leere, die alle Möglichkeiten enthält. Womit wirst du diese Leere füllen? Dich für Veränderung zu entscheiden ist der halbe Weg, ist die Anwendung der Hälfte des großen Geschenks, welches du mit deinem Leben erhalten hast. In dieser Zeit, die die Mayas die »Nicht-Zeit« nannten, wirst du aufgefordert, über das Entscheiden hinauszuwachsen.

Heute, wenige Jahre vor dem, was in alter Zeit die Zeitenwende genannt wurde, wirst du aufgefordert, zu *werden*. Wenn du zu deinen Entscheidungen wirst, wendest du die zweite Hälfte deines Lebensgeschenks an. Mit deinem freien Willen kannst du dich entscheiden, zu genau dem zu werden, was du dir für deine Kinder und alle, die dir lieb sind, wünschst. Es geht darum, zu dem zu werden, wonach du dich am meisten sehnst. In deinem Werden liegt das Geheimnis zur Erfüllung des Versprechens, was du dir für dieses Leben gegeben hast.

Unsere kulturelle Neigung zum Tun ist ein Relikt unserer Vergangenheit, der Rest eines Paradigmas, das uns wohl gedient hat. In voller Anerkennung dieses Weges scheint es jetzt so, als ob er uns zu diesem Zeitpunkt nicht mehr hilfreich ist. Die Gedanken, Vorstellungen und Überzeugungen, aus denen heraus wir getötet haben, um nicht getötet zu werden, besiegt haben, um nicht besiegt zu werden, besitzen wollten, um nicht besessen zu werden und das, was wir nicht verstanden, bewerteten, sie haben uns gut gedient, indem sie uns bis an diesen Punkt gebracht haben. Jetzt möchte ich vorschlagen, dass wir dem Weg des Tötens, Besiegens, Besitzens und Bewertens entwachsen sind. Wir haben *Zwischen Himmel und Erde* mit einer Darstellung der inneren und äußeren Technologien begonnen. Nach allem, was seitdem gesagt wurde, lohnt es sich, dass wir uns diesen Ideen noch einmal zuwenden.

Über das Tun unserer Vergangenheit hinaus sind wir jetzt aufgefordert, zu unseren Entscheidungen zu werden. Aus alter Zeit wurden dir genau für diesen Zeitpunkt der Geschichte alte, hoch ntwickelte Technologien hinterlassen, die jetzt lebendig in dir zur Verfügung stehen. Nachdem du bis hierhin gelesen hast, kannst du dich fragen: *Auch wenn ich mir dieser Werkzeuge als logischer und emotionaler Kodierungen in meinem Geist bewusst bin, erinnere ich mich körperlich an sie?*

Du hast die Fähigkeit, das Leben in deinem Körper und deine Sicht des Lebens zu verändern, auch wenn du sie vielleicht zurzeit nicht nutzt. Diese Veränderung kann in einem Augenblick passieren, wenn du dich an die Möglichkeit erinnerst, sie zuzulassen. Vielleicht besteht das machtvollste Werkzeug, das dir für den Rest deines Lebens hier zur Verfügung steht, genau in dieser Fähigkeit, Lebensmuster aus deinem Körper heraus zu verändern, indem du deine Perspektive veränderst.

Der Zweite Weg der inneren Technologie wird mehr erinnert als hergestellt. Er ist unsere wahrste Natur. Als die Erinnerung an deine wahrste Natur zu verblassen begann, hast du gelernt, Spiegel deiner Selbst außerhalb deines Körpers zu erbauen. So stark bist du, so stark ist dein Wille, dich zu erinnern und zu leben.

Unsere innere Technologie erinnert sich an unseren Körper als der heiligen Vereinigung zwischen dem atomaren Ausdruck der Erdmutter und dem elektromagnetischen Ausdruck des Himmelsvaters, genauso wie es in den Schriftrollen vom Toten Meer und den Büchern der Essener schon gesagt wurde:

»Denn so wie der Himmlische Vater dir seinen heiligen Geist gab, und deine Erdenmutter dir ihren heiligen Körper …«

Das Evangelium der Essener[2]

Dein enormes Potenzial wird durch die Lebensart, für die du dich entscheidest, aktiviert und reguliert. Wenn wir wirklich das sind, was wir annehmen, nämlich machtvolle Wesen voller Weisheit und Mitgefühl, warum sollten wir nicht zu heilender Technologie werden können? Was spricht dagegen, statt mit den Konsequenzen vergangener Zustände durch das Herstellen äußerer Techniken umzugehen, zu diesen Techniken zu werden? Warum nicht die Gefühle fühlen, die Emotionen empfinden und die Gedanken denken, durch die wir uns in einen Zustand versetzen können, in dem Bakterien, Viren, Krankheiten und selbst der Tod nur von geringer Bedeutung sind? Warum nicht von innen heraus zu der heilenden Medizin werden?

Aus dieser Perspektive betrachtet könnten Immunschwächen, soziale und politische Unruhen und andere als schrecklich betrachtete Zustände höchst wirksame Hilfsmittel zur Veränderung sein, mächtige Katalysatoren, denen wir zugestimmt haben, um uns gemeinsam auf eine höhere Entscheidungsebene zu befördern. Unser Einverständnis drückt sich darin aus, dass wir die Technologie, die diese Zustände erschafft, mitsamt den dahinter stehenden Gedanken zulassen und ermutigen.

Die Weisen der Vergangenheit haben uns daran erinnert, dass Mitgefühl nicht etwas ist, was wir tun oder leisten, sondern etwas, zu dem wir werden. Die hoffnungsvolle Botschaft kommt nicht aus irgendeiner äußeren Quelle zu uns, sie ist unsere uralte und zukünftige Botschaft, die wir erschaffen haben und die zu uns zurückkommt. Sie kommt aus unserem Inneren, als Antwort auf ein Signal, das wir vor langer Zeit erschaffen haben, als wir erkannten, dass wir für den nächsten Schritt bereit sein würden, wenn wir eine bestimmte Stufe der technologischen Entwicklung erreicht hätten. Wir sind bereit, wenn wir

- in den genetischen Code unseres Schöpfers blicken können und
- unsere Sinneswahrnehmung genauso in den uns umgebenden Kosmos wie in die Atome, aus denen wir bestehen, senden können.

Heute hast du Gelegenheit, die Technologie des ersten Wegs für all das zu segnen, was sie dir geboten hat, für die Zeit, die dafür notwendig war, die Annehmlichkeiten, die sie ermöglicht hat, für alles, was sie dir bedeutete. Segne sie und fahre mit dem Zweiten Weg fort.

Der Zweite Weg bedeutet eine unglaubliche Aufwertung unserer Lebensweise und unseres Lebensstandards. Wir haben die Gelegenheit, zu der Heilung der Medizin zu werden, zu andauernder, ewiger Gesundheit, zu dem Frieden der Friedensstifter, zu dem Mitgefühl der Religionen, zu strahlenden, anmutigen Gefährten des Lebens. Ich möchte dich bitten, die Lehren zu überdenken, die von einer machtvollen Lebenskraft sprechen, die *durch* deinen Körper fließt. Darin liegt Trennung. Dein Körper *ist* diese machtvolle Kraft. Es gibt keine Trennung zwischen dieser Kraft und dir, sie fließt durch deinen Körper und sie ist dein Körper. DU bestimmst deine Reaktion auf Bakterien und Viren, auf ultraviolette Strahlung, die durch eine geschädigte Ozonschicht dringt oder auf die Erkältung, die bei dir im Büro umgeht. DU bestimmst die Schwelle deines Ärgers, Hasses oder Zorns über Ereignisse, die du in deinem Leben erschaffen hast. DU bestimmst unser Ergebnis dieses geschichtlichen Brennpunkts, indem du deine Reaktion auf diese Zeit bestimmst. In deiner Totalität hast du dir selbst, deinen Lieben und dieser Welt viel mehr anzubieten, als irgendeine Maschine, die ein Fragment von dir im Außen spiegelt.

Die Zeit unserer Meisterschaft

Die Zeit der äußeren Tempel und Belehrungen nähert sich der Vollendung. Was sich vielen als ein inneres Wissen offenbart, wurde schon vor mehr als zweitausend Jahren festgehalten. Unser Wissen erinnert uns daran, dass wir als Ausdruck einer hoch entwickelten Vereinigung leben, einer heiligen Hochzeit zwischen den Elementen dieser Erde und einer steuernden, nichtphysischen Kraft, die wir GEIST (Spirit) nennen.

Die Qualität des Denkens, Fühlens und der Emotionen, die wir Mitgefühl nennen, ist der Frieden, nach dem wir in unseren Körpern streben, um diese Komponenten mit unserer Seele in Übereinstimmung zu bringen. Dieser aus Mitgefühl entstehende Frieden ist derselbe Frieden, den auch die Essener in Gedanken, Gefühl und Körper anstrebten. Die Vitalität deines Körpers, die Qualität deines Blutes und deines Atems, die Wahl deiner Beziehungen und Gefühle, selbst deine Fortpflanzungsfähigkeit, all dies scheint in direkter Relation zu deiner Fähigkeit des Mitfühlens zu stehen.

In dem gleichen Maß, wie du die Kraft des Mitgefühls in deinem Leben annehmen kannst, wandelt sich dein Leben mit Anmut und Leichtigkeit.

Alle Heiligen und Leitfiguren unserer Reise haben uns an diesen Punkt geführt und ermutigen uns, über die Lehren der äußeren Meister hinauszuwachsen. Ihre Wege haben uns darauf vorbereitet, zu Meistern und Meisterinnen zu werden. In seinem großartigen Werk *The Peace That You Seek* sagt Alan Cohen: »Die Zeit der Suche nach dem Meister ist vorbei. Jetzt geht es darum, dass du der Meister bist.« Und im Weiteren erinnert er uns: »Die Arbeit aller Heiligen war auf diesen Moment und auf dich gerichtet.«[3]

Ihre Arbeit hat uns auf diese Zeit in unserer individuellen und kollektiven Geschichte vorbereitet. Wenn wir wirklich sind, was und wer wir meinen, geworden zu sein, dann ist es für uns an der Zeit, das zu zeigen. Irgendjemand muss anfangen. Irgendjemand muss die Gedankenkreisläufe unterbrechen, die Hunger, Krankheit und Morden möglich gemacht haben. Diese Muster sind ein Teil von uns. Da sie in uns und unter uns entstanden sind, muss hier auch die Veränderung beginnen.

Jemand muss sich entscheiden, über die Parameter, die uns bis an die Grenze unseres Selbstverständnisses geführt haben, hinauszuwachsen. Jemand muss eine Perspektive auf das Leben anbieten, die jenseits von richtig und falsch und »dafür muss jemand zahlen« auf etwas Größeres hinweist. Jemand muss die Wahrheit einer höheren Reaktion auf die Angebote des Lebens demonstrieren, unabhängig von dem, was diese Angebote genau ausmacht. DU bist dieser Jemand. Wer sonst? Wer sollte dieser Jemand sonst sein? Die Beispiele sind gelebt worden, die Entscheidungen gefallen. Der Rahmen ist gesetzt. Jetzt lade ich euch ein, zu mehr zu werden als die Umstände, die die Welt euch als euer Leben angeboten hat. Ich lade euch ein, zu mehr als dem Schmerz zu werden, den andere euch zufügten, als sie euer Vertrauen verletzten. Ich lade euch ein, zu mehr als der Krankheit und dem Morden zu werden, was wir einander zugefügt haben. In der Perspektive, dass du dich für eine höhere Reaktion entscheiden kannst, als deine Emotionen sie dir bislang vorgegeben haben, findest du deine Stärke.

Konvergenz: Die Geschichte verweist auf das Jetzt

Die Weisen der alten Zeiten kannten einen Begriff für die Menschen, die heutzutage leben würden. Sie hatten einen Namen für dich. Sie schrieben Texte, erschufen Systeme zur Zeitmessung, erzählten Geschichten, gaben Ratschläge und widmeten dir dicke Bücher. Diese Texte beschreiben einen Konvergenzpunkt von ineinander greifenden Zyklen, Zeitzyklen, Erfahrungszyklen, technologischen Zyklen und Erkenntniszyklen. Dieser Konvergenzpunkt der Geschichte wird sowohl als ein Wandel der Zeit als auch des Denkens in der Zeit beschrieben.

Es wird von Veränderungen in der physischen Welt berichtet, die diesen Zeitpunkt der Geschichte markieren. Durch ihre Prophezeiungen und Voraussicht erzählten die alten Quellen dir von Veränderungen in den globalen Wetterentwicklungen, in den geographischen und sozialen Bedingungen. Sie warnten dich, dass dein Leben vielleicht nicht mehr so funktionieren könnte, wie du es bisher gewohnt warst. Sie erinnerten dich daran, dass Veränderungen in deinem eigenen Körper bei diesen enormen Veränderungen deiner Welt eine Schlüsselrolle spielen werden, chemische Verschiebungen, die sich in Gefühlen und Emotionen ausdrücken. Es war jedoch immer fraglich, ob du zu diesem Zeitpunkt der Entwicklung die Weisheit besitzen würdest, den Prozess sich entfalten zu lassen. Als Wendepunkt der menschlichen Erfahrung wurde der Wandel vorausgesehen, gefürchtet und ersehnt.

Es gibt bis zu achtzehntausend Jahre alte Zeitmessungen, die in diesen Jahren, in diesen Tagen enden. Die Schöpfer dieser Kalender sahen die Geburt einer machtvollen Generation voraus, hoch entwickelter Wesen, die die Brücke zwischen der Zeit der alten Kalender und der neuen Zeit sein würden. Es gibt bislang keinen Namen und keine Kalender für diese neue Zeit. Dazwischen würde es eine Übergangsperiode geben, eine Erfahrung, die die Alten »Nicht-Zeit« nannten. Die Prophezeiungen erzählen uns von einer Generation, die über eine innere Macht verfügen würde, die über ihr eigenes Verständnis hinausginge. Die Quelle dieser Macht läge in einer lebendigen Kraft, die in jedem dieser Wesen schlummert. Diese Generation wird die Nicht-Zeit überbrücken, indem sie das, was war, mit dem verbindet, was sein wird. Um die Zeit, die die Hopi die »Tage der Reinigung« nannten, mit Anmut durchzustehen, wird diese letzte Generation die ihr innewohnende, vergessene Macht wiedererwecken müssen, denn die Fähigkeit, ohne

Krankheiten zu leben, ohne Verfall zu altern, den Körper in höhere Energieformen zu überführen statt zu sterben, hat immer in ihnen geruht. Diese Kraft wird nicht im Außen durch Geräte, Erfindungen oder irgendwelche Taten erschaffen. Sie zeigt sich vielmehr als eine innere Weisheit, die sich in dem ausdrückt, zu was diese Wesen werden.

Wenn du nicht als Kind sehr viel Glück gehabt hast, dann hat dir wahrscheinlich nie jemand erzählt, dass du »eine Eingeweihte/ein Eingeweihter höchsten Ranges« bist. Wenn du nicht glücklicherweise das Kind erwachter Eltern warst, die das Leben als eine Gelegenheit zur Demonstration ihres Selbstverständnisses sahen, dann hat dir wahrscheinlich nie jemand einen Kontext angeboten, um in den Extremen des Lebens einen Sinn zu finden. Wahrscheinlich hat dir nie jemand erklärt, warum du die Höhen der Freude und des Glücks und die Tiefen der Angst manchmal sogar am gleichen Tag erlebst.

Ich bin Menschen begegnet, die in der Tat mit diesem Bewusstsein geboren sind. Sie wussten immer, dass sie nicht so sind, wie die Menschen ihrer Umgebung, dass sie sich auf etwas vorbereiteten, auf ein nebulöses Ereignis hinlebten, das sich noch zu ihrer Lebenszeit ereignen würde, ihnen jedoch unbekannt war. Ihre Leben schienen nicht in die Formen zu passen, die ihre Familien, Freunde, Erzieher und Arbeitgeber ihnen anboten. Sie fühlten sich immer deplatziert, als ob sie nur mitspielten. Vielleicht gehörst du zu diesen Menschen.

Wenn du das Glück hattest, deine Einweihung zu verstehen, dann konntest du vielleicht beginnen, dein Leben als eine Gelegenheit zu betrachten. Seit dem Augenblick, als du dich in die wachsenden Zellen des Fötus im Leib deiner Mutter projiziert hast, hast du meisterhaft Teile deiner Identität zurückgestellt und aufgegeben, um diese Erfahrung zu überleben.

Während du das Überleben gemeistert hast, lagertest du diese Teile entlang deines Lebenswegs, um sie zu einer sichereren Zeit wieder zu dir zurückzuholen. Das Weggeben geschah in kleinen Details wie dem Nachgeben »um des lieben Friedens willen« oder in so offensichtlichen Situationen wie jahrelanger Misshandlung, auf die du mit emotionaler Taubheit reagiert hast, um sie zu überleben. Die Erinnerungen mögen oft verschwommen sein, doch deine Beziehungen mit anderen und die sich daraus ergebenden Gefühle spielen eine Schlüsselrolle dabei, dir und deinen Lieben dabei zu helfen, eure Kraft der Ganzheit wieder für euch in Anspruch zu nehmen. Oft ist es deine versteckte Sehnsucht nach Ganzheit, die dich jeden Tag vorwärts treibt, auf ein vielleicht mehr geahntes als sichtbares Ziel hin.

Der Zeitpunkt des Übergangs ist jetzt, in diesen Tagen. Die Wesen, von denen in den alten Texten die Rede war, seid ihr. Ihr lebt in den Tagen der Nicht-Zeit, einer Schnittstelle zwischen den Welten. Ihr erlebt Zeit, ohne ausschließlich in der Welt der Zeit zu leben. Ihr erfahrt Raum, Materie und Nicht-Materie ohne ausschließlich in einer dieser Welten zu leben. Nur Wesen von außerordentlicher Stärke sind in der Lage, den Fokus zwischen diesen Welten zu halten, ohne sich in der Erfahrung zu verlieren. Ihr seid diese Wesen!

Genauso wie ein Elektron in der Lage ist, sich unter bestimmten Bedingungen auf eine höhere Energiehülle zu begeben, haben dein Körper und deine Welt bereits den Prozess begonnen, sich auf eine Ebene größeren Lebensausdrucks zu begeben. Während dieses Übergangs gibt es eine Phase, in der die Welten miteinander koexistieren, in der sich die Dimensionen überschneiden. Die Weisen der alten Zeit hatten eine Bezeichnung für euch, die ihr in diesen Zeiten lebt: *Du, der du zwischen den Welten wandelst.*

Zu diesem Zeitpunkt der Geschichte hast du Gelegenheit gehabt, die höchsten Ausdrucksformen deiner Selbst zu sehen. Du weißt, wie du zu dem von dir ersehnten Frieden werden kannst. Du kennst den Reichtum der Freundschaft und der Nähe zu lieben Menschen. Du weißt, dass es einer bestimmten Qualität von Gedanken, Gefühl und Emotion bedarf, um gesund und lebendig zu bleiben. Deine Welt spiegelt den Frieden, den Reichtum und die Lebendigkeit, die du in deinem Leben erfährst, wider. Dein Wissen darum ist der erste Schritt, um zu höheren Überzeugungen und Glaubenssystemen zu werden.

Die Kraft unseres Einverständnisses

Wir leben in einer Welt kollektiven Einverständnisses. Wir sind kollektiv mit dem resonanten Muster in unserer Welt einverstanden, mal bewusst und mal unbewusst. Die Erschaffung eines nichterdresonanten Materials, wie zum Beispiel Plastik, kann nur geschehen, wenn wir diese Möglichkeit erlauben. Auf einer meist unbewussten Ebene müssen wir der Möglichkeit all der chemischen und molekularen Muster, die zur Herstellung von Plastik notwendig sind, zustimmen. Wenn plötzlich alle Menschen dieser Welt der Ansicht wären, dass Plastik nicht mehr möglich wäre, dann wären die für den Erhalt der Plastikpolymere und -moleküle notwendigen Energiemuster nicht mehr existent. Solange jedoch auch nur eine Person dabei bliebe, der Existenz von Plastik in dieser Welt zuzustimmen, dann würde dies in das kollektive Gedächtnis gepflanzt und die Möglichkeit damit verankert.

Durch unsere Zustimmung können wir auch die Qualität von Lebenserfahrung in die Welt bringen, die wir uns so wünschen. Damit etwas Neues in dieser Welt erschaffen werden kann, muss jemand den Samen dieses Neuen verankern. Dieser Samen kann nur keimen, wenn dem zugestimmt wird, wenn es sozusagen eine Schwingungserlaubnis für das Dasein des Neuen gibt.

Die alten Lehren der Essener haben uns dazu wichtige Schlüssel hinterlassen. Unsere Lebenszeit überbrückt die Zeiten. In diesen Tagen wird der Umschwung, der für immer deine Art der Wahrnehmung deiner Selbst und der Welt um dich herum verändern wird, nicht mehr durch irgendetwas im Außen Machbares ausgelöst. Deine Meisterung des Lebens drückt sich durch einen beabsichtigten molekularen Umschwung in deinem Körper aus, der durch eine Sequenz emotionaler und logischer Kodierungen erreicht wird.

Unser Leben als Boddhisatva

Die Texte der alten Meister des Ostens erzählen von Männern und Frauen, die einzig und allein um eines mitfühlenden Lebens willen in diese Welt kommen, um diese Möglichkeit in dem Bewusstsein derer zu verankern, die nachfolgen mögen. Diese Wesen sind sich ihres Weges bewusst. Sie haben es gewählt, immer wieder unter die irdischen Kinder unseres Schöpfers zurückzukehren, anstatt auf ihrem eigenen Weg zu höheren Ebenen der Schöpfung weiterzuziehen. Diese mitfühlenden, wohltätigen Wesen werden unter anderem »Boddhisatvas« genannt.

Von den vielen Definitionen und Auffassungen über die Leben der Boddhisatvas lautet eine: *Jemand, der die Erleuchtung anderer der Ekstase des Himmels vorzieht.*

Das Leben eines Boddhisatvas dient allein dazu, anderen das Geschenk ihres eigenen Wachstums und ihrer Erleuchtung zu ermöglichen. Dabei wird der/die Boddhisatva selbst noch mehr erleuchtet. 1987 wurde mir auf einer heiligen Reise nach Ägypten folgendes Boddhisatva-Gebet bekannt, das eine Vorstellung davon vermittelt, wie umfassend das dienende Leben eines Boddhisatvas ist:

Boddhisatva-Gebet

In der Gegenwart anderer gehe ich allein durch den Wachtraum des Lebens.
Andere sehen mich. Sobald sie mich erkennen, drehen sie sich weg, denn sie haben vergessen.
Gemeinsam reisen wir durch den Wachtraum des Lebens.
Möge die Klarheit meiner Vision dich mit Anmut durch dein Leben leiten,
denn ich bin ein Teil von dir.
Möge mein Tun dich an deinen Gott in dir erinnern,
mein Tun ist dein Tun.
Möge mein Atem zu dem Atem werden, der deinen Körper mit Leben erfüllt.
Möge meine Seele dich nähren und erquicken.
Mögen die Worte aus meinem Mund einen Platz der Wahrheit in deinem Herzen finden.
Lass meine Tränen zu Wasser auf deinen Lippen werden.
Lass meine Liebe deinen Körper von den Schmerzen des Lebens heilen.
Mögest du in deinem heilsten Zustand dich deiner wertvollsten Gabe erinnern: deiner Göttlichkeit.
Mögest du durch unsere gemeinsame Zeit dich selbst erkennen.
Mögest du in dieser Erkenntnis dein wahres Zuhause finden, deinen Gott in dir.

Wir leben in jeder Hinsicht ein Boddhisatva-Leben. Jeder Moment unseres Lebens dient den Menschen um uns herum. Je mehr dir das Ausmaß dieser Gelegenheit deutlich wird, desto mehr erkennst du wahrscheinlich, wie sehr dein Leben in jedem kostbaren Augenblick ein Dienst am anderen ist, durch den du gleichzeitig dir selbst und letztendlich deinem Schöpfer dienst. Durch das Leben demonstrierst du deine Meisterschaft und deine Bereitschaft, zu einer lebendigen Brücke zu werden, die zu höheren Reaktionsmöglichkeiten auf die Gaben des Lebens führt, unabhängig davon, wie diese Gaben auftreten. In dieser Demonstration spiegelt sich das größte Geschenk, das du denen, die dir in diesem Leben am wichtigsten sind, je anbieten kannst: Du in deiner Ganzheit.

Die Forscher haben der westlichen Welt jetzt gezeigt, dass menschliche Emotionen die Muster der DNA in unseren Körpern bestimmen. Ihre Versuche haben sogar gezeigt, dass DNA die Licht(Materie)-Muster um unsere Körper herum bestimmt. Anders ausgedrückt: Die Wissenschaftler haben entdeckt, dass die Anordnung von Materie (Atomen, Bakterien, Viren, Klima, sogar anderer Menschen) um deinen Körper herum in direkter Beziehung zu den Emotionen und Gefühlen in deinem Körper steht.

Bitte mach dir einmal klar, welche Konsequenzen das hat!

Ist dir klar, über welche Macht deine Technologie verfügt? Diese Beziehung zwischen deinem physischen Körper und deinen Emotionen ist die höchst entwickelte Technologie, die wir je durch unsere Körper in diese Welt gebracht haben. Die Wissenschaft des Mitfühlens, Liebens, Vergebens und Zulassens ist nichts Neues. Sie ist genauso alt wie universell. Deine Fähigkeit, Vergebung auszudrücken und anderen ihre Erfahrung zu lassen, ohne deswegen deine wahre Natur zu verändern, ist ein Kennzeichen höchster Meisterschaft. Die Qualität deines Lebens ergibt sich aus deiner persönlichen Meisterung dessen, was dein Leben dir bedeutet. Alles, was je zwischen dir und deiner wahren Kraft gestanden hat, sind deine Emotionen und Gefühle, die du durch die Filter dessen, was dir das Leben über ihre Bedeutung beigebracht hat, interpretiert hast.

Innerhalb der lebensspendenden Felder des Mitgefühls sind zerstörerische Krankheiten unmöglich, sind abwehrschwächende Viren unmöglich, ist es unmöglich, dass sich dein Körper gegen sich selbst wendet. Durch den Ausdruck deiner Meisterschaft in Mitgefühl und Vergebung werden Krankheit und Tod zu Entscheidungen statt Schicksalsschlägen. Manche fragen:

»Was ist, wenn nach all der Arbeit die Zeitenwende nicht kommt?«

Meine Antwort darauf ist, dass diejenigen, die ihr Leben damit verbringen, auf die Zeitenwende zu warten und sich darauf vorzubereiten, genau das Leben, um dessentwillen sie hierher gekommen sind, verpassen. Weil ihr Fokus und ihre Lebensenergie auf ein einziges Ereignis ausgerichtet sind, denken, handeln und fühlen sie anders, als wenn es dieses Ereignis nicht gäbe. Dieser Unterschied ist das Leben, das sie verpassen. Es ist nicht sehr wahrscheinlich, dass die Zeitenwende nicht geschieht, da die Veränderungen bereits in Gang sind. Die Magnetismen, Frequenzen und damit verbundenen Phänomene finden in bisher weder historisch noch geologisch bekanntem Tempo statt. Aus meiner Sicht spielt es jedoch keine Rolle, ob die Zeitenwende stattfindet oder nicht. Die Gelegenheit, den Samen der Weisheit des Mitgefühls zu säen und einen mitfühlenden Bewusstseinszustand zu fördern, wiegt viel schwerer als jegliches »Was ist, wenn…«

Höchstwahrscheinlich sind wir die letzte Generation, die vor dem Ende dieses Zyklus zur Reife gelangt. Wir sind auch die Ersten, die auf der anderen Seite der Bewusstseinsmembran, die die Zyklen trennt, »aufwachen« werden. Zu was wir am Ende dieses Zyklus geworden sind, bestimmt, was wir in den Nächsten hineintragen. Wenn das Erwachen der Samen des Mitgefühls die kritische Masse erreicht, wenn eine bestimmte Anzahl von Individuen, die zu ihrem größten Potenzial geworden sind, eine definierte Schwelle zu anderen Möglichkeiten überschreitet, dann wird das Ganze davon profitieren. In uns, die wir zwischen den Welten wandeln, liegt die Gelegenheit, zu einer Welt zu werden, in der Hass, Ignoranz und Bewertungen durch Liebe, Weisheit und Mitgefühl ersetzt wurden.

Sieben

Im Herzen der Kinder der Ewigkeit ruht die Saat,
die sie vor langer Zeit für sich selbst gepflanzt haben;
eine geschenkte Wahrheit.
Sie ruht …
Wenn die Saat erwacht, wird mit ihr auch eine alte
Verheißung erweckt,
hinterlassen von jenen, die uns vorausgegangen sind:
Die Verheißung, dass jede Seele den
»dunkelsten« Moment des Lebens überlebt,
und wieder heimkehrt, wohlbehalten und unversehrt.
Diese Verheißung ist die Saat der Wahrheit, die wir heute
Mitgefühl nennen.
Ihr seid die Kinder der Ewigkeit.

Erinnerung

Die Verheißung ewigen Lebens

Was tust du als Allerletztes, wenn du abends das Licht ausgemacht und dich zurechtgekuschelt hast, kurz bevor du einschläfst? Wahrscheinlich besteht deine letzte Tat jeden Tag darin, einmal tief durchzuatmen. Dieser Atemzug signalisiert deinem Körper, dass er sich in einen veränderten Bewusstseinszustand sinken lassen darf, den wir Schlaf nennen. Ich möchte dich jetzt bitten, das Gleiche zu tun, allerdings ohne einzuschlafen. Ich bitte dich, den Bewusstseinszustand deines Körpers mit einem tiefen Atemzug zu verändern, doch mit offenen Augen.

In den Seminaren neigen die Teilnehmer dazu, ihre Augen zu schließen, wenn sie einen meditativen Prozess beginnen. Das ist natürlich, denn mit geschlossenen Augen fühlst du dich dem Vertrauten näher. Dieses Kapitel ist sowohl ein Experiment mit dem geschriebenen Wort als auch eine Gelegenheit, die Konzepte der vorausgegangenen Kapitel sich in dir setzen zu lassen. Ich möchte euch einladen, diesmal eure Augen offen zu lassen, weit offen. Denn eigentlich ist diese Welt, die wir mit offenen Augen sehen, der veränderte Bewusstseinszustand! Die Weisen der alten Zeit betrachteten dies als den Traum. Wir träumen die Welt, die wir meistern wollen.

Ich möchte in unseren Prozess mit einer weiteren Bitte einsteigen: Erlaube dir, zu fühlen. Sag mehrmals zu dir selbst, wenn möglich laut:

Ich erlaube mir, zu fühlen.
Ich lasse meine Gefühle zu.

Das laute Aussprechen dieses Kommandos erschafft ein Schwingungsmuster der Zustimmung. Du gibst damit dem Programm deiner Emotionen die Erlaubnis, zu fühlen. Dann sage es noch einmal im Stillen zu dir selbst, lass das Kommando sich in dir setzen und die Heiligkeit deiner Zustimmung aufrechterhalten.

Jetzt bitte ich dich darum, dein Einverständnis zu geben, dich zu erinnern. Sag mehrmals zu dir selbst, wenn möglich laut:

Ich erlaube mir, mich zu erinnern.
Ich lasse meine Erinnerung zu.

Das laute Aussprechen dieses Kommandos erschafft ein Schwingungsmuster der Zustimmung, mit dem du dem Programm deines Bewusstseins Erlaubnis gibst, sich zu erinnern. Dann sage es noch einmal im Stillen zu dir selbst, lass das Kommando sich in dir setzen und die Heiligkeit deiner Zustimmung aufrechterhalten.

In dir gibt es einen heiligen Raum, den du und nur du gut kennst und der von keiner Person oder irdischen Erfahrung je berührt wurde. Dieser Bereich von dir ist im Verlauf deines Lebens von allen Angriffen oder Bewertungen verschont geblieben. Hier lebt der Teil von dir, der sich an Vertrauen und Wahrheit erinnert. Hierher gehst du, um deine eigene Wertschätzung zu finden.

Das, was du dort erinnerst, entspricht dir vielleicht mehr als jede andere Erinnerung deiner selbst. Dieser innere Raum entsteht durch ein zeitloses Gefühl, das dich dieser vertrauten Erinnerung nahe bringt. Erinnere dich an dieses Gefühl. Dein Körper kennt es wohl, denn es war immer in dir, schon vor deinem Anfang. Als der Gedanke deiner Selbst im Geist der

Schöpfung empfangen wurde, pflanzte sich dieser Teil deiner Selbst wie ein Samen tief in den Kern deines Seins. Dieses Gefühl wurde zum Nukleus deiner Seelenessenz, als du in diese Welt von Raum, Zeit und Entfernungen kamst. Dein Same ist frei von allen Bedingungen deiner irdischen Erfahrung und immer noch so frisch wie in dem Augenblick, als du dem Herzen des Schöpfers entsprungen bist, vollkommen arglos und bereit, etwas ganz Neues zu erfahren. Deine Schwingung beim Lesen dieser Worte verschafft dir Zugang zu deinem Samen, zu dem Teil von dir, der sich an die uralte Verheißung ewigen Lebens erinnert …

Erinnere dich an die Zeit vor der Verheißung, als es zwischen dir und mir noch keine Trennung gab. Es gab kein hier oder dort, kein heute oder morgen. In dieser alles enthaltenden Welt gab es nur Sein, und du warst. In diesem zeitlosen Gedankenzustand warst du ein Teil all dessen, was du kanntest. Du warst eins mit deiner schöpferischen Quelle. Du existiertest in dieser vereinigten Welt für eine gewisse Zeit, vielleicht Jahrmillionen, vielleicht einen Augenblick, das war nicht wichtig.

Erinnere dich an das Gefühl, als du irgendwann ein neues Lied durch die Schöpfung schwingen hörtest. Es war ein Ruf, eine Einladung an alle, die so sehr liebten, dass sie sich in eine unbekannte Welt begeben wollten. Diese Welt, in der alles möglich war, bot die Gelegenheit, sich durch die Augen von nur dort möglichen Erfahrungen zu erkennen. In dieser Welt gab es die Chance, in dir eine Kraft zu finden, die aus Mitgefühl, Akzeptanz, Vergebung und Segen geboren wird. Nur in einer Welt, in der alles möglich ist, ist es von Bedeutung, dich wertfrei über deine Erfahrung zu erheben.

Dich so auf neue Weisen kennen zu lernen, würde dir endlich das volle Ausmaß der dir innewohnenden Kraft und deiner Liebesfähigkeit erschließen. Erinnere dich, denn wenn du diese Worte liest, warst du wahrscheinlich unter denen, die den Ruf vernommen haben und mutig genug waren, dem mächtigen Strahl des Liedes in eine Erfahrung hinein zu folgen, in die sich noch nie jemand gewagt hatte.

Erinnere dich an die freudige Erwartung, die Erregung und das Gefühl der Ehrung deiner Selbst durch einen noch nie da gewesenen Akt von Lebendigkeit. Du kannst es morgens in den Augen eines kleinen Kindes sehen, wenn es freudig strahlt, nur weil es aufgewacht ist; oder einfach in dem unschuldigen, vertrauensvollen und offenen Blick von Kindern. Vielleicht spürst du darin etwas Vertrautes, die Vertrautheit mit deiner eigenen Freude, deiner eigenen Arglosigkeit, eine Spiegelung des Teils von dir, den du um des Überlebens willen fortgegeben hast. Mit dieser Freude und Arglosigkeit begannst du damals deine Reise in diese Welt. Niemand hatte je das getan, was du vorhattest, und doch du bist hierher gekommen ...

Dir war klar, dass du möglicherweise irgendwann einen Abstand empfinden würdest, eine Distanz zwischen dir und der schöpferischen Kraft, die dich hervorgebracht hat. Du wusstest, dass du dich vielleicht von deinen Mitreisenden getrennt fühlen würdest, von denen, die auch dem Ruf in eine neue Welt der Zeit und des Fühlens gefolgt waren. Du wusstest von dieser Möglichkeit, doch du hattest keine Ahnung, wie getrennt. Du konntest es nicht wissen, denn niemand hatte je getan, was du vorhattest, und doch bist du gekommen ...

Dir war klar, dass du möglicherweise irgendwann anzweifeln würdest, ob du dieser Erfahrung wert seist, ob du dieser Gelegenheit würdig seist, die Kraft jener Macht zu erlangen, die deine Lebensessenz hervorgebracht hatte. Du wusstest, dass du dich vielleicht in der Gegenwart jener machtvollen Wesen, die mit dir gereist waren, unzulänglich fühlen und deinen Wert in dieser Welt in Frage stellen würdest. Du wusstest von dieser

Möglichkeit, doch du hattst keine Ahnung, wie sehr du zweifeln würdest. Du konntest es nicht wissen, denn niemand hatte je getan, was du vorhattest, und doch bist du gekommen ...

Dir war klar, dass du möglicherweise dem Prozess des Lebens und sogar dem Leben selbst gegenüber misstrauisch werden würdest, dass du mit wachsendem Misstrauen vielleicht sogar die Existenz der schöpferischen Macht in Frage stellen würdest, die dich hervorgebracht hat. Du wusstest von dieser Möglichkeit, doch du hattest keine Ahnung, wie misstrauisch du sein würdest. Du konntest es nicht wissen, denn niemand hatte je getan, was du vorhattest, und doch bist du gekommen ...

Gemeinsam habt ihr euch, dem neuen Lied folgend, durch die tanzenden Wellen der Bewegung navigiert, auf dieses Erfahrungstor zu, das wir Erde nennen. Mit einer merkwürdigen Empfindung sahst du, wie sich dein Gedächtnis in Körper aufteilte und doch im Geiste eins blieb. Welch seltsame Gleichzeitigkeit von Verschiedenheit und Einheit! Du sahst in deinem Gedächtnis, wie du als *andere(r)* auftauchtest und dich zu individualisierten Gruppen deiner Einheit entwickeltest. Du erinnerst dich, was ihr einander zugerufen habt, als ihr euch in den Nebeln dieser Welt verlort:

Dies ist eine Illusion!

Dies ist ein Traum!

Während deine neue Erfahrung begann, flüsterten die Teile deiner Selbst einander zu:

Bitte, spüre meine Gegenwart.

Erinnere dich an meine Essenz.

Bitte, erinnere dich an mich.

Und du hast ruhig zugesehen, wie einer nach dem anderen diese Teile deiner Selbst deinem Fühlen entschwanden, bis du allein warst. Erinnerst du dich an diese Gefühle? Es ist durchaus möglich, dass du dich mit dem Gefühl der Einheit, das du in der Gegenwart eines geliebten Menschen verspürst, an jenen Augenblick erinnerst und dich dadurch in dem anderen erkennst.

Im Körper allein und im GEIST(Spirit) vereint seid ihr zu der Membran dieser neuen Welt gereist. Dort wurdet ihr von lebendigen Kräften begrüßt, die sich als »verlangsamtes Licht« zeigten, Wesen, die sich in euren Dienst stellten und euch mit ihrer Gabe der Ganzheit umfingen, aus Liebe zu euch. Die Weisen der alten Zeit nannten diese elektrischen und magnetischen Kräfte »Engel«. Durch die heilige Vereinigung der Engel der Sonne, des Wassers, der Luft und der Erde wurde dir dein Körper für deine Zeit hier anvertraut. Dein Körper kann nur aus den Elementen zusammengesetzt sein, aus denen diese Welt besteht. Seine sehr spezielle Schablone, die »Mensch« genannt wird, ist auf einen sehr speziellen Code gestimmt, der »Leben« heißt. Dein Körper ist ein Geschenk der Kräfte dieser Welt an dich, ein Geschenk der Engel der Sonne, des Wassers, der Luft und der Erde, denn sie lieben dich so sehr.

Voll der Unschuld des Lebens in reinem Licht, voll der Freude, die aus der Hingabe an die Gaben des Lebens entsteht, begannst du deinen Abstieg in die Welt des »langsamen Lichts«, die deine Schöpfungen von den von dir erschaffenen Gedanken trennte. In der Hülle des Menschen triebst du tiefer in diese Welt von Gitternetzen, Zeit und Raum und lebtest das Spiel zwischen dir und den unbekannten Kräften.

Unmittelbar wurden deine Gefühle und Emotionen gleichzeitig in zwei Richtungen gezogen!

In der Welt des Lichts gab es keine Entscheidung, denn alle Bewegung führte immer zum Licht. Jetzt zerren neue Gefühle an dir, neue Emotionen. Jetzt gibt es in jedem Augenblick eine Entscheidung, eine Möglichkeit, sich nach diesem oder jenem

Gefühl zu richten. Woher kommt dieses gegensätzliche Ziehen?

Bei deinem Eintreffen in den dichtesten Bereichen dieser neuen Welt wirst du wiederum von einer Kraft begrüßt. Du erkennst diese elektrische Kraft, diesen Engel des Lichts, gleich wieder. Sein Ruf hat dich in diese Welt der Ungewissheit, der Gefühle und Emotionen geführt. Es ist der Erzengel Michael und er erinnert dich daran, dass es in dieser Welt seine Aufgabe ist, all das zu verankern, was dir aus deiner Welt des Lichts vertraut ist. Für diese großartige Aufgabe hat er sich andere elektrische Kräfte zur Unterstützung verpflichtet, Legionen von Engeln, die mit ihm gemeinsam sicherstellen, dass in dieser Welt das Licht immer in deiner Reichweite ist. Michael und seine Legionen haben zweihunderttausend Jahre ihrer Existenz dem Dienst an dir und diesem großen Erfahrungszyklus gewidmet, denn sie lieben dich so sehr.

Während du an ihm vorbeiziehst, erinnert Michael dich daran, dass er immer mit dir ist, nur einen Herzschlag, einen Augenblick weit weg, zu deinen Diensten, weil er dich so sehr liebt.

Im Namen eurer alten Freundschaft bittet er dich nur um eines:

Wenn du mit deiner neuen Erfahrung beginnst, flüstert er,
dann, bitte, spüre meine Gegenwart.
Erinnere dich an meine Essenz.
Bitte, erinnere dich an mich!

Du beobachtest ruhig, wie das Gefühl von ihm entschwindet.

Plötzlich stehst du einer anderen Kraft gegenüber, die unbekannt und doch vertraut scheint. Während du dich an diese machtvolle Gegenkraft gewöhnst, erinnerst du dich an ein mächtiges Wesen aus dem hellen Licht an der Seite deines

Schöpfers. Diese Kraft fühlt sich an wie der Strahlendste der Strahlenden, der Erzengel Luzifer. Doch etwas scheint verändert. Luzifer erinnert dich daran, dass seine Aufgabe in dieser Welt darin besteht, all das zu verankern, was dir nicht vertraut ist, das Gegenteil all dessen, was du kennst. Er erklärt, dass er für diese Aufgabe auserwählt wurde, eben weil er der Strahlendste der Strahlenden sei. Nur er verfüge über die Stärke, das Gegenteil all dessen, was das Licht je bedeuten könne, zu verankern. Diese Welt des »Nicht-Lichts« nennt er Dunkelheit. Keine Legionen unterstützen ihn. Welche Engel hätten auch die Kraft, den Anker der Dunkelheit zu halten, ohne sich in der Erfahrung zu verlieren? Der Erzengel Luzifer hat zweihunderttausend Jahre seiner Existenz dem Dienst an dir gewidmet. Während du an ihm vorüberziehst, erinnert er dich daran, dass er immer bei dir ist, nur einen Herzschlag, einen Augenblick weit weg, dir zu Diensten, weil er dich so sehr liebt.

Im Namen eurer alten Freundschaft bittet er dich nur um eines:

Wenn du mit deiner neuen Erfahrung beginnst, flüstert er,
dann, bitte, spüre meine Gegenwart.
Erinnere dich an meine Essenz.
Bitte, erinnere dich an mich!

Und du beobachtest ruhig, wie auch das Gefühl von ihm entschwindet.

So begann deine Reise in die Dichte, die Magnetismen, Polaritäten, das Fühlen und die Emotion. Du begannst deine Reise aus einer Haltung der Liebe, wurdest von Liebe gegrüßt und durch einen großen Akt mitfühlender Liebe mit einem Körper versehen. Mit schwindender Erinnerung an deine Reise entglitt dir auch die Weisheit der vielfältigen Ausdrucksformen der Liebe. Über unzählige Generationen und Inkarnationen hinweg hast du durchgestanden, was kein Engel je aushalten musste. Mit deinen Augen des Lichts hast du gesehen, was kein Engel je sehen sollte. Mit deinem emotions- und empfindungsbegabten Körper hast du gefühlt, was kein Engel je fühlen sollte. Als »verdichteter Engel« dieser Welt hast du unfassbares Glück genauso erfahren wie unerträgliches Leid. Diejenigen, denen du vertraut hast, brachten dich bis an die Grenzen deines Selbstverständnisses, stießen dich dann noch über diese Grenze hinaus und ließen dich zurück, sodass du dich in den Tiefen von Verlassenheit und Verrat kennen lernen konntest. Doch eine Frage blieb deine ganze Erfahrung hindurch bestehen …

WENN
deine Liebe groß genug war, das Lied des Lichts zu erkennen,
als es dich am Anfang deiner Reise lockte;

UND
du von den Kräften dieser Welt so sehr geliebt wurdest,
dass sie sich dir in der heiligen Alchimie deines Körpers hingaben;

UND
du so sehr geliebt wirst, dass zwei der mächtigsten Lichtkräfte, Luzifer und Michael, dir für diesen Erfahrungszyklus zweihunderttausend Jahre ihrer Existenz widmeten;

UND
du als ein Liebesfunke des Schöpfers in diese Welt kamst, von den Engeln dieser Welt mit einer heiligen Geste der Liebe begrüßt, die die Polaritäten der Möglichkeiten erfahren, weil sie dich so sehr lieben …

DANN
frage dich, ob du dich selbst genug liebst, um deine Erfahrung zuzulassen.

Liebst du dich selbst genug, um die Möglichkeit zuzulassen, dass alles, was es in dieser Welt gibt, Liebe ist? Liebst du dich selbst genug, um die Möglichkeit zuzulassen, dass diese Liebe sich in einer Art und Weise ausdrückt, die wir uns bis jetzt nie vorstellen konnten?

Die Antwort auf diese Frage lautet »Ja«! Ich weiß das, weil du deine Liebe bereits unter Beweis gestellt hast. Du hast Liebe gewählt in einer Welt voller Hass. Du hast Mitgefühl gewählt in einer Welt, die verurteilt und bewertet. Du hast Vertrauen gewählt in einer Welt, die in Furcht und Schrecken lebt.

In diesen Entscheidungen erinnerst du dich, liebst dich, zeigst deine wahrste Natur in einer Welt, die deine Entscheidungen nicht immer unterstützt. Dies bist du. Du erhebst dich über die Polarität, noch während du in der Polarität lebst. Was für ein kraftvolles Wesen du doch bist!

Wirst du die Möglichkeit deiner Kraft in deinem Leben zulassen? Wirst du die Möglichkeit zulassen, dass du auf deine einzigartige Art deinen Schöpfer durch die Erfahrung deines Lebens ehrst, indem du zu einer lebendigen Brücke für die dir Nahestehenden wirst?

Während ich dir diese Möglichkeit anbiete, sehe ich vor meinem inneren Auge eine bewegende Vision. Ich sehe dich und mich und alle, die wir je kannten oder kennen werden, nacheinander einen wunderbar leuchtenden Weg entlang gehen. Beiderseits des Wegs stehen reihenweise Engel, all die Kräfte, mit denen wir uns in all unseren Leben auseinander gesetzt haben, und verbeugen sich respektvoll vor uns und vor dem, was wir vollbracht haben. Wir bewegen uns stetig weiter auf einen Punkt zu, der klarer wird, je näher wir kommen. Am Ende der Reihen, neben den Toren zur Ewigkeit, stehen die beiden mächtigsten Kräfte von allen. Wir erkennen in ihnen sofort unsere liebsten Freunde, die Teile unserer selbst, die wir Erzengel Michael und Erzengel Luzifer genannt haben. Sie knien einander gegenüber, und bei deinem Vorübergehen erheben sie ihre Häupter und bewundern dich für deine irdischen Leistungen.

Du hast sie nicht vergessen.

Sie sind Freunde, die dich vermissen, weil du ein Teil von ihnen bist. Sie sind müde, und Tränen laufen ihnen über die Wangen, als du zwischen ihnen hindurchgehst. Sie umarmen einander, die Kräfte des hellsten Lichts und der tiefsten Dunkelheit, die in den Augen des EINEN einander gleich sind. Sie möchten jetzt auf ihrem Weg durch die Ewigkeit nach Hause gehen. Doch sie weigern sich, ohne dich zu gehen. Sie werden keinen Teil von sich zurücklassen.

In diesem Augenblick bietet sich dir eine Gelegenheit, die weit über jede Meditationsübung oder Gebetspraxis hinausgeht: Die Gelegenheit, dich an die hoch entwickelte Technologie zu erinnern, die du verkörperst, die Technologie des von Gedanken, Emotionen und Gefühl angetriebenen Flüssigkristalls deines Körpers. Kannst du diese drei Antriebskräfte in Übereinstimmung kommen lassen, sodass sie als vereinte Kraft durch deine Gabe des Lebens wirken? Kannst du in dir die Möglichkeit zulassen, dass es in dieser Welt eine einzige Kraft gibt, die sich in vielfältiger Weise ausdrückt, und dass diese Kraft der Stoff ist, aus dem alles, was wir kennen, besteht?

Wirst du diese Möglichkeit zulassen?

Darin liegt die Heilung! Die Heilung unserer Illusion der Getrenntheit. Wenn es keine anderen Kräfte gibt, dann kann es nur das EINE geben. Dieses EINE bist du, bin ich, ist der mitfühlende Ausdruck unserer Liebe. Es gibt keine Getrenntheit. Es gibt keine Dualität. Sie sind Ausdrucksformen unserer alten Illusionen. Es gibt nur das *Ich*, und dieses Ich zeigt sich in diesem Lebenstraum auf vielfältigste Weise! Es gibt *da draußen* nichts außer dir und mir.

Jetzt wissen wir es.

Wir wissen, dass wir Gleichheit statt Unterdrückung gewählt haben.

Wir haben Frieden statt Unfrieden gewählt.

Wir haben Leben statt Leblosigkeit gewählt.

Ich bitte dich, erlaube dir, unsere Illusion der Getrenntheit zu heilen. Was auch immer andere sagen, denken, empfinden oder wissen mögen, *wenn du in dir die Möglichkeit zulässt, dass es eine einzige Kraft ist, die sich in unserer Welt in allem, was wir kennen, ausdrückt, dann hast du in dir die Getrenntheit geheilt.*

Dies ist der Moment! Jetzt liegt es bei dir. In diesem Augenblick kannst du dich zu dem Mitgefühl werden lassen, das du für diese Welt, deine Familie und dein Leben so ersehnst. Dieser Augenblick ist jetzt in dir. Wirst du ihn zulassen? Immer, wenn sich jemand für diesen Augenblick entscheidet, wird es für die Nächsten leichter, sich auch dafür zu entscheiden. Immer wenn sich jemand dafür entscheidet, unser Muster zu verändern, unsere Programmierungen der Getrenntheit, des Misstrauens und der Minderwertigkeit neu zu formulieren, wird es für die Nächsten leichter. Irgendjemand muss damit anfangen.

Es gibt einen alten Spruch der Lakota-Sioux, einen Code, dessen Schwingung eine Öffnung in den Gitternetzen des menschlichen Bewusstseins schafft. Er lautet:

Iwaye sin wakan yelo. (Gesprochen: iuajeh sin uakan jeloh.)

Die Worte, die ich spreche, sind heilig.

Ich lade dich ein, diese Worte jetzt zu verwenden und in die damit erschaffene Öffnung den neuen Code zu setzen. Danach sprich, nach Möglichkeit laut:

Ich erinnere mich an Einheit.
Ich heile unsere Illusion der Getrenntheit.
Ich heile unsere Illusion in mir.
Ich entscheide mich für Einheit.
Die Getrenntheit heilt in mir.

Spüre das Gefühl, welches mit diesen heiligen Worten einhergeht. Wiederhole deine Codes, bis du zu deiner Heilung *wirst*. Wenn du diese Kommandos laut aussprichst, dann erschaffst du damit ein Schwingungsmuster, einen Zugang für die nächste Person, die ihre innere Heilung mutig zulassen will.

Dann sprich die Worte noch einmal im Stillen für dich. Lasse sie sich in dir setzen und die Heiligkeit deines Zulassens aufrechterhalten.

Beim Aussprechen dieser Worte wirst du in deinem Körper ein Gefühl bemerken, vielleicht auch einen Geschmack im Mund und Schweiß auf deinen Handflächen, auf der Stirn und der Brust. Frauen neigen dazu, an Hals und Dekolleté zu erröten. All dies können körperliche Reaktionen auf diese heiligen Worte sein. Es sind Zeichen für die energetischen Veränderungen, die sich in den Bewegungen der elektrischen Ladung in deinem Körper als Reaktion auf die neuen Befehle an dein Programm zeigen. Die Heilung der Illusion der Getrenntheit in Gedanken, Emotionen und Gefühlen hat auch eine physische Komponente.

Wenn das, was du gerade gelesen hast, auch nur die geringste Bedeutung für dich hat, dann hat eine energetische Veränderung in deinem Körper stattgefunden. Du wirst diese Veränderung vielleicht in deinen Schlafgewohnheiten, in deinem Stoffwechsel oder in deinem Essverhalten bemerken. Diese Veränderung ist ein Signal an die Schöpfung, dir eine Erfahrung zu vermitteln, in der du den neuen Grad deiner Meisterschaft zeigen kannst. Von diesem Moment an existiert die Möglichkeit, dass etwas in deinem Leben geschieht, woran du die Heilung der Getrenntheit demonstrieren kannst.

Sei gesegnet in dieser geschickt von dir erschaffenen Gelegenheit zur Demonstration deiner höchsten Meisterung tiefsten Mitgefühls.

Zusammenfassung

Vor dem Hintergrund von *Zwischen Himmel und Erde*, der Zeitenwende sowie deiner Beziehung zur Erde durch deinen heiligen Kreislauf und die innere Technologie des Mitgefühls, lässt sich die Chance, die sich uns zu diesem Zeitpunkt der Geschichte bietet, folgendermaßen zusammenfassen:

1. Du bist seit jeher mit allem, was du in deiner Welt siehst und erfährst, inniglich verbunden. Wissenschaftler haben diese Beziehung jetzt digital gemessen. Jede Zelle deines Körpers, ja alle Materie strebt danach, auf die Schwingungen unserer Erdenheimat eingestimmt zu bleiben. Durch deinen heiligen Kreislauf berührst du mit sanften Wellen pulsierender Resonanz die gesamte Schöpfung und sie berührt dich.

2. In unserer Annäherung an die Zeitenwende ist jeder von uns aufgefordert, seinen Körper immer wieder neu einzustimmen, um sich den wechselnden Parametern dieses Umschwungs anzupassen. Diese Parameter sind in schwächer werdenden planetarischen Magnetfeldern und steigenden planetarischen Frequenzen messbar.

3. Deine Beziehungen schenken dir die Kodierungen, die diese Veränderungen ermöglichen. Jede Beziehung bietet dir Gelegenheit zu Emotionen, Gefühlen und Gedanken.

Jede Beziehung, egal wie intensiv sie ist oder wie lange sie währt, spiegelt dir etwas von deinen auf Gedanken, Emotionen und Gefühlen basierenden Überzeugungen. Du siehst und interpretierst das Handeln anderer auf der Grundlage deiner persönlichen emotionalen Ladungen. Über eine Bewertung von richtig und falsch hinaus sind diese Ladungen einfach die Art, wie du dir selbst Überzeugungen zeigst, die dein neu eingestimmter Körper ausgleichen möchte.

4. Alte Texte haben dir Hinweise auf die Schwingungstechnologie hinterlassen, die dir eine anmutige Neueinstimmung ermöglicht. Wir kennen diese Technologie als Mitgefühl. Wissenschaftler haben jetzt demonstriert, dass genetische Veränderungen, wie z. B. ein Wandel der DNA-Sequenz, durch spezifische Emotionen, Gedanken und Gefühle hervorgerufen werden können!

5. Dein Weg zu einem Leben in Gleichgewicht liegt in einer neuen Definition der spirituellen Parameter des Lichts und der Dunkelheit, des Guten und des Bösen sowie der unbewussten Absicht, die hinter deiner Freude und deinem Leid steht. Die Wissenschaft des Mitgefühls und die Gabe des Segnens sind deine Werkzeuge, um dies in dein tägliches Leben zu bringen.

Ich glaube, dass die Verkörperung unserer wahrsten Natur das größte Geschenk ist, das wir uns selbst, unseren Mitmenschen und unseren Kindern je anbieten können. Meinem Empfinden nach können wir uns in einem Augenblick, mit einem Herzschlag, unserer Gabe erinnern und zu ihr werden.

Anhang I

Definition und Erörterung der »Zeitenwende«

Auszüge aus dem Buch: *Das Erwachen der neuen Erde* von Gregg Braden

Jahrtausendelang wurde über den Wandel nachgedacht, wurden Theorien aufgestellt, Hypothesen erfunden und Andachten zelebriert. Aufgrund gut gemeinter Interpretationen haben sich Religionen entwickelt, die jedoch leider ein verzerrtes Bild von der fundamentalen, nur schwer fassbaren Energie der Schöpfung zeichnen. Die Konsequenzen des Wandels gehen in Wahrheit weit über alle begrenzten Sichtweisen von Religion, Wissenschaft oder Mystizismus hinaus. All das sind nur Sprachen, die im Laufe der Zeit in dem Versuch entstanden sind, die Schöpfung, die Schöpfungsprozesse, den Ursprung und das Schicksal menschlichen Daseins zu verstehen und zu beschreiben. Jede dieser Sprachen beschreibt einen Teil einer größeren, allumfassenden Wahrheit.

Der Prozess des Wandels lässt sich mit einem Vorgang vergleichen, den wir täglich erleben können, nämlich wenn Wasser seinen Aggregatzustand verändert. Wasser existiert bekanntlich als Eis, in flüssigem Zustand oder in Form von Dampf. Chemisch gesehen ist es alles H_2O. Unter physikalischem bzw. geometrischem Gesichtspunkt hingegen ist die Struktur der Wassermoleküle und damit ihre molekulare Dichte verschieden. Es gibt eine spezielle Grafik, das so genannte Phasendiagramm, in dem dargestellt wird, dass Wasser in drei verschiedenen Zuständen oder einer Kombination von drei Zuständen auftreten kann. Zusammengefasst stellt dieses Diagramm Folgendes dar:

- Bei niedrigen Temperaturen gefriert Wasser unter vielfältigsten atmosphärischen Bedingungen zu Eis. Chemisch bleibt es H_2O, jedoch wird die Struktur fester, da sich die Moleküle nur sehr langsam bewegen.
- Wenn Temperatur und atmosphärischer Druck ansteigen, verliert das Wasser an Dichte und wird schließlich zu Dampf. Chemisch betrachtet ist es immer noch Wasser, allerdings bewegen sich die Moleküle jetzt weitaus schneller.
- Bei mittleren Temperaturen und hohem Druck ist Wasser flüssig. Wieder ist es chemisch das gleiche H_2O, jedoch ist die Bewegung der Moleküle jetzt schneller als im Eis, aber langsamer als im Dampf.

Das chemisch gleiche Wasser drückt sich strukturell unterschiedlich aus, abhängig von den Umweltbedingungen der Temperatur und des Drucks.

Auch im Mineralreich gibt es Beispiele dafür, wie sich Materie in ihrem physikalischen Zustand und ihrer sichtbaren Form verändern kann. So wachsen viele Kristalle in ganz unterschiedlichen Formen, obwohl ihre chemische Zusammensetzung identisch ist. Zum Beispiel können die Kristalle des Minerals Fluorit einerseits in großen Gruppen von perfekten, eng beieinander liegenden Würfeln auftreten, und am selben Fundort auch in Form eines Oktaeders vorkommen, also als Doppelpyramide, bei der die Grundflächen aufeinander liegen. Chemisch gesehen sind auch diese beiden Formen identisch, nämlich CaF_2.

Auch Eisenpyrit kann man einzeln oder im Verband mit anderen als Würfel finden oder in Form eines Dodekaeders, also eines regelmäßigen Körpers mit zwölf fünfeckigen Flächen. Beide Erscheinungsformen sind chemisch identisch, strukturell jedoch verschieden.

Diese Formenwandlung und das am Wasserphasendiagramm beschriebene Phänomen entsprechen dem physikalischen Prinzip des gegenwärtigen planetarischen Wandels. Chemisch betrachtet bleibt die Erde gleich, eine sich in kristallisiertem Silizium und Kohlenstoff verkörpernde »Falte« in dem Stoff der Schöpfung. Auf der morphogenetischen Ebene findet jedoch ein struktureller Wandel statt. Die Umweltfaktoren unserer Erde verändern sich. Die Magnetfelder unseres Planeten und seine Grundresonanzfrequenz (gemeint ist die Schuhmann-Frequenz; d. Übers.) nehmen ein neues Schwingungsmuster an und wirken als veränderte Parameter in ähnlicher Weise wie Druck und Temperatur beim Wasser. Chemisch bleibt die Materie gleich. Strukturell schwingt sie schneller und verliert an Dichte, doch sie behält ihre Form.

Metaphorisch können wir auch unsere Körper als ein Element betrachten, welches einer dynamischen, evolutionären Umgebung ausgesetzt ist, die vor allem aus planetarischen Magnetfeldern und Frequenzen besteht. Der Erdorganismus funktionierte in den letzten zweihunderttausend Jahren innerhalb eines bestimmten Frequenz- und Magnetspektrums. Jegliche Materie, die das menschliche Bewusstsein je gekannt hat und alles, was je gefühlt, gewusst, berührt, erschaffen oder aufgelöst wurde, existierte innerhalb dieses Bereichs. Die Unterbrechung dieser Felder durch katastrophale Ereignisse hat im Laufe der Geschichte schwerwiegende Auswirkungen auf die menschliche Evolution gehabt.

Es gab und gibt jedoch noch einen weiteren Frequenzbereich im Spektrum des Erdfeldes, einen Bereich hoher Frequenzen, der bewussten Wesen zwar immer offen stand, aber schwer zugänglich war. Zurzeit entwickelt sich die Erde mit der Menschheit dahin, ausschließlich mit diesem Bereich hoch entwickelter Informationen und Frequenzen in Resonanz zu treten. Jede Zelle aller menschlichen Körper strebt danach, sich diesen Frequenzen anzupassen. Die vollständige Resonanz mit diesem neuen Informationsspektrum ist das Ziel des Wandels, ein Prozess, den wir als »Aufstieg« bezeichnen.

Diese Resonanz kann durch entsprechende Absicht und Lebensführung unter Verwendung der Kraft der Entscheidung und des freien Willens erreicht werden. In der Übergangsphase des Wandels wird die Erde nach und nach in den Erfahrungsbereich des neuen Frequenzspektrums hineingetragen. Im Rahmen ihrer bewussten und absichtsvollen Evolution wird sie harmonische Muster wie Mitgefühl, Vergebung und Segnung unterstützen. Wir kennen bislang keine Bezeichnung für diesen hoch entwickelten Informationsbereich, mit dem auch solche Wesen wie Buddha und Jesus in Resonanz waren. Das Geschenk dieser Wesen an uns war, dass sie eine Art von Lebensführung im Bewusstsein der Menschheit verankert haben, die uns sicher zu diesen Informationen führen wird. Ihre Hinweise haben überlebt, weil sie mitten unter uns, in unsere Gegenwart durch die lebendige Brücke ihrer Leben verankert wurden und damit allen zugänglich waren.

Ein westlicher Physiker würde einen solchen absichtlichen Resonanzwechsel als »Dimensionswechsel« bezeichnen. Der biblische Ausdruck der »Auferstehung« meint genau das Gleiche, eine bewusste Veränderung des Schwingungszustands. Das lebendige Beispiel des Jesus von Nazareth hat uns gezeigt, wie wir durch die bewusste Anwendung der Kraft der Entscheidung, des freien Willens und der Lebensführung als

Menschheit gemeinsam weit über individuelle Ängste und Begrenzungen hinauswachsen können.

Die Zeitenwende bezeichnet einen Prozess der beschleunigten Evolution der Erde, mit dem die Menschheit freiwillig durch die elektromagnetischen Felder der Erde verbunden ist, und dem sie durch einen Prozess zellulärer Veränderungen nachfolgt. Wir Menschen können unseren Teil des Wandels bewusst unterstützen und beschleunigen, wenn wir die Kraft der Entscheidung und des freien Willens anwenden und mit der alten Weisheit der Beziehungen zwischen Körper, Geist und Seele verknüpfen. Das Ziel dieses Wandels ist das vollkommene Gleichgewicht, die vollständige Heilung der Erde und aller Lebensformen, die die Energie dieser Heilung aufrechterhalten können. In diesem Wandel erinnern wir uns unseres menschlichen Potenzials. Dies ist das Erwachen der neuen Erde.

Das Wesen der Stille: der Nullpunkt

Unter traditionellen Naturwissenschaftlern gilt das Gesetz, dass Ereignisse nur in einem Raum ohne Vakuum stattfinden können. Nur ohne Vakuum würden die Temperatur- und Druckkräfte die Systeme der Schöpfung dazu anregen, mess- und sichtbare Ereignisse zu produzieren. Die Wissenschaftler nutzen dieses Prinzip z. B. zur Temperaturmessung. Das Glasthermometer zeigt bekanntlich die Temperatur dadurch an, dass eine Quecksilbersäule in einem luftdicht verschlossenen Glasröhrchen steigt oder sinkt. Mit sinkender Temperatur sinkt auch der Gasdruck in dem Röhrchen. Theoretisch existiert ein Zustand, wo es keinen Gasdruck mehr gibt. Dies entspricht dem Nullpunkt der Kelvin-Temperaturskala, dem so genannten absoluten Nullpunkt (bei −273° C). Hier befinden sich alle Moleküle in absoluter

Ruhe, ohne Druck zu produzieren oder Raum zu beanspruchen.

Entsprechend Newtons drittem Gesetz der Thermodynamik betrachtet die traditionelle Physik es als unmöglich, null Grad Kelvin zu erreichen. Die Quantenphysik hält es jedoch für möglich und folgerichtig, dass Fluktuationen in einem Vakuum bis zu null Grad Kelvin reichen. Als Nullpunkt wird die Schwingungsenergie von Materie bei null Grad Kelvin bezeichnet.

Im Zustand des Nullpunktes erscheint die Schöpfung einem Beobachter als sehr still, obwohl sich in dem Vakuum immer noch Energie bewegt und von den Beteiligten erfahren wird.

Die Erde erlebt gerade die ersten Zustände einer Nullpunkt-Erfahrung: Anstelle von Temperatur und Druck tendieren die magnetischen und elektrischen Kräfte immer weiter zu ihrem Nullpunkt. Die Auswirkungen auf den Menschen sind immens. Unter anderem ist damit ein Zusammenbruch jener Gedankenstrukturen verbunden, die nicht in das neue Frequenzspektrum passen. Jeder Einzelne von uns ist Teil dieses Wandlungsprozesses und spielt Hebamme bei der Geburt einer neuen Ära des menschlichen Bewusstseins. Jahrhundertelang sind wir mit Prophezeiungen, Vorhersagen und Warnungen über die Katastrophen der heutigen Zeit überschwemmt worden. Stets sollten wir akzeptieren und glauben, was uns gesagt wurde. Woran aber können wir erkennen, dass sich der Wandel tatsächlich gerade vollzieht?

Der Wandel ist keineswegs nur eine vage Hypothese für irgendeine Epoche in ferner Zukunft. Er ist auch kein Prozess, der nur für Mystiker und Esoteriker bestimmt ist, die an einsamen Orten auf das Ende der Welt warten. Der Wandel ist eine Abfolge umfassender, nachvollziehbarer Prozesse, die bereits begonnen haben!

Magnetismus: Der erste Schlüssel zur Auferstehung

Der Wandel kann aus vielen Blickwinkeln beschrieben werden, die alle ihre Gültigkeit besitzen. So spricht man in esoterischen Kreisen oft vom »Ins-Licht-Gehen« und vom kommenden »neuen Zeitalter«. Ebenso richtig ist es aber, den Wandel als eine ganz bestimmte Veränderung des Erdmagnetismus und der Erdelektrizität zu beschreiben. Aus wissenschaftlicher Sicht werden nämlich beim Wandel zwei messbare Grundkräfte neu aufeinander abgestimmt. Diese verändern sich in der Tat momentan sehr schnell, was einen subtilen Effekt auf jede Zelle des Körpers, auf das Bewusstsein und die Art des Denkens und Fühlens hat.

Die Evolution des Bewusstseins und den Prozess des Wandels können wir am besten verstehen, wenn wir die Beziehung zwischen dem Erdmagnetismus und den Zellfunktionen unseres Körpers kennen. Für ein leichteres Verständnis soll zunächst das Grundprinzip des Magnetfeldes unseres Planeten erläutert werden:

Ein Stück Eisen ist ein hartes Material ohne magnetische Eigenschaften. Wickelt man jedoch einen Draht mehrmals darum und setzt ihn unter Strom, tritt sofort das Phänomen des Magnetismus auf. Das Eisen entwickelt ein Magnetfeld mit einem Nordpol und einem Südpol. Wenn der Stromfluss in seiner Richtung umgekehrt wird, verschwindet das vorherige Magnetfeld und ein neues entsteht, das aber umgekehrt polarisiert ist, d. h., Nord- und Südpol haben die Plätze getauscht.

Wird nun ein Blatt Papier mit Eisenspänen in ein solches Magnetfeld gehalten, richten sich die Eisenteilchen längs der Feldlinien aus – das Magnetfeld wird dadurch indirekt sichtbar. Vom Grundprinzip her ähneln diese Energielinien denen des natürlichen Erdmagnetfeldes. Während beim Eisenstück die Magnetfeldlinien durch den umfließenden Strom sich rechtwinklig zum Elektronenfluss ausbilden, geschieht dies bei der Erde durch ihren speziellen schichtförmigen Aufbau. Die Erde besteht nämlich nicht aus einer einheitlichen Masse. Sie setzt sich aus unterschiedlich dichten Schichten zusammen, in denen sehr große Temperaturdifferenzen herrschen. Der Grund hierfür liegt in der unterschiedlichen Erdtiefe, in der sich diese Schichten befinden, und den damit verbundenen Druckverhältnissen.

Die äußerste Schicht wird Erdkruste genannt und bildet die Ozeane und Kontinente. Die Kruste ist mit durchschnittlich fünf Kilometern im Meeresbereich und vierzig Kilometern im Kontinentalbereich relativ dünn. Unter der Erdkruste gibt es eine zweite Schicht, den so genannten Erdmantel, der etwa zweitausendsiebenhundert Kilometer dick ist. Das Material des Mantels ist wesentlich dichter als das der Kruste und aufgrund des großen Drucks und der hohen Temperaturen zu einer flüssigen Masse geschmolzen. Sie wird als Lava von Vulkanen ausgestoßen. Unter diesem Mantel liegt der Kern, bei dem eine äußere Schicht von zweitausend Kilometern und eine innere von eintausendzweihundert Kilometern Dicke unterschieden werden. Man nimmt an, dass der innerste Kern aus einem weichen Material besteht und die äußere Kernschicht eine noch etwas flüssigere Konsistenz besitzt. Letztere ist vermutlich wärmer als der Kern, aber kühler als der Mantel.

Dieser Kern unseres Planeten soll chemisch aus einem Eisen-Nickel-Gemisch bestehen. In dem weiter oben beschriebenen Beispiel entspricht der Erdkern dem mit Draht umwickelten Eisenstück. Elektronen, die um ein Stück Eisen herumgeleitet werden, produzieren ein Magnetfeld mit Nord- und Südpol. Auch das Hauptmagnetfeld der Erde hat diese zweipolige Form. Durch die Rotation der Erde um ihren geschmolzenen Kern werden innerhalb der Schichten Überschüsse an Elektronen erzeugt. Wie bei dem Eisenstück aus unserem Beispiel entsteht dadurch rechtwinklig zum Elektronenfluss ein Magnetfeld. Eine besondere Bedeutung kommt dabei den Bewegungen der verschiedenen Schichten des inneren und äußeren Kerns zu. Fachmann Nils-Axel Morner erklärt hierzu, dass der innere Erdkern ein guter elektrischer Leiter ist, der viel Rotationsenergie trägt und damit wahrscheinlich einen starken Einfluss auf das Hauptmagnetfeld des Planeten ausübt.

Je schneller nun die Rotation der Schichten ist, desto stärker wird auch das Magnetfeld der Erde. Je langsamer sich die Erde dreht, desto schwächer wird ihr Magnetfeld. Genau das passiert zurzeit und es hat sich in der Geschichte unseres Planeten schon öfter ereignet.

Ein zweites höchst bedeutsames Phänomen ist die Veränderung der Elektrostatik der Erde. In der vielschichtigen Atmosphäre entstehen statische Aufladungen, die sich bei einem gewissen Wert wieder entladen. Der geniale Wissenschaftler Nikola Tesla hat bereits vor rund achtzig Jahren entdeckt, was moderne Wissenschaftler heute neu herausgefunden haben: Die Erde arbeitet mit ihrer Atmosphäre wie ein riesiger Kondensator. Dessen Unterseite (also der Erdboden, d. Übers.) wird durch einen Überfluss an Elektronen minuspolig. Die höheren Schichten der Atmosphäre sind hingegen pluspolig geladen, wobei ein Meter Höhenunterschied eine Ladungsdifferenz von hundertdreißig Volt aufweist. Die Erde versucht durch gigantische Blitze zwischen dem Boden und der Luft einen Ladungsausgleich zu schaffen. Auf hundert Quadratkilometer kommen jährlich durchschnittlich zweitausendfünfhundert Blitze. In dieser elektrischen Ladung »badet« jedes Lebewesen, doch mit welchen Folgen? Neueste Studien legen nahe, dass das Gehirn für seine Tätigkeit den Erdmagnetismus benötigt. Ein internationales Team, das sich mit dem Phänomen der »Wahrnehmung von Magnetismus« beschäftigt hat, entdeckte, dass sich im Gehirn Millionen kleinster magnetischer Teilchen befinden. Schriften aus alter Zeit erzählen davon, dass der Körper nach einem harmonischen Gleichgewicht mit der Erde strebt, dass dieses Gleichgewicht das Ziel der Lebenserfahrung ist und durch nicht polarisierte Gedanken der Vergebung und die Empfindung von Mitgefühl bewusst gesteuert werden kann. Diese magnetischen Teilchen sind die physischen Verbindungsglieder dazu. Die statische Ladung bewirkt durch eine ständige elektrische Berieselung, dass die Information der magnetischen Teilchen aufrecht erhalten wird.

Aus Gesteinsuntersuchungen, vor allem von Lavamineralien, wissen die Geologen, dass sich das Magnetfeld der Erde in den letzten viereinhalb Millionen Jahren mindestens vierzehnmal umgepolt hat. Morner erbrachte Beweise für eine Umkehrung der Pole, die noch gar nicht so lange zurückliegt. Kohlenstofftests lassen vermuten, dass dies vor zirka dreizehntausendzweihundert Jahren geschah. Wann wird es einen erneuten Polsprung geben?

Wenn das Magnetfeld der Erde wirklich aus den Bewegungen von Kern und Mantel entsteht, dann würde eine Umkehrung der Pole bedeuten, dass sich zuvor diese Bewegungen verlangsamt und dann in Resonanz mit dem Wandel ihre Richtung verändert haben. Ein Hinweis auf derart gravierende Geschehnisse bei früheren Polsprüngen sollte in den Überlieferungen der Menschheit zu finden sein. Tatsächlich gibt es von zumindest einem Ereignis Berichte, die auf eine ungewöhnliche Veränderung der Erdrotation schließen lassen:

In seinem Buch *Versunkene Reiche* zitiert Zecharia Sitchin verschiedene Erzählungen der Andenbewohner Perus und Textpassagen aus der Bibel. Danach gab es während der Zeit von Titu Yupanqui Pachacuti II: (etwa 1394 v. Chr.) eine ungewöhnliche »Nacht ohne Morgendämmerung«. Zwanzig Stunden lang schien keine Sonne. Dies war keine Sonnen- oder Mondfinsternis, nichts, was die chinesischen oder peruanischen Astronomen vorhergesagt hätten. Nie hatte es eine derart lange Finsternis gegeben. Es wurde damals als »das Eintauchen einer Erdhälfte in eine zwanzigstündige Nacht« interpretiert. Eine Nacht, die fast doppelt solange dauerte, wie es eigentlich möglich sein sollte.

Sitchin vermutete, wenn solch ein Ereignis wirklich stattgefunden hatte, müsste es auf der anderen Seite der Erdkugel auch Aufzeichnungen von einem genau entgegengesetzten Ereignis geben. In der Bibel, im Buch Josua, Kapitel 10, Vers 13 wurde er fündig: »Da stand die Sonne still, und der Mond blieb stehen, bis das Volk Rache genommen an seinen Feinden … Die Sonne blieb stehen mitten am Himmel und fast einen ganzen Tag lang verzögerte sie ihren Untergang.« Nach Angaben von Bibelgelehrten fand dieses Ereignis im Jahre 1393 v. Chr. statt. Dies ist natürlich noch kein Beweis dafür, dass sich die Erdrotation wirklich in einem bestimmten Turnus bis zum Stillstand verlangsamt. Es zeigt nur, dass es in der Geschichte tatsächlich Berichte über ungewöhnliche Bewegungen der Erde gibt. An anderer Stelle erkläre ich, warum die meisten Aufzeichnungen den Umschwung nicht überstehen – hier nur so viel: Ausschließlich Dinge, die mit der Erde als Schwingungsfeld in Resonanz stehen, können die Unterbrechung des Erdmagnetfeldes und der Grundfrequenz während eines Polsprungs überstehen. Egal, wohin sich die Messwerte bewegen, die Materie gleicht sich stets an die jeweils neuen Schwingungen an.

Die Zeichen des Wandels sind zwar teilweise bekannt, werden jedoch nicht als solche erkannt. Im Juni 1993 erschien in der Zeitschrift »Science News« ein Artikel über magnetische Umpolungen. In ihm wird festgestellt, dass es schwierig ist, zuverlässige Belege über den Verlauf eines Polsprungs zu finden, da das Magnetfeld dabei sehr schwach wird.

Die geologischen Aufzeichnungen weisen darauf hin, dass die Intensität des Magnetfeldes seit zweitausend Jahren konstant abgenommen hat. Wir haben heute sage und schreibe achtunddreißig Prozent weniger Magnetkraft als zu Christi Geburt. Messungen der letzten hundertdreißig Jahre haben ergeben, dass der Magnetismus im Laufe von hundert Jahren durchschnittlich um fünf Prozent abnimmt.

Da nun der Magnetismus durch die Erdrotation entsteht, bedeutet ein geringerer Magnetismus zugleich auch eine langsamere Erddrehung. Auch dies scheint sich tatsächlich derzeit zu ereignen. Sowohl im inneren als auch im äußeren Kern soll die Rotationsgeschwindigkeit abgenommen haben. Dies trifft sogar bereits für die Erde als Ganzes zu: Schon im Jahr 1910 wurde im Zusammenhang mit einem leichten Schlingern der Erde nach Westen eine minimale Verringerung der Erdrotation beobachtet. Die Cäsium-Atomuhren im Bundeseichamt in Boulder, Colorado/USA, mussten 1992 zweimal, und 1993 einmal, nachgestellt werden, da die Tage länger wurden.

Die Auswirkungen der Magnetfelder treffen alle Menschen. Unser Organismus ist nämlich in der Lage, über spezielle Körpersensoren die magnetische Dichte eines Ortes wahrzunehmen. Unterschiedliche Stärken des Magnetfeldes lassen Gegenden unterschiedlicher Erfahrungsmöglichkeiten entstehen, zu denen sich bestimmte Bewusstseinsgruppen hingezogen fühlen, um dort gemeinsame Erfahrungen zu machen. Wenn eine Gruppe von Menschen jedoch an einem Ort keine Resonanz mehr findet, wird sie diese Gegend verlassen. Viele Siedlungsorte uralter Kulturen, wie z.B. der Chaco Canyon in Neu Mexiko/USA, wurden aufgrund der Kenntnis dieser Felder angelegt und nicht etwa, wie vielfach angenommen, aus kommerziellen oder spirituellen Überlegungen heraus. Wenn sich das örtliche Magnetfeld veränderte, verließen Mensch und Tier die Region – für traditionelle Archäologen ohne ersichtlichen Grund. Genau dies war im Chaco Canyon der Fall.

Was ist denn nun so wichtig an der Beziehung zwischen den fluktuierenden magnetischen Feldern der Erde und dem Erwachen des menschlichen Bewusstseins? Um das zu verstehen, bedarf es eines tieferen Verständnisses dieser Beziehung.

Magnetische Spannung: Der »Klebstoff« des Bewusstseins

Die Energie, die als Bewusstsein bezeichnet wird, ist elektromagnetischer Natur und in das Magnetfeld der Erde eingebunden. Die Essenz des Bewusstseins kann als eine Hierarchie aufeinander aufbauender Gitternetze dieser Energie betrachtet werden, die aus subtilen Schwingungen und geometrischen Bildern fortlaufende Matrizen erzeugen. Durch die äußeren magnetischen Einflüsse entsteht in diesen Schablonen ein energetisches Spannungsfeld, das die Essenz des Bewusstseins bindet und damit den Rahmen unserer Schöpfung bildet. Die Breite der bewussten Wahrnehmung des Menschen wird von den Kräften bestimmt, aus denen der Erdmagnetismus besteht. Der Erdmagnetismus ist sozusagen der stabilisierende Klebstoff, der diese Informationsfelder an die Erde bindet. Es ist unsere menschliche Wahrnehmung, die diese dreidimensionale Welt, uns selbst und unseren Schöpfer interpretiert, nicht die Essenz des Lebens. Die Essenz des Bewusstseins hat kein Bedürfnis, zu verstehen.

Wir können uns selbst auf vielfältige Weise beschreiben und vielfältig kategorisieren: Biologisch sind wir Knochen, Fleisch, Organe, Zellen, Flüssigkeiten usw. Geometrisch haben wir die Form eines Kristalls. Jeder biologische Bestandteil unseres Körpers lässt sich bis zu einer kristallinen Substanz zurückverfolgen. Wenn man uns scannen könnte, so würden wir als vielgestaltige Wellenform erscheinen, als eine Reihe geometrischer Muster, die aus den vielen einzelnen Wellenformen der verschiedenen biologischen Aspekte deines Körpers zusammengesetzt sind.

Energetisch betrachtet sind wir elektrischer Natur, denn jede Zelle produziert zirka 1,17 Volt in einer jeweils organtypischen Frequenz. Diese einzigartige Schwingung nennt man Grundfrequenz. Jede Zelle vibriert ständig rhythmisch und erzeugt so ihre Grundfrequenz.

Außerdem sind wir aber auch magnetische Wesen, denn bei der Erzeugung und dem Fluss von Elektrizität entsteht ein Magnetfeld, das jede Zelle umschließt.

Unser Magnetfeld setzt sich somit aus den Feldern der entsprechenden Organe, Gewebe und Knochen zusammen, aus elektromagnetischen Zellen in einem elektromagnetischen Wesen. Folglich bestehen zwei getrennte Feldstrukturen, die sich gegenseitig beeinflussen. Von ihnen hängt ab, wie du dich und die Welt siehst und wie du mit deinen Wahrnehmungen umgehst.

Der elektrische Teil deines Körpers ist dein Ich in seiner reinsten Form, es steht für die Energie und Information deines Ich. Dies ist deine Essenz, frei von Wertungen, Ego, Ängsten und Vorurteilen. Dieser elektrische Aspekt deines Seins wurde traditionell immer als deine Seele bezeichnet. Sie ist ein Aspekt deines Wesens, der nicht von anderen Dimensionen, Planetenkräften oder der Sonnenenergie abhängig ist. Es ist deine Seele, die den langen Weg durch eine Vielzahl an Energiesystemen gegangen ist, um in diesem Zeitzyklus ihre Erfahrungen zu machen. Zu einem gewissen Zeitpunkt wird deine Seelenessenz die Erde wieder verlassen und den Gewinn aus ihrem irdischen Dasein als Schwingung mit in ihre nächsten Erfahrungen nehmen.

Die Magnetfelder der Zellen wirken als schützende Puffer, welche die feinstofflichen Informationen der Seele innerhalb der Zelle stabilisieren. Diese Puffer erzeugen aber auch einen Strömungswiderstand, der verhindert, dass wir mental Zugang zur feinstofflichen Ebene der Informationen in den Zellen bekommen. Genauso bilden die Magnetfelder der Erde eine Sicherheitszone zwischen der mentalen und der physischen Ebene, zwischen einem Gedanken und seiner Verwirklichung. In der Geschichte unseres jetzigen Zeitzyklus mussten die Magnetfelder stärker sein, damit ein größerer Abstand zwischen Gedanken und deren Konsequenzen bestand. Das Gruppenbewusstsein war relativ neu und musste die Kraft des Denkens und seine Folgen erst noch kennen lernen. Ein Schutz durch den hohen Magnetismus war daher unerlässlich. Es würde auch heute noch ein großes Durcheinander geben, wenn jeder Gedanke und jede Phantasie sofort materielle Form annähme. Der starke Magnetismus sorgte dafür, dass jeder, der etwas manifestieren wollte, große Klarheit und ein starkes Verlangen danach aufbringen musste. Nur so ließ sich die betreffende *wünschende* Gedankenschwingung lange genug halten, um sich durch die Matrix der Schöpfung zu etwas Realem in unserer Welt zu kristallisieren. Jetzt, wo die Magnetfelder abnehmen, verringert sich auch die zeitliche Verzögerung für die Realisierung eines Gedankens. Vielleicht hast du selbst schon bemerkt, dass sich alles schneller verwirklicht als früher. Durch die unmittelbare Verwirklichung von Gedanken und Gefühlen geben die schwächer werdenden Magnetfelder uns eine Chance zur Veränderung.

Anhang II

Definition und Erörterung der platonischen Körper: Die Kodierungen der Schöpfung

Auszüge aus dem Buch: *Das Erwachen der neuen Erde* von Gregg Braden

Alle Strukturen der dreidimensionalen Schöpfung einschließlich des menschlichen Körpers bestehen aus energetischen Verbindungen, die sich aus verschiedenen Kombinationen fünf einfacher geometrischer Formen zusammensetzen. Diese geometrischen Körper waren jahrhundertelang Gegenstand von Untersuchungen und Debatten. Das Wissen über sie war Grundlage von ganzen Religionen und mehreren Mysterienschulen, die sich der Aufgabe widmeten, das Wissen darüber für spätere Generationen zu bewahren. Die Wissenschaft der Alchimie, die oft nur damit in Verbindung gebracht wurde, Blei in Gold verwandeln zu wollen, basiert auf dem Studium dieser Formen. Die Alchimisten waren nicht so sehr darauf fixiert, Metalle herzustellen. Vielmehr wollten sie den Transformationsprozess selbst erforschen, der diese Umwandlung von Metallen ermöglicht. Dies entspricht in etwa dem momentanen Wandlungsprozess der Erde. In diesem Transformationsprozess liegt das Geheimnis bewusster Evolution verborgen, das uns Zugang zu den komplexen geometrischen Bauplänen der Materie eröffnet. Diese geometrischen Codes werden heute »Platonische Körper« genannt.

Der Begriff platonisch bezieht sich auf den griechischen Philosophen der klassischen Antike Plato. In seinem Werk

»Timaeus« beschreibt Plato metaphorisch eine universale Kosmologie, die auf miteinander verbundenen geometrischen Strukturen basiert. Die platonischen Körper scheinen aber schon weit länger bekannt gewesen zu sein. Hinweise darauf finden sich in historischen Schriften im Museum von Kairo. Dort befinden sich in den Ausstellungsvitrinen auch sorgfältig ausgearbeitete Modelle, deren Alter auf dreitausend Jahre geschätzt wird. Im Ashmolean Museum in Oxford, Großbritannien, gibt es sogar Modelle dieser Formen, die zirka tausend Jahre vor Plato entstanden sein sollen (sind also rund dreitausendvierhundert Jahre alt, d. Übers.). Obwohl diese Modelle nicht so exakt gearbeitet sind wie die in Ägypten, belegen sie doch eindeutig, dass die geometrischen Bausteine der Schöpfung bereits sehr lange bekannt waren.

Ein platonischer Körper besteht aus einem Hohlraum, der von Flächen umschlossen wird, die alle die gleichen Kantenlängen und Winkel zueinander aufweisen. Man kann es sich auch wie eine einzige, von gleichmäßigen Seiten umgrenzte Urzellen-Fläche vorstellen, die sich im immer gleichen Winkel so oft wiederholt, bis sie sich schließlich wieder selbst begegnet. Wir kennen fünf Körper, die diesen Kriterien entsprechen, die hier entsprechend ihrer Komplexität geordnet dargestellt werden.

Das Mineralreich bietet die besten natürlichen Beispiele für derartige Körper. Die Strukturen der Kristalle sind dabei ein äußerlicher Ausdruck der inneren Richtlinien, nach denen Materie ihre Form gestaltet. Die Atome, die sich zu den grundlegenden Bausteinen der ersten Zelle eines Kristalls zusammenschließen, bestimmen das weitere Wachstum der Kristallform. Ein Beispiel soll helfen, das zu verstehen:

Die mineralischen Bestandteile von Kochsalz sind Natrium und Chlor (NaCl). In Wasser gelöst ist keine Kristallform erkennbar. Unter bestimmten Temperatur- und Druckbedin-

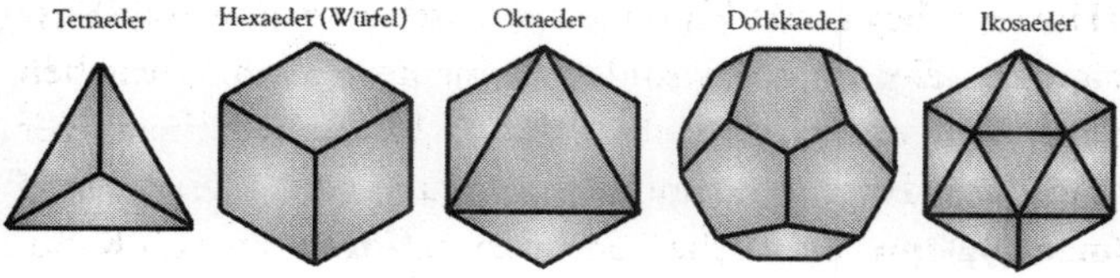

Platonische Körper	**Anzahl Flächen**	**Anzahl Kanten**	**Anzahl Ecken**
Tetraeder	4	6	4
Hexaeder	6	12	8
Oktaeder	8	12	6
Dodekaeder	12	30	20
Ikosaeder	20	30	12

gungen aber werden sich Natrium und Chlor zu der kristallinen Form verbinden, die wir Salz nennen. Seine Struktur basiert auf dem platonischen Körper des Würfels. Die atomaren Verbindungen richten sich nach den vorbestimmten geometrischen Strukturen, die man als geometrische Koordination bezeichnen kann. Sie bestimmt die Anzahl der Einheiten (Atome, Moleküle, Zellen, usw.), die die Gesamtstruktur umfasst.

Die Zweier-Verbindung beschreibt zum Beispiel eine lineare Anordnung, bei der ein Element an einem Punkt an das andere grenzt,

während bei der Dreier-Verbindung die Elemente sich tangential bzw. in einer Dreiecksfläche zueinander ordnen.

Diese Anordnungen bilden sich im Mineralreich so klar heraus, dass ihre Bezeichnungen auch für die Charakterisierung des Aufbaus atomarer Verbindungen benutzt werden. Die fünf Ordnungsstrukturen nach den platonischen Körpern sind:

2er-Anordnung Linear 

3er-Anordnung gleichseitiges Dreieck 

4er-Anordnung dreidimensionales Dreieck 

6er-Anordnung 2 vierseitige Pyramiden 

8er-Anordnung Würfel 

Die Geologen haben ein System zur Klassifizierung von Mineralien entwickelt, das auf den fundamentalen Formen der fünf platonischen Körper basiert. In ihm gibt es sieben verschiedene Kristallgruppen, die nochmals in zweiunddreißig verschiedene Klassen unterteilt sind, wobei jeder Kristall eine einzigartige äußere Form hat, in der die innere Struktur reflektiert wird. All diese Formen entstehen aus einer oder mehreren Kombinationen der platonischen Körper.

Anhang III

Erörterungen unserer Botschaft des Nullpunkts
Auszüge aus dem Buch: *Das Erwachen der neuen Erde* von Gregg Braden

Vor ungefähr zweitausend Jahren ereignete sich etwas, was die Geschichte der Menschheit und ihr Selbstverständnis entscheidend veränderte. Unter ungewöhnlichen Umständen gebar eine Jungfrau einen Sohn. Das Erscheinen eines neuen Sterns am Himmel wurde als das Zeichen für die Ankunft eines großen Propheten begrüßt. Die Mächtigen jener Zeit fürchteten die Zeichen und töteten Tausende von Hebräerkindern, um der Prophezeiung vom Erscheinen eines Erlösers entgegenzuwirken.

Das ungewöhnliche Leben dieses Menschen, den wir als Jesus kennen, ist in seiner Kindheit gut dokumentiert. Die Ältesten in der Synagoge erkannten seine außergewöhnliche Brillanz in der Auslegung und Anwendung der heiligen Schriften. Die Bibel ist bis zum heutigen Tag die beste Quelle für Informationen über Jesu frühe Jahre. Unser derzeitiges Verständnis des Lebens und der Lehre Jesu beruht auf den biblischen Texten. Sie geben bis zum Alter von zwölf Jahren Auskunft über sein Leben, wenn auch vielleicht verzerrt, doch danach gibt es für einen Zeitraum von etwa achtzehn Jahren keine Hinweise. Die Erzählungen beginnen wieder im Alter von dreißig Jahren, als er sich einem Leben der öffentlichen Heilungen und Lehren zuwendet. In dem Konzil von Nicäa im Jahre 325 wurden die biblischen Texte zu der heute bekannten Form zusammengefasst, unter Weglassung vieler anderer Quellen, die auch einiges über diesen Zeitraum von achtzehn Jahren enthalten haben mögen. Auch beim Brand der großen Bibliothek von Alexandria im Jahre 389 sind sicherlich derartige Texte verloren gegangen. Die Erzählungen vom Leben und Lehren Jesu waren jedoch von so großer Bedeutung, dass sie auch in anderen großen Bibliotheken aufbewahrt wurden.

In den Jemez Klöstern in der Stadt Leh in Kaschmir gibt es zum Beispiel Überlieferungen von einem großen Propheten, der aus dem heiligen Land kam. Er findet Erwähnung, weil er der Erste war, der über das Studium hinauswuchs und die Lehren Buddhas, Krishnas und Ramas meisterte. Die Originale dieser Aufzeichnungen befinden sich heute in Lhasa in Tibet. Sie berichten darüber, wie dieser Prophet, den sie Ehisa nennen, dreizehn Jahre lang durch Indien, China, Tibet, Persien und Ägypten gereist ist, und wie er, als er im Alter von dreißig Jahren in seine Heimat Israel zurückkehrte, sprach: »Mein Vater und ich sind jetzt eins.«

Der greifbarste Beweis für die Existenz Jesu ist das umstrittene Turiner Grabtuch mit dem »eingebrannten« Bild. Nach der Kreuzigung soll Jesus darin eingehüllt worden sein. Es ist nach seinem derzeitigen Aufbewahrungsort in Turin in Italien benannt und seine Echtheit wird seit Jahrhunderten heftig umstritten. Im Jahre 1978 hat ein Forschungsteam von den nationalen Laboratorien in Los Alamos/USA unter der Leitung von Ray Rodgers bewiesen, dass das Abbild auf dem Tuch einem photographischen Negativ entspricht und weder gemalt noch gefärbt worden ist. Auf unerklärliche Weise wurde das Abbild durch eine hoch intensive elektromagnetische Strahlung quasi eingebrannt. Diese Strahlung muss von innen her gekommen sein. Die Einzelheiten der Abbildung auf dem Grabtuch stimmen bis ins Detail mit den biblischen Schilderungen der Wunden Jesu an seinen Händen, Füßen, Bauch und Kopf überein. Ray Rodgers und sein Team kamen zu der Überzeugung, dass das Grabtuch in der Tat ein authentisches Abbild Jesu liefert, welches durch einen unerklärlichen Prozess intensiver biochemischer Strahlung vor etwa zweitausend Jahren erhalten blieb.

Andere spirituelle Texte geben Zeugnis von dem Besuch eines »weißen Propheten« mit einer ähnlichen Botschaft zu einer Zeit, die mit den so genannten verlorenen Jahren in Jesu Leben übereinstimmt. In den Traditionen der Ureinwohner Nordamerikas gibt es beispielsweise Überlieferungen von einem bärtigen, weißen Propheten, der bei ihnen war und versprochen hatte, mit einer Botschaft vom »Vater« zurückzukehren. In den Hopi-Prophezeiungen gibt es die Geschichte von »Bahana«, dem weißen Bruder, der versprach, zu denen zurückzukehren, die er gelehrt hatte. Er gilt als der »Reiniger«, der alle vor der Zerstörung bewahren wird, die dem Hopi-Weg des Friedens treu geblieben sind. Auch ein wesentlicher Grundsatz des Buches der Mormonen beruht darauf, dass Jesus in Amerika war und seine Lehren auch in diesem Land fest verankert hat.

Mit dreißig Jahren taucht der als Jesus von Nazareth bekannte Mann wieder in den Berichten der Bibel mit der Erzählung von seiner Einweihung durch Johannes den Täufer auf. Es steht geschrieben, dass Johannes, der die Ankunft Jesu als die Ankunft des Messias voraussah, zu seinen Anhängern sprach:

»Ich taufe euch mit Wasser zur Umkehr. Der aber nach mir kommt ist stärker als ich; ich bin es nicht wert, ihm die Schuhe nachzutragen. Er wird euch in heiligem Geist und Feuer taufen.«

Matthäus 3, 11

Als Jesus zu dem Fluss kam, an dem Johannes gerade taufte, erkannte dieser ihn sofort und sprach:
»Ich habe nötig, von dir getauft zu werden, und du kommst zu mir?«

Matthäus 3, 14

Jesus antwortete: *»Lass es jetzt zu.«*

In den Jahren nach seiner Taufe wurde Jesus dann für seine Lehren und wahrscheinlich besonders für seine Wunderheilungen bekannt. Angesichts seiner Wahrheit konnten die, die seine Botschaft fürchteten, ihn nicht zum Schweigen bringen – außer indem sie ihn töteten. Im Jahre 33 unserer Zeitrechnung wurde Jesus unter dem römischen Befehlshaber Pontius Pilatus hingerichtet, um seine Lehren zu unterdrücken. Ironischerweise wurden sie jedoch dadurch umso mehr in der Matrix des menschlichen Bewusstseins verankert. Durch seine Auferstehung, drei Tage nach der Kreuzigung, demonstrierte er eine Wiedergeburt, ein ewiges Leben, welches über seinen offensichtlichen Tod und die damit verbundenen Ängste hinausweist. In seiner Auferstehung gestaltete er einen Prozess, den jeder einzelne Mensch in diesem Leben erfahren kann. Der Übergangsprozess der Erde ist die Auferstehung, die in den alten Schriften die Zeitenwende genannt wurde.

In der gängigen Literatur wird der Begriff »Christus« nur auf den Christus Jesus von Nazareth bezogen. Der Begriff ist jedoch eigentlich ein Titel der Eingeweihten des alten Ordens der Essener, der denjenigen verliehen wurde, die die Lehren gemeistert und das auch bewiesen hatten. Es gibt verschiedene religiöse und spirituelle Texte, die an andere hoch entwickelte Wesen erinnern, andere »Christusse«, manche davon Jahrtausende vor Jesus. Buddha, Echnaton, Shiva und Gogyeng Sowuhti haben mit ihren Lehren den Samen unseres Potenzials in das menschliche Bewusstsein gepflanzt. Sie haben jeweils einander den Weg bereitet und so auf eine zukünftige Zeit großen Wandels zugearbeitet. Die Prophezeiungen sagten, dieser Wandel würde mit einem einzigen Botschafter in Verbindung stehen, der über alle Sprach- und Stammesgrenzen hinweg für die gesamte Menschheit Christus sein würde. Dieser universale Christus würde eine Botschaft der Erinnerung und der menschlichen Bestimmung übermitteln.

In unserem Text wird der Begriff »Christus« auf den Christus Jesus von Nazareth bezogen, in voller Anerkennung all der spirituellen Wegbereiter, die vor ihm kamen und dafür sorgten, dass seine Botschaft überhaupt vernommen werden konnte. Mit diesem Begriff beziehen wir uns nur auf das Lebenswerk Jesu und nicht auf all die Regeln und Dogmen, die in späterer Zeit sich aus Verzerrungen seiner Lehren entwickelten.

Jesu Geschenk an die Erde

Das Geschenk des Christus Jesus an die Erde bestand in einer Botschaft an die ganze Menschheit, die er als Erster durch seine Lebenserfahrung verankerte. Die früheren Christusse hatten ähnliche Botschaften, doch es war Jesus, der es vollbrachte. Statt als voll erleuchtetes, auferstandenes und strahlendes Lichtwesen in diese Welt zu kommen, das Bewunderung und möglicherweise Furcht ausgelöst hätte, wählte er den gleichen Anfang, mit dem die meisten Menschen in diese Welt kommen. Indem er aus dem Schoß seiner Mutter geboren wurde, zeigte er, dass er unter denselben Bedingungen lebt, wie die Menschen um ihn herum, ohne besondere göttliche Gaben zu zeigen, außer seinem Glauben. Jesus lebte das Leben der Menschen seiner Zeit, aß mit ihnen, schlief in ihren Häusern, erlernte ein Handwerk und das Wirtschaften. Neuere Erkenntnisse weisen darauf hin, dass er möglicherweise verheiratet war und nach seiner Auferstehung wenigstens ein Kind hatte, eine Tochter.

Er zeigte in seinem Leben, dass er nicht mehr besaß, als jeder andere, außer seinem Glauben und seinem Wissen um seine wahre Natur und sein Potential. Allein durch den Gebrauch zweier mächtiger Werkzeuge, die allen Menschen in gleicher Weise zur Verfügung stehen, konnte er Veränderungen in sich selbst und in der Welt um ihn herum bewirken und letztendlich die angenommenen Begrenzungen dieser Welt überwinden. Diese Werkzeuge waren die Kraft der Entscheidung und der freie Wille.

Die Überzeugung, dass der Christus Jesus für die *Sünden* der Menschheit gestorben ist, ist tief in das Gedächtnis der Erde eingegraben. Es wird gelehrt, dass durch einen mysteriösen, nur wenigen bekannten Prozess der Kreuzestod dieses Mannes als Opfer für die Menschheit galt und dass die gesamte Menschheit wegen dieses Opfers ihm nun als vollkommene Wesen nachfolgen könne.

Jesus ist nicht für die Sünden der Menschen gestorben. Jesus ist überhaupt nicht gestorben! Durch seinen Tod wäre die Botschaft verloren gewesen. Durch seine Auferstehung verankerte der Christus Jesus die Weisheit der Geburt, und das ist ganz etwas anderes als der Tod. Seinen Zeitgenossen, die nicht um diese Zusammenhänge wussten, mag es jedoch erschienen sein wie ein Tod, dem die Umkehr des Todes folgte.

Jesus wurde hingerichtet, weil das Bewusstsein der Erde seine Hinrichtung zuließ. Sie war das Resultat der Ablehnung seiner Botschaft der machtvollen Liebe. Das unbedarfte Bewusstsein, dem er die Instrumente der Vervollkommnung bringen wollte, diejenigen, die er so sehr liebte, dass er in die dichte Materie hinabstieg, um sie zur Vollendung zu führen, sie waren es, die auch die darauf folgenden Ereignisse in Gang setzten. Die Menschen, die in ihrer Ignoranz versuchten, Jesus zu töten, haben damit seine Botschaft der Liebe, des Mitgefühls (Barmherzigkeit) und der Vergebung wirkungsvoll in der Matrix unseres Bewusstseins besiegelt. Unter Anwendung ihrer Instrumente der Entscheidung und des freien Willens (die sich in Angst, Schuldgefühlen, Wut und Ego ausdrückten), beendeten Jesu Zeitgenossen seine irdische Erfahrung. Damit bestärkten sie höchst wirksam die Weiterentwicklung der Botschaft, um deretwillen er hierher gekommen war. Durch seine Hinrichtung zeigte Jesus, dass es keinen Tod gibt, nur unterschiedliche Seinszustände. Jesus erschien nach seiner Kreuzigung als vollständiges, geheiltes und sehr lebendiges Wesen, in vollkommener Resonanz mit einer höheren Ausdrucksebene der Schöpfung. Die Zustandsveränderung durch die Auferstehung bewirkte, dass Christi Zeitgenossen ihn als einen Engel des Lichts wahrnahmen.

Jesu Tod und Auferstehung dienten und dienen bis heute als lebendige Brücke zwischen den Ebenen des täglichen Lebens und einer viel höheren Ausdrucksform der gleichen Matrix, dem Christus-Bewusstsein. Durch die Verwendung der Kraft der Entscheidung und des freien Willens in seinem Leben zeigte Jesus, dass es nicht nur möglich ist, mit allen Ebenen in Resonanz zu kommen, sondern auch erstrebenswert. Er zeigte auch, dass die Schöpfung niemanden für seinen Gebrauch des freien Willens oder für seine Entscheidungen verurteilt. Es gibt keinen Tag, an dem »die Last seiner Sünden« irgendjemanden daran hindern wird, sich zu höheren Daseinsformen bzw. in den »Himmel« aufzuschwingen.

Es gibt Entscheidungen und die Konsequenzen von Entscheidungen, die sich in unserem Leben spiegeln. Die größte Begrenzung liegt in dir, in deiner Beurteilung der Konsequenzen deiner Entscheidungen. DU bestimmst dein Schicksal. Du

nmst wie und in welchem Ausmaß du dich über die Illu-
n der Begrenzungen zu der Wirklichkeit der Freiheit hin entwickelst. Du entscheidest, ob du dich entwickelst, nicht irgendwelche höheren Wesen. Sicher werden wir von höheren Wesen, geistigen Führern und den aufgestiegenen Meistern auf unserem Lebensweg begleitet. Dein wichtigstes Hilfsmittel auf dieser Reise ist jedoch der Prozess deines Lebens mit seinen täglichen Entscheidungen. Was empfindest du über dich und deine Entscheidungen? Was empfindest du zu anderen? Wie gehst du mit den anderen in deinen täglichen Beziehungen um, auf der Straße oder im Büro?

Das Ergebnis einer Entscheidung sollte nicht deine Sorge sein. Jede Entscheidung bietet eine Erfahrungsmöglichkeit, und all diese vielfältigen und reichen Erfahrungen bilden letztendlich das Ergebnis deines Entwicklungswegs. Die Anwendung deiner Gaben der Entscheidungskraft und des freien Willens bestimmen die Energie, die deine Erfahrungen ausstrahlen und auf die die Schöpfung antwortet, völlig wert- und urteilsfrei. Dein Verhalten im Leben spiegelt dir das Ausmaß deiner inneren Resonanz mit den höheren Gitternetzen des Mitgefühls und des Nicht-Wertens wider. Wir lernen, uns von den alten polaren Gesetzen, Regeln und Dogmen zu befreien, die seit Jahrtausenden in unser Gedächtnis eingraviert wurden. Im Fallenlassen dieser alten Programmierungen koppelst du dich an neue Informationsebenen an. Die Christus-Gitternetze des liebenden Mitgefühls standen unserem Bewusstsein immer zur Verfügung, waren jedoch schwer zugänglich. Deine Verbindung zum Leben wird sich in dem Maße stärken, wie du neue, lebensfördernde Muster in deinem Leben zulässt. Das sind die Zeichen neuer Weisheit. Deine Gedanken, deine Gefühle und deine Lebensführung sind deine Schlüssel zum Christus-Bewusstsein des Lebens. Die

Brücke des Mitgefühls, die der Christus Jesus durch sein Herabsteigen in diese Welt, sein Leben, seine Kreuzigung und seine Auferstehung vor fast zweitausend Jahren errichtet hat, verbindet uns mit genau diesem Bewusstsein und macht es uns heute zugänglich.

Jesu Geschenk war die Gabe des ewigen Lebens durch bewusstes Denken, Fühlen und Leben. Er führte uns vor unseren Augen vor, wie wir über uns selbst hinauswachsen können. Wir nennen diese Veränderung Auferstehung. Er lebte diese Gaben in einer Welt voller Ablehnung, Urteile und Angst und brachte das Alte und das Neue zusammen. Du lebst deinen Weg heute und jetzt.

Der Zeitpunkt der Ankunft Jesu

Durch sein lebendiges Beispiel und seine Lehren gab der Christus Jesus der Menschheit eine Vorstellung davon, was wir in einem Leben alles erreichen können. Sein Geschenk war eine Botschaft der Hoffnung, der Erinnerung und der machtvollen Liebe. Er wurde mit Misstrauen, Ungläubigkeit, Angst und Intoleranz empfangen. Seine Botschaft wurde nicht nur zu seiner Zeit missverstanden, auch heute noch wird über die Interpretationen seiner Lehre gestritten, vor allem unter denen, die sich auf moderne Interpretationen der biblischen Texte stützen, von denen viele ungenau, unzusammenhängend und unvollständig sind. Manche wurden erst Jahrhunderte nach den eigentlichen Ereignissen verfasst. Viele zeitgenössische Originaldokumente sind vollständiger, werden jedoch aus verschiedenen Gründen für die Allgemeinheit immer schwerer zugänglich. Zum Beispiel sind die Schriftrollen von Qumran am Toten Meer wieder entdeckt, restauriert und übersetzt worden, doch wird dafür gesorgt, dass nur wenige Auserwählte sie zu Gesicht bekommen. Im Sommer 1993 vergab ein Jerusalemer Gerichtshof das Copyright für einen besonders wichtigen Text, die zweitausend Jahre alte MMT Rolle, an Elisha Qimron von der Ben Gurion Universität. Ohne diese und zahlreiche andere Schriften, die nicht in der Bibel enthalten sind, wie zum Beispiel die Bücher des Henoch, des Christus, des Abgarus, des Nicodemus, und viele Briefe wie zum Beispiel die des Herodes und des Pilatus, stehen viele greifbare Beweise für die Lehren Christi nicht zur Verfügung.

Aber auch wenn seine Worte nicht gelesen werden können, die Schwingung seiner Botschaft ist fest verankert und steht denen zur Verfügung, die sich dafür entscheiden, mit dieser Schwingung der Wahrheit in Resonanz zu gehen.

Warum erschien Christus zu jener Zeit und auf diese Weise?

Was beabsichtigte er? Und war es erfolgreich?

Die Erde erlebt zurzeit das Ende eines großen Zyklus, der vor fast zweihunderttausend Jahren begann. Christus wurde zweitausend Jahre vor dem Ende dieses Zyklus geboren, als etwa neunundneunzig Prozent dieser Epoche verstrichen waren. Christi Geburt sollte uns an den evolutionären Prozess erinnern, in dem wir uns befanden. Zu einem früheren Zeitpunkt hätte niemand seine Lehren verstanden, und später hätte vielleicht die Zeit nicht gereicht, seine Lehren in das Bewusstsein aufzunehmen.

Eine Betrachtung der globalen und lokalen magnetischen Verhältnisse gibt weitere Aufschlüsse über Ort und Zeitpunkt seines Erscheinens. Ihr erinnert euch daran, dass relativ schwache Magnetfelder die Bereitschaft zu Veränderungen unterstützen, während ein starker Magnetismus die bestehenden Verhältnisse stabilisiert und Veränderungen »abpuffert«. Der Christus Jesus wählte eine Zeit relativ hohen planetarischen Magnetismus für die Übermittlung seiner Botschaft. Warum suchte er sich nicht eine Epoche aus, in der sich die Menschheit seiner Botschaft gegenüber offener und toleranter verhalten konnte? Und warum verankerte er sie im Nahen Osten?

Um diese Fragen beantworten zu können, müssen wir uns noch einmal Christi Absicht vergegenwärtigen. Sein Geschenk war seine Wahrheit in einer Umgebung zu leben, die sich größtenteils intolerant, misstrauisch und ablehnend verhielt. Um seine Weisheit sicher zu verankern, musste er seine Wahrheit auf eine Weise darstellen, musste er seine Liebe zur Erde und die Kraft seines Glaubens auf eine Weise demonstrieren, die nicht angezweifelt werden konnte. Er nutzte die gegen ihn gerichteten Kräfte für genau dieses Ziel, denn ihre Ängste stärkten seine Botschaft! Sie forderten den Beweis und seine Botschaft erwies sich als gültig. Ihre Absicht, Jesus durch seinen Tod zum Schweigen zu bringen, erreichte genau das Gegenteil. Wenn er seine Botschaft in eine Welt mit niedrigem Magnetismus gebracht hätte, wäre sein Geschenk von geringerer Kraft und kürzerer Dauer gewesen.

Interessanterweise war zu jener Zeit das Magnetfeld im Nahen Osten im Verhältnis zur globalen Situation relativ niedrig. Der Christus Jesus wählte also den für die damalige Zeit günstigsten Ort aus, der sowohl eine hohe Bevölkerungsdichte hatte als auch auf Grund des niedrigen Magnetismus neuen Ideen gegenüber relativ aufgeschlossen sein würde. Er war sich bewusst, dass diese Bedingungen gleichzeitig sein menschliches Schicksal besiegelten aber seine Botschaft fest im menschlichen Bewusstsein verankerten.

Aus Texten und historischen Doktrinen lässt sich schließen, dass man früher davon ausging, dass die menschliche Evolution ein mehr oder weniger gleichförmiger, geradliniger Prozess sei. Auch wenn nicht alle Menschen aller Völker im gleichen Zeitraum zu dem gleichen Verständnis gelangen würden, so erwartete man doch, dass sich das Bewusstsein der Menschheit insgesamt gleichmäßig erhöhe. Es gab dabei jedoch eine unbekannte Variable, die sich aus der Beziehung des Menschen zu seiner Entscheidungskraft und seinem freien Willen ergibt.

Würde die Menschheit sich im Laufe der Zeit mit ihren Werkzeugen des freien Willens und der Kraft der Entscheidung selbstständig weiterentwickeln, ohne »göttliche Intervention«? Wird die Menschheit auf eine lebensbejahende Art ihre bewusste Evolution fortsetzen?

Während dies geschrieben wird, lässt sich diese Frage noch nicht beantworten, denn der Zyklus ist noch nicht vollendet. Alles weist darauf hin, dass sich im Bewusstsein der Menschen ein gewaltiger Wandel vollzieht, so groß, dass wir annehmen, dass die Frage mit Ja beantwortet werden kann.

Im Verlauf dieses Zyklus hat es immer wieder Meilensteine des evolutionären Fortschritts gegeben. Die Evolution des Bewusstseins – darunter verstehen wir die kritische Masse an Bewusstsein, die notwendig ist, um mit dem nächsten Abschnitt des Gitternetzes in Resonanz zu treten – entwickelt sich eher einer geometrischen als einer linearen Kurve entsprechend. Das bedeutet, dass es über längere Zeiträume hinweg nur langsam vorwärts ging, und wenn z. B. ein Christus-Wesen neue Konzepte der Einheit ohne Getrenntheit verankerte, kam es zu plötzlichen, starken Erhöhungen des Bewusstseins in verhältnismäßig kurzer Zeit. Gegenwärtig entwickelt sich das menschliche Bewusstsein jedoch mit derart rasanter Geschwindigkeit, dass die alten Prophezeiungen, denen zufolge nur einzelne Auserwählte die Zeitenwende überstehen würden, vielleicht in Frage zu stellen sind.

Jeder Mensch, der zum Zeitpunkt des großen Umschwungs im Magnetfeld der Erde lebt, wird einen Dimensionswechsel oder biblisch ausgedrückt eine Auferstehung erfahren. Jedes Individuum wird sich entscheiden können, wie es den Prozess erfahren möchte: bewusst oder unbewusst, wach oder schlafend. Diese Botschaft brachte Christus der Welt, und mit der Botschaft die Werkzeuge der Auferstehung und des Aufstiegs.

Der Mythos der Sünde

Die Vorstellung, dass jedes Wesen, das sich auf die physische Erfahrung einlässt, auf einer niedrigen Stufe seine spirituelle Entwicklung beginnen muss, ist ebenfalls tief in das Gedächtnis der Erde eingegraben. Diese niedrige Stufe wird mit dem »Fall« von einem höheren Entwicklungszustand in Verbindung gebracht. Die Lebensentscheidungen, die wir aus diesem gefallenen Zustand heraus treffen, bezeichnen wir als »Sünde«. Moderne Übersetzungen definieren Sünde als »die Überschreitung eines religiösen oder moralischen Gesetzes«. Die lateinische Übersetzung für Sünde bedeutet jedoch lediglich Trennung oder Getrenntheit. Haben vielleicht unsere Illusionen der Getrenntheit zu unserem heutigen Verständnis von Sünde geführt? Viele Religionen und Glaubenssysteme gehen davon aus, dass allein durch die Geburt in diese irdische Realität jeder Einzelne zu einem Dasein als niederes spirituelles Wesen »verdammt« ist. Es wird auch gelehrt, dass alle danach streben müssen, die Missetaten ihres Lebens in den Augen des Schöpfers zu sühnen. Und es wird uns erzählt, dass wir unmöglich die spirituelle Entwicklungsebene des universalen Christus Jesus von Nazareth erreichen können, egal wie sehr wir uns bemühen.

Hier ist eine kleine Zusammenstellung verbreiteter Missverständnisse, die durch die Verzerrung ursprünglicher Lehren entstanden sind:

1. Mythos: Du bist in Sünde geboren und bekommst auf Erden die Gelegenheit, dich von deinen Sünden reinzuwaschen. Damit kannst du dich dem Entwicklungszustand des universalen Christus annähern, doch erreichen wirst du ihn nie.

2. Mythos: Du bist ein gefallener Engel, der einfach durch die Tatsache seiner irdischen Geburt mit einem Makel behaftet ist.

3. Mythos: Weil du gefallen bist, brauchst du einen Vermittler, der für dich bei Gott Fürsprache hält und sich für dich einsetzt.

4. Mythos: Der Sinn deines Lebens bleibt dir ein Geheimnis. Der Verlauf deines Schicksals ist durch einen Plan vorherbestimmt, den du unmöglich begreifen kannst.

Im Zuge unserer Annäherung an das Ende dieses großen Zyklus wenden sich immer mehr Menschen von den Religionen ab, die auf diesen Verzerrungen beruhen. Die Gründe sind individuell verschieden, doch den meisten Fällen liegt die Erkenntnis zugrunde, dass die relativ neuen, auf Angst, Ritual und Dogma aufbauenden Religionen bei unseren alltäglichen Schwierigkeiten wenig hilfreich sind. Die traditionellen Strukturen helfen wenig angesichts der noch nie da gewesenen Herausforderungen, die die nahende Zeitenwende in Form von Ängsten, gescheiterten Partnerschaften und Gefühlsausbrüchen bietet. Die etablierten Religionen können die Bedürfnisse der Menschen nicht mehr erfüllen, weil sie auf der Annahme beruhen, dass alle Menschen hilflos und machtlos sind, also unfähig, den Verlauf der Ereignisse in sich oder um sich herum zu beeinflussen. Aus diesen Gründen suchen so viele Menschen heutzutage nach sinnvolleren Möglichkeiten, das auszudrücken, was sie innerlich empfinden. Diese Suche hat sie auch zu den unkonventionellen Glaubensrichtungen der alten, eingeborenen und vergessenen Völker geführt.

Durch die Lehren dieser alten Glaubensrichtungen und des universalen Christus zieht sich ein roter Faden von Wahrheiten, die sich bei den Ägyptern, den Ureinwohnern Amerikas, den Buddhisten, Essenern und Urchristen sowie in den alten Mysterienschulen wiederfindet:

1. Du bist ein Teil all dessen, was du siehst, mit der Möglichkeit, in Harmonie mit der Schöpfung zu leben, statt sie zu kontrollieren und zu regieren.
2. Du bist kein gefallener Engel. Du bist aus freien Stücken hier und hast dich bewusst dafür entschieden, dich für eine gewisse Zeit in die irdische Erfahrung zu begeben.
3. Du bist ein hoch entwickeltes, machtvolles Wesen, das die Konsequenzen deiner Gedanken, Gefühle und Überzeugungen erschafft und erfährt.
4. Du hast direkten Zugang zu deinem Schöpfer, da du ein Funken der schöpferischen Intelligenz bist, die für deine Existenz verantwortlich ist.

Du bist und warst schon immer deinen himmlischen »Gegenstücken« ebenbürtig. Alle sehen das, außer dir selbst. Wir sind die Schöpfer unserer Welt(en) und als solche natürlich Teil all dessen, was wir sehen und was je war. Wir sind Alpha und Omega, Anfang und Ende. Alle Möglichkeiten sind in uns vorhanden und warten darauf, sich durch unsere Gedanken und Entscheidungen offenbaren zu dürfen.

Mitgefühl

Die vielleicht größte Gabe, die du entwickeln kannst, mag gleichzeitig die größte Herausforderung auf deinem Weg zu höheren Bewusstseinszuständen sein: Die Fähigkeit, das Leben mit mitfühlendem Blick zu betrachten. Mitgefühl zeigt sich darin, eine Erfahrung einfach so anzunehmen, wie sie ist, ohne sie verändern zu wollen oder zu verurteilen.

Mitgefühl hat nichts mit Gleichgültigkeit zu tun. Es geht im Gegenteil darum, die Empfindung zuzulassen, indem du auf genau das hingeführt wirst, was du verurteilst. Durch deine Empfindungen kannst du dich den Hintergründen der Intensität einer Emotion nähern.

In jeder Zelle unseres Körpers existiert ein bioelektrisches Potenzial, das durch die unterschiedlichen Ladungen der innerhalb und außerhalb der Zellmembran befindlichen Flüssigkeiten entsteht. Unser Gehirn steuert diese Potenziale durch die Aufrechterhaltung des Säuren-Basen-Gleichgewichts. Wenn du eine Erfahrung hast und damit Gefühle oder Emotionen verbunden sind, dann kannst du wahrnehmen, wie sich elektrische Ladungen verschieben! Du kannst spüren, wie sich der pH-Wert in unserem Gehirn verändert und dadurch eine sich über alle Zellen des Körpers erstreckende Potenzialverschiebung stattfindet. Das Gefühl der elektrischen Ladung in den flüssigen Kristallen des menschlichen Körpers nehmen wir als Emotionen wahr.

Diese Ladungsverschiebungen polarisieren unsere Lebenserfahrungen in positiv oder negativ, gut oder schlecht und verhindern damit eine neutrale Sichtweise. Wir senden in unsere Umwelt die Frequenzen dessen aus, was für uns geladen ist, was wir bewerten. Durch diese Frequenzen ziehen wir genau die Menschen, Umstände und Erfahrungen an, die uns unsere

Bewertungen widerspiegeln. Es sind Spiegel deiner Bewertungen, nicht deiner selbst.

Vielleicht kannst du anfangen, die enorme Kraft zu erkennen, die darin liegt, in einer Situation alle Möglichkeiten zuzulassen. Das Miteinander mit anderen erscheint besonders in der heutigen Zeit der psychischen Sensibilisierung zunehmend als emotionale Achterbahnfahrt, in der es wenig Raum für Neutralität zu geben scheint. Vielleicht wird jetzt jedoch auch klar, warum es unmöglich ist, diese emotionalen Ladungen zu vertuschen. Äußere Masken ändern nichts an den inneren pH-Verschiebungen im Körper. Auf zellulärer Ebene kannst du dich nicht täuschen. Deshalb ist es hilfreich, dir durch Ehrlichkeit und Aufrichtigkeit in deinen Beziehungen, Bekanntschaften und Lebenssituationen klare Einsichten in den gegenwärtigen Zustand deiner Vorurteile und Bewertungen geben zu lassen.

In alten Tempelstätten wie der Königskammer in Gizeh, den Türmen im südlichen Peru und den Kivas des amerikanischen Südwestens gibt es Räume, in denen man einen Zustand neutraler Ladung erfahren kann. Durch die passive Dynamik der Geometrie dieser Gebäude werden die Magnetfelder abgeschwächt, die uns normalerweise wie Klebstoff mit unseren Ängsten, Vorurteilen, Bewertungen und unserem Ego verbinden. Dadurch werden ähnliche Prozesse möglich, wie sie auch durch bestimmte Gedankengänge erreicht werden können, die in Mysterienschulen gelehrt wurden oder in der Nullpunkt-Meditation entstehen. Sie ermöglichen einen direkten Zugang zur elektrischen Essenz des Selbst ohne störende magnetische Einflüsse. Dies sind Nullpunkt-Bedingungen. Die vorgestellten Beispiele externer Technologien erleichtern den Zugang zu einer Nullpunkt-Erfahrung, sind jedoch nicht unbedingt notwendig. Christus hat gezeigt, mit welchen inneren Technologien der gleiche Zustand erreicht werden kann.

Eine der bedeutendsten und vielleicht am wenigsten verstandenen Botschaften, die Jesus in der Bewusstseinsmatrix verankert hat, ist das Lieben durch mitfühlendes Zulassen: Einander bedingungslos zu lieben und sich gleichzeitig gegenseitig den ganzen Spielraum der Erfahrung zu lassen. Dies wird möglich, wenn wir bedenken, dass wir alle mit unterschiedlichen Fähigkeiten, Hintergründen und Ausdrucksmöglichkeiten hierher kommen und uns alle gleichermaßen den Herausforderungen des Lebens stellen müssen. In dem Maße, in dem wir die Erfahrungen anderer bewerten, verbleiben wir in der Polarität der Getrenntheit und werden von der Ladung unserer Bewertungen beeinflusst. Der universale Christus gab uns das Geheimnis des Mitgefühls in den Worten:

»Drei Behausungen gibt es für den Sohn des Menschen, und niemand wird vor das Antlitz Gottes treten, der nicht den Engel des Friedens in jedem der drei kennt. Es ist dies sein Körper, seine Gedanken und seine Gefühle.«

Das Evangelium der Essener

Wer sein Leben mit dem Studium der Lehren Jesu verbracht hat, weiß, dass er viel in Gleichnissen, Geschichten und durch sein lebendiges Beispiel vermittelte. Das war die Sprache, die er in seiner Zeit für angemessen hielt. Die andere Wange hinzuhalten war nicht buchstäblich gemeint, sondern weist darauf hin, eine Erfahrung einfach als das zu nehmen, was sie ist: eine Erfahrung.

Jesu Botschaft ist heute genau so aktuell wie vor zweitausend Jahren, auch wenn Sprache, Kultur und Gesellschaft sich verändert haben. Es ist eine Schwingungslehre, die gleichzeitig die Wurzel ist und alles übersteigt, was wir im Außen konstruieren und erschaffen könnten. Sein Leben ist eine Metapher für dich und dein Bestreben, deine Wahrheit in einer Welt zu leben, die neuen Ideen nicht immer aufgeschlossen gegenüber steht. In seiner Hinrichtung erschuf er das Modell für einen Prozess, den wir alle einzeln und kollektiv durchleben werden. In der Endphase dieses Zyklus wird in dem Übergang der Erde von der dritten zur vierten Dichte jede Lebensform auf der Erde die Gelegenheit haben, einen dimensionalen Wechsel zu erfahren. Diese Chance der Erde ist ein Spiegel unserer Chance, uns für Nullpunkt-Bewusstsein und Auferstehung statt für den Tod zu entscheiden.

Wahrheit und Kraft

In der turbulenten Geschichte der Menschheit gibt es eine Konstante, die sich als subtile, aber mächtige Kraft äußert und den Prozess des Lebens vorantreibt. Diese Kraft kennen wir als Lebenswillen. Viele Menschen fühlen sich durch ihn zu etwas hingetrieben, für das es sich lohnt, zu leben. Dieses Etwas gibt dem Bewusstsein sein Momentum. Die Beharrlichkeit des Lebenswillens lässt uns mit unseren Erfahrungen fortfahren. In der Tiefe des Gedächtnisses der Menschheit blieb das Wissen um die Bedeutung dieser Kraft bewahrt. Sie teilt sich uns in plötzlichen Einsichten, in Träumen oder in bestimmten Gefühlen mit und schiebt damit eine Botschaft der Erinnerung an den Sinn unseres Daseins durch unsere Abschirmungen. Die unablässige Suche der Menschheit nach Wahrheit und Weisheit kann als Beweis für die Existenz dieser Kraft gelten. Diese Suche erstreckte sich über viele Leben hinweg und hat viele Leben gekostet. Was könnte die Grundlage solch einer Sehnsucht sein? Was treibt uns auf unserer Suche nach Erkenntnis?

An und für sich ist die Kenntnis des Lebens bedeutungslos. Erst wenn dieses Wissen gelebt wird, dann verleiht unsere

Weisheit dem Leben Bedeutung. Vor dem Hintergrund deiner inneren Weisheit fühlst du dich dazu hingezogen, dich durch deine Erfahrungen auf deine eigene Weise an den Sinn des Lebens zu erinnern. Dieser Sinn ist es, der uns dazu bringt, weiter zu gehen. Du spürst, dass du dich einer Zeit näherst, in der sich etwas in deinem Leben ändern wird und in der du alles, was du durch die Freuden und Leiden deines Lebens gelernt hast, anwenden kannst. Manche haben das Gefühl, dass sie sich ihr ganzes Leben lang auf irgendetwas sehr Besonderes vorbereitet haben.

Derartige Empfindungen haben sich historisch in unbeständigen und manchmal unbegreiflichen Erfahrungsextremen gezeigt. Auch als Gruppenbewusstsein müssen wir unsere Extreme kennen lernen, um unseren Ausgleich und unser Gleichgewicht zu finden. Jeder der mehr als sechs Milliarden Menschen, die zurzeit inkarniert sind, lebt in seinen unterschiedlichen und individuellen Erfahrungen die gleichen energetischen Muster aus. Jeder sieht die Wunder, Geheimnisse und Möglichkeiten des Lebens aus einer anderen Perspektive und empfindet auf einzigartige Weise in seiner persönlichen Nische die gemeinsame, Ehrfurcht gebietende Kraft. Was ist das für eine Kraft?

Es ist der Wille zum Weitermachen, der uns alle zu Lösungen treibt, oder genauer gesagt: der Wille, zu dem EINEN zurückzukehren, aus dem wir hervorgegangen sind. Es ist die Kraft des Lebens, Chi, Ki oder Prana genannt. Es liegt in der Natur des Lebens, nach jeder Erfahrung immer wieder seine Bruchstücke zusammenzusammeln und zu der vorherigen Ganzheit zurückzukehren. Die Bewusstseinsmuster, die nach diesem Zustand des Gleichgewichts und der Vollständigkeit streben, nennen wir Lebenswillen. In der Erfahrung der dreidimensionalen Welt wird der Lebenswillen durch den Körper ausgedrückt. Seine Kraft enthält immer eine Botschaft und es ist immer die gleiche. Durch ihre Beständigkeit wird die Botschaft zur Wahrheit, zu einer absoluten, universellen Wahrheit. Sie kann naturgemäß nur begrenzt in Worte gefasst werden. Die beständige Wahrheit, die die schöpferische Intelligenz des Willens vorwärtstreibt, lautet sinngemäß:

Es gibt eine Kraft in dir, die unendlich und ewig ist und weder erschaffen noch zerstört werden kann. Durch dein Leben kannst du diese Kraft erkennen.

Bevor du weiterliest, halte einen Moment inne und überdenke die Aussage, die du gerade gelesen hast. Du hast sie schon oft gehört. Weißt du, dass sie wahr ist? Empfindest du sie als wahr? Bist du davon überzeugt und glaubst es?

Manchmal wird die Erfahrung des Lebens mit der Essenz des Lebens verwechselt. Die elektrischen Strukturen der Essenz deines Lebens werden weiterbestehen, egal wie deine Erfahrungen ausgehen. Das Geschenk des Lebens besteht darin, deine Essenz auf so einzigartige Weise ausdrücken zu können, wie es vielleicht noch nie zuvor geschah. Halte einen Moment inne und lass die oben erwähnte einfache Aussage in dir wirken und zu einem Teil von dir werden. Wenn sie in dir Ungläubigkeit auslöst, dann frage dich, warum? Was ist dir in deinem Leben widerfahren, was dich lehrte, eine universelle Wahrheit nicht zu glauben?

Aus der Perspektive der alten Lehren und der eingeborenen Völker gibt es kein wirkliches Leben. Es gibt auch keinen wirklichen Tod. Sie sehen unsere gesamte Erfahrung als Traum, innerhalb dessen Leben und Tod »Träume im Traum« sind, ohne voneinander getrennt zu sein. Es gibt nur die Wahrnehmungen unterschiedlicher Erfahrungen und unsere Gedanken und Empfindungen zu diesen Wahrnehmungen.

Die gleiche Wahrheit kann in verschiedenen Sprachen ausgedrückt werden. Andere Worte und Symbole erschließen uns andere Aspekte unserer Weisheit. Im Rahmen der modernen Naturwissenschaften wird die Lebenskraft eher als Energie, Licht oder Information betrachtet. In dieser Sprache besteht das Leben aus einer Reihe elektromagnetischer Impulse, die sich zu Erfahrungsmustern ordnen. Die Wissenschaftler sagen: *Energie kann nicht erschaffen oder zerstört werden. Sie reagiert nur auf verschiedene Einwirkungen, indem sie ihre Form verändert. Die Energie der Lebenskraft durchdringt die gesamte Schöpfung und überschreitet alle Grenzen von Raum und Zeit. Die Lebenskraft ist naturgemäß unendlich.*

Die berühmte Gleichung, die Einstein zu Beginn dieses Jahrhunderts aufgestellt hat, vergleicht Masse mit Energie und erklärt: $E = mc^2$. Diese Gleichung beschreibt in der genauso gültigen Sprache der Mathematik, dass sich mit zunehmender Beschleunigung der Materie die Masse ausdehnt. Wenn sie sich der Lichtgeschwindigkeit annähert, dehnt sie sich bis zu einem homogenen Zustand aus, der als unendlich bezeichnet wird. Materie wird als begrenzter Bereich im Schwingungsspektrum durch Beschleunigung auf eine andere Schwingungsebene gebracht, d. h. ihre Frequenz wird erhöht.

Zwei verschiedene Sprachen beschreiben die gleiche Wahrheit, die eine auf mehr intuitive, rechtshirnige Art, die andere auf mehr analytische, linkshirnige Weise. Beide sind gleich gültig. Diese Wahrheit ist es, die den Willen und das Verlangen nach einem Entwicklungszustand ewigen Lebens hervorbringt. Diese Wahrheit ist dir bekannt, denn sie ist in dir. Du weißt, dass deine Essenz nicht erschaffen oder zerstört werden kann. Du musst es wissen, denn sonst wäre es dir nicht gelungen, dich durch die Schöpfungsmatrix zu navigieren und deine

Essenz zu der kristallinen Form deines Körpers zu verdichten. Du musst deine Erfahrungen, dein ganzes Leben mit dieser Wahrheit in Einklang bringen. Um dich ganz einzubringen, ganz zu geben, musst du dich selbst in all deinen Möglichkeiten und Extremen kennen lernen. All dein Glück, all dein Leid, all deine Wut, dein Neid und deine Geringschätzung sind wertvolle Geschenke, die dir helfen, dich selbst zu erkennen. Dank deiner einzigartigen Erfahrungen erweiterst du ständig die Grenzen deines Selbstverständnisses und näherst dich so der Wirklichkeit deines Seins. Dabei durchlebst du sich ständig verändernde, vielleicht einmalig extreme Situationen, die dir helfen, dein Gleichgewicht zu finden.

In den Ablenkungen und Überlegungen des alltäglichen Lebens in dieser dreidimensionalen Welt bemerkst du vielleicht gar nicht, dass es die Unzerstörbarkeit deiner Seele ist, die dir jeden Morgen den Impuls gibt, aufzustehen und mit dem Leben weiterzumachen. Tief in dir weißt du jedoch um die Ewigkeit des Bewusstseins, die Erinnerung daran ist in den Lichtmustern jeder Zelle deines Körpers enthalten. Das ewige Leben ruht in der ewigen Wahrheit, dem Absoluten, das in jedem Teil der Schöpfungsmatrix enthalten ist. Die Strukturen der Wahrheit sind in sich vollkommen und drücken sich in jeder existierenden Zelle aus. Gleichzeitig sind diese individuellen Strukturen Teil eines viel größeren Ganzen. Das Muster setzt sich entsprechend dem holographischen Gesetz fort. Die Kraft des Lebens ist sowohl ewig als auch rekursiv. Die Unzerstörbarkeit des Bewusstseins ist Gesetz der Schöpfung, denn das Ewige kann nicht getrennt oder vernichtet werden.

Dies ist die Botschaft der alten Prophezeiungen. Dies ist die Grundlage uralter Schriften, Religionen, heiligen Orden, Sekten und Mysterienschulen. Jenseits von Angst, Bewertungen, Ego oder anderen Störungsmustern dieser irdischen Erfahrung ist die Essenz dessen, was du bist, ewig. Die Welt, die du für dich selbst, deine Familie und Freunde, deine Umwelt und deine Verhaltensweisen erschaffen hast, sie ist das Ergebnis deiner Gefühle und Überzeugungen. Deine Welt ist ein von dir erschaffenes, temporäres Energiemuster, das dir dazu dienen soll, dich von vielen verschiedenen Standpunkten aus zu sehen. Die Summe deiner gesamten Erfahrungen bezieht sich auf den jetzigen Zeitpunkt der Geschichte, auf diese Verfeinerung der Ausdrucksmuster der Erde und deiner selbst. Du wirst diesen Prozess nicht nur überleben, dieser Prozess ist dein eigentlicher Lebenssinn. Du bist in diese Welt gekommen, um die schöpferischen Frequenzen deines Lebens auf neue Weise auszudrücken.

Die Zeitenwende ist dein neues Leben, geboren aus einer neuen Weisheit. Bitte, gebrauche das Geschenk deines Lebens weise.

Glossar

Das Segnen ist ein uralter gedanklicher Vorgang, der dazu dient, das geballte Potenzial einer Situation oder einer Emotion zu erlösen. Eine Handlung, ein Ereignis oder eine Situation zu segnen bedeutet nicht, sie abzusegnen, in dem Sinne von damit einverstanden zu sein oder sie gutzuheißen. Vielmehr dient die Segnung der Neutralisierung der emotionalen Aufladung, indem die Göttlichkeit der Erfahrung anerkannt wird. Ein Ereignis zu segnen bedeutet somit:

»Ich erkenne das, was ich erfahren oder beobachtet habe, in seiner göttlichen Natur und als Teil des Einen an, auch wenn ich vielleicht die hinter dem Ereignis liegenden Gründe und Mechanismen nicht verstehe.«

Das Geschenk des Segnens erlaubt des dem einzelnen Menschen, mit dem Leben und seinen Gaben fortzufahren. Die Erfahrung wird in ihrer Göttlichkeit innerhalb des Kontextes der Einheit erkannt, weder gut- noch schlechtgeheißen, sondern als Teil all dessen, was möglich ist.

Ladung entsteht, wenn wir ein starkes Gefühl davon haben, was wir in Bezug auf ein Ereignis als richtig, angemessen oder falsch empfinden. Aus technischer Sicht kann Ladung als das elektrische Potenzial einer Situation, einer Handlung oder einer Erwartung betrachtet werden. Diese Art von Ladung entsteht, wenn wir ein Ereignis aus einer polaren Sichtweise heraus als gut oder schlecht, licht oder dunkel bewerten. Wir empfinden diese Ladung häufig als Ärger, Traurigkeit oder Frustration. Die holographische Spiegelung unseres Bewusstseins sorgt dafür, dass wir unsere Bewertungen (Ladungen) erfahren, sodass sie geklärt (ausgesöhnt, entladen) werden und wir ohne die Behinderung dieser Ladung mit unserem Leben fortfahren können.

Mitgefühl ist der Ausdruck einer spezifischen Qualität des Denkens, Fühlens und der Emotion: Des Denkens ohne Anhaftung an das Ergebnis, des Fühlens ohne die Verzerrungen der persönlichen Bewertungen und der Emotion ohne Polarität. Die Wissenschaft des Mitgefühls erlaubt es uns, ein Ereignis zu erfahren oder zu beobachten, ohne es als gut oder schlecht zu beurteilen.

Das Schöpferische ist das Eine, welches aus der Erkenntnis des Prinzips »Gott« das Leben aus dem Nichtleben erschafft. Neben der Erzeugung von Leben aus der Vereinigung von Ei und Samenzelle ist Schöpfung auch das Zusammenbringen von lebloser Masse mit einer elektrischen Umgebung, um lebendiges Material entstehen zu lassen. (Der Begriff Schöpfer wird hier im Sinne einer Kraft verwendet, die männlich, weiblich und beides zusammen ist. Da die deutsche Sprache diese Qualitäten nicht gleichzeitig ausdrücken kann, wurde in diesem Text die gebräuchliche männliche Form des Wortes verwendet. Anm. d. Übers.)

Emotion ist die Kraft, die wir in unsere Gedanken legen, um sie zu verwirklichen. Das skalare Potenzial der Emotion verbunden mit dem skalaren Potenzial des Gedankens erschafft als Vektor die Erfahrung von Realität. Die Wellen des skalaren

Potenzials erschaffen Interferenz-Muster in unserer Vektor-Realität. Wir erfahren Emotion als eine fließende, gerichtete oder stockende Empfindung in der flüssigen Kristallform unseres Körpers. Die elektrische Ladung, die als Lebenskraft durch unseren Körper pulsiert, gibt uns die Empfindung der Emotion. Sie kann spontan oder als Ergebnis einer Entscheidung erfahren werden. Emotion hängt eng mit Verlangen zusammen, dem Willen, dass etwas genau so sein soll. Wenn du wahrlich danach verlangst, dass der Hass in deinem Leben durch Mitgefühl ersetzt werden soll, wirst du spüren, wie eine warme, kribbelnde Kraft von deinen unteren Energiezentren in deine Brust- und Herzzentren fließt.

Umladung ist die Anpassung von Kräften oder Energiefeldern aneinander, um einen maximalen Transfer von Information oder Kommunikation zu ermöglichen. Man stelle sich zum Beispiel vor, wie zwei Elemente nebeneinander schwingen, das eine schneller als das andere. Die Tendenz des langsameren Elements, synchron zu werden und sich der schnelleren Schwingung anzupassen, kann als Umladung bezeichnet werden. Wenn diese Anpassung vollzogen ist, sprechen wir davon, dass eine Umladung stattgefunden hat oder dass die schnellere Schwingung auf die langsamere umgeladen wurde.

Die Essener sind eine uralte Bruderschaft unbekannter Herkunft. Sie entschieden sich, von der übrigen Bevölkerung ihrer Zeit getrennt zu leben, um die Reinheit der ihnen von ihren Vorfahren hinterlassenen Lebensweise zu praktizieren. Im ersten Jahrhundert unserer Zeitrechnung waren sie vor allem in den Gegenden um das Tote Meer und den Mareotis-See (südlich von Alexandria; d. Übers.) ansässig, doch ihre Lehren sind in beinahe allen Ländern und Religionen wiederzufinden, wie z. B. in Sumer, Palästina, Indien, Tibet, China und Persien. Einige Stämme der nordamerikanischen Indianer führen ihre Herkunft auf Essenergruppen zurück, die kurz nach der Kreuzigung Jesu angekommen sein sollen.

Die alten Essener lebten in landwirtschaftlichen Gemeinschaften, ohne Sklaven oder Bedienstete. Ihr Leben war sehr strukturiert und sie nahmen weder Fleisch noch fermentierte Getränke zu sich, sodass sie ein Lebensalter von hundertzwanzig Jahren und mehr erreichten. Bekannte Essener sind der Prophet Elias, Johannes der Täufer, der Evangelist Johannes und Jesus von Nazareth.

Fühlen kann als die Vereinigung von Gedanken und Emotion definiert werden. Wenn du beispielsweise Trauer, Hass, Freude oder Mitgefühl empfindest, dann ist das ein Gefühl. Es ist die Wahrnehmung einer Emotion in Verbindung mit dem Gedanken an das, was du gerade erfährst.

Das Fühlen konzentriert sich in dem flüssigen Kristallresonator des Herzmuskels. Der Körper empfindet Liebe und Mitgefühl als so angenehm, weil bei diesen Gefühlen das Herz optimal auf die Erde eingestimmt ist, und sich damit der Kreislauf zwischen Erde, Herz, Gehirn und Zelle vollständig entfalten kann.

Wenn zum Beispiel deine Gedanken über etwas, das du liebst, sich mit der Emotion des Verlangens verbinden, dann entsteht daraus das Gefühl der Liebe.

Gott ist die aller Schöpfung zugrunde liegende, intelligente Matrix. Das Prinzip Gott ist die Schwingungsschablone, auf der sich die gesamte Schöpfung kristallisiert. Es enthält alle Möglichkeiten und lebt in jedem Ausdruck männlicher oder weiblicher Energie. Aus dieser Perspektive ist die Kraft Gottes ein lebendiger, vibrierender Impuls, der in den Zwischenräumen des Nichts existiert und allem innewohnt, was wir erfahren können.

Ein Hologramm ist ein sich wiederholendes energetisches Muster, das in sich vollständig und gleichzeitig Teil eines größeren Ganzen ist. Die Energie kann z. B. geometrischer, emotionaler, gedanklicher, mathematischer oder bewusster Art sein. Eine Zelle des menschlichen Körpers ist beispielsweise in sich vollständig und enthält alle Informationen, die zur Bildung eines menschlichen Körpers notwendig sind. Gleichzeitig ist sie ein Teil des größeren Körpers.

Jedes Element eines holographischen Musters spiegelt per Definition alle anderen Elemente des Musters. Darin liegt das Wunderbare des holographischen Bewusstseins. Jede Veränderung, die irgendwo im System stattfindet, spiegelt sich im gesamten System.

Versöhnung bedeutet in diesem Kontext, in Bezug auf ein Ereignis oder eine Situation ein inneres Gleichgewicht zu finden, ein Gefühl von Sinnhaftigkeit. Sich mit einem Ereignis auszusöhnen bedeutet nicht, mit dem Geschehen einverstanden zu sein. Es stellt lediglich für den Einzelnen eine Form der Anerkennung der Situation dar, die es möglich macht, mit dem Leben fortzufahren. Die Anerkennung des Göttlichen im Leben durch den Akt des Segnens ist ein Beispiel dafür.

Lösen oder erlösen bedeutet, einer Situation oder einem Ereignis die durch Bewertungen entstandene Ladung zu nehmen, indem ich ihr elektrisches Potenzial neutralisiere. Dann sagen wir, die Situation ist gelöst. Dies kann z. B. dadurch erreicht werden, dass so lange nach einer tieferen Bedeutung der Situation gesucht wird, bis ein neutrales Gefühl entsteht. Neutralität ist der biochemische Ausdruck für diese Art der Lösung.

Resonanz ist ein gegenseitiger, energetischer Austausch zwischen zwei oder mehr Energiesystemen, die sich aufeinander beziehen. Ein bekanntes Beispiel dafür entsteht, wenn zwei Saiteninstrumente in einem Raum sind und eine Saite des einen Instruments angeschlagen wird. Ohne dass jemand sie berührt, wird die gleiche Saite des anderen Instruments anfangen zu schwingen. Sie reagiert auf die energetischen Wellen, die durch den Raum vibrieren und in dieser Saite eine Resonanz finden. In diesem Buch sprechen wir von Resonanz zwischen energetischen Systemen wie dem menschlichen Herzen und der Erde oder zwischen Menschen, die emotional miteinander in Resonanz gehen.

Ein skalares Potenzial ist eine Energie, die nicht zerstreut ist, sondern im vollen Besitz ihrer Kräfte darauf wartet, Verwendung zu finden. Es ist eine potenzielle Kraft, die auf ihre Aktivierung wartet, durch die sie sich verwirklichen und zu einer Vektorquantität werden kann, deren Richtung und Ausmaß dann messbar ist.

Die Zeitenwende ist sowohl ein Zeitraum in der Geschichte der Erde als auch eine Erfahrung des menschlichen Bewusstseins. Sie wird auf planetarischer Ebene durch das Zusammentreffen abnehmender Magnetkräfte und ansteigender Frequenzen definiert und bildet damit eine seltene Gelegenheit zur kollektiven Umgestaltung der Ausdrucksmöglichkeiten des menschlichen Bewusstseins.

Dieser Begriff beschreibt den Prozess, in dem die Erde sich durch eine Reihe evolutionärer Veränderungen hindurch entwickelt, mit denen die Menschheit durch das elektromagnetische Feld verbunden ist. Die zellulären Veränderungen in unseren Körpern sind unsere Art, diesen Prozess der Erde mitzumachen.

Das EINE ist ein nichtreligiöser Ausdruck für die intelligente Matrix, die der gesamten Schöpfung zugrunde liegt. Es ist die Schwingungsschablone, auf der sich die gesamte Schöpfung kristallisiert. Es enthält alle Möglichkeiten und lebt in jedem Ausdruck männlicher oder weiblicher Energie. Aus dieser Perspektive ist das EINE ein lebendiger, vibrierender Impuls, der in den Zwischenräumen des Nichts existiert und allem innewohnt, was wir erfahren können.

Gedanken können als ein skalares Potenzial betrachtet werden, als der gerichtete Ursprung eines energetischen Ausdrucks, der sich als Realität oder Vektorereignis materialisieren kann oder auch nicht. Deine Gedanken sind eine virtuelle Ansammlung deiner Erfahrungen und dienen dir als Steuerungssystem deiner Aufmerksamkeit. Ohne Emotion sind sie schöpfungsunfähig. Wenn sie nicht mit Kraft versehen werden, dienen dir deine Gedanken zur Simulation dessen, worauf du deine Kraft vielleicht richten möchtest. Fantasien und Affirmationen sind Beispiele für derartige Prozesse.

Anmerkungen

DANKSAGUNG

1 Khalil Gibran, *Der Prophet.* Zürich, Düsseldorf: Walter, 2000, S. 24

VORWORT

1 Dan Winter, *Alphabet of the Heart: The Genesis in Principle of Language and Feeling*. Waynesville, N. C., S. 38-50

2 Vladimir Poponin, *The DNA Phantom Effect: Direct Measurement of a New Field in the Vacuum Substructure.* Institute of Heartmath, Boulder Creek, Kalifornien, USA

EINLEITUNG

1 Tom Hansen, *Trying to Remember.* Freedom, New Hampshire, USA: Freedom Press Associates, 1995

2 Eugene Mallove, *The Cosmos and the Computer: Simulating the Universe*, Computers in Science 1, Nr. 2 (September/Oktober 1987)

3 McCraty, Atkinson, Tiller, Rein and Watkins, The Effects of Emotions on Short-Term Power Spectrum Analysis of Heart Rate Variability, *The American Journal of Cardiology* 76, Nr. 14, 1995, S. 1089-1093

4 Gregg Braden, *Das Erwachen der neuen Erde: Die Rückkehr einer vergessenen Dimension.* Freiburg: Hans-Nietsch-Verlag, 1999 (amerikanische Originalausgabe 1993)

5 Dr. E. Bordeaux Székely, *Das Evangelium der Essener* (Buch 2). Südergellersen: Verlag Bruno Martin, 1988, S. 85
6 Ebenda, Buch 1, S. 23
7 Joseph Rael, *The Sound Beings*. Van Nuys, Kalifornien, USA: Exclusive Pictures/Heaven Fire Productions Video, 1995
8 Dr. E. Bordeaux Székely, *Das Evangelium der Essener* (Buch 4), Südergellersen: Martin, 1988, S. 272
9 Ebenda, Buch 2, S. 133

Erstes Kapitel

Carlos Castaneda, *Die Reise nach Ixtlan: Die Lehren des Don Juan*. Frankfurt am Main: Fischer Taschenbuch Verlag, 1984 (amerikanische Originalausgabe 1972)

Zweites Kapitel

1 Doreal (Übersetzer), *Die Smaragdtafeln von Thoth dem Atlanter*, Burgrain: Koha Verlag, 1998
2 Tim Wallace-Murphy, *The Templar Legacy & the Masonic Inheritance Within Rosslyn Chapel*. Roslyn, Midlothian, Großbritannien: *The Friends of Rosslyn*, S. 50-51

Drittes Kapitel

1 Dr. E. Bordeaux Székely, *Das Evangelium der Essener* (Buch 2), Südergellersen: Martin, 1988, S. 77
2 *Oxford American Dictionary*, New York: Avon Books, 1980, S. 172
3 Dr. E. Bordeaux Székely, *Das Evangelium der Essener* (Buch 3), Südergellersen: Martin, 1988, S. 200
4 James M. Robinson, *The Nag Hammadi Library*, San Francisco: Harper, 1990, S. 129
5 Khalil Gibran, *Der Prophet*, Zürich, Düsseldorf: Walter, 2000, S. 24

6 Dan Winter, »Can the Human Heart Directly Affect the Cherence of Earth's Magnetic Field?«, *Alphabet of the Heart*, S. 58-64
7 James M. Robinson, *The Nag Hammadi Library*, S. 131
8 Joseph Rael, *The Sound Beings.* Van Nuys, Kalifornien, USA: Exclusive Pictures/Heaven Fire Productions Video, 1995
9 Doreal (Übersetzer), *Die Smaragdtafeln von Thoth dem Atlantener* Assunta Verlag, Schweiz

Viertes Kapitel

1 Robert Boissiere, *Meditations with the Hopi.* Santa Fe, USA, 1986, S. 112
2 Dr. E. Bordeaux Székely, *Das Evangelium der Essener* (Buch 1), S. 12
3 Ebenda, Buch 2, S. 101 ff.
4 Dan Winter, »Testing the Heart Coherence on DNA and Immune Function«, *Alphabet of the Heart*, S. 56-57
5 Ebenda, »Can the Human Heart Directly Affect the Coherence of Earth's Magnetic Field?«, S. 58-64
6 McCraty, Atkinson, Tiller, Rein and Watkins, »The Effects of Emotions on Short-Term Power Spectrum Analysis of Heart Rate Variability«, The American Journal of Cardiology 76, Nr. 14, 1995
7 McCraty, Tiller and Atkinson, »Head-Heart Entrainment: A Preliminary Survey«, Boulder Creek, Kalifornien, USA: Institute for HeartMath
8 Rein, Atkinson and McCraty, »The Physiological and Psychological Effects of Compassion and Anger«, Journal of Advancement in Medicine 8, Nr. 2 (Sommer 1995), S. 87-103
9 James D. Watson, *The Molecular Biology of the Gene*, W.A. Benjamin, Inc. 1976
10 Dan Winter, *Alphabet of the Heart*, S. 58-64

11 J. Travis, »Mutant Gene Explains Some HIV Resistance«, Science News 150 (August 1996), S. 103

12 Ebenda

13 Clare Thompson, »The genes, That Keep Aids at Bay«, New Scientist, London: New Science Publications, IPC Magazines, Ltd., 6. April 1996, S. 103

14 Ebenda

15 J. Raloff, »Baby's AIDS Virus Infection Vanishes«, Science News 147 (April 1995), S. 196

Fünftes Kapitel

1 James M. Robinson, *The Nag Hammadi Library in English*, San Francisco: Harper, 1990, S. 129

2 Ebenda, S. 136

3 Ebenda, S. 126

4 Ebenda, S. 136

5 Ebenda, S. 134

6 Ebenda, S. 132

7 Upton Clary Ewing, *The Prophet of the Dead Sea Scrolls*, Tree of Life Publications, 1994, S.114

8 Khalil Gibran, *Der Prophet*, S. 42–43

9 James M. Robinson, *The Nag Hammadi Library*, S. 134

10 *Meetings with Remarkable Men* (Begegnungen mit bemerkenswerten Menschen), Gurdjieff's Search for Hidden Knowledge, Corinth Video, 1987

Sechstes Kapitel

1 Alex Grey, *Sacred Mirrors*, Inner Traditions, 1990, S. 62 (dt.: *Sacred Mireors. Die visionäre Kunst des Alex Grey*. ZWEITAUSENDEINS, 1996)

2 Dr. E. Bordeaux Székely, Das Evangelium der Essener (Buch 2), S. 101

3 Alan Cohen, *The Peace That You Seek*. Somerset, New Jersey, 1991